초급 영어일기 표현사전

초급 영어일기 표현사전

지은이 하명옥
펴낸이 안용백
펴낸곳 (주)넥서스

초판 1쇄 발행 2010년 12월 20일
초판 3쇄 발행 2011년 2월 10일

2판 1쇄 발행 2012년 8월 25일
2판 2쇄 발행 2012년 8월 30일

출판신고 1992년 4월 3일 제311-2002-2호
121-840 서울시 마포구 서교동 394-2
Tel (02)330-5500 Fax (02)330-5555

ISBN 978-89-6000-985-1 13740

저자와 출판사의 허락없이 내용의 일부를
인용하거나 발췌하는 것을 금합니다.
저자와의 협의에 따라서 인지는 붙이지 않습니다.

가격은 뒤표지에 있습니다.
잘못 만들어진 책은 바꾸어 드립니다.

본 책은 『영어일기 표현사전 BASIC』(2010)의
개정판입니다.

www.nexusbook.com

ENGLISH EXPRESSIONS FOR YOUR DIARY

초급
영어일기
표현사전

하명옥 지음

넥서스

ENGLISH EXPRESSIONS FOR YOUR DIARY

1

영어를 모국어로
하는 곳에서
오랜 시간 영어에
노출되어
익숙해지지 않는 한,

영어로 일기를
쓴다는 것은
어려운 일이다.

영어를 모국어로 하는 곳에서 오랜 시간 영어에 노출되어 익숙해지지 않는 한, 영어로 일기를 쓴다는 것은 어려운 일이다. 더군다나 우리나라처럼 불균형적인 영어 교육을 받는 교육 환경에서 영어일기 쓰기는 더더욱 어렵다. 길고 어려운 독해 문제를 척척 풀어내는 사람들조차도 아주 간단하고 쉬운 영어 문장 하나를 쓸 때 끙끙 앓는 소리를 할 정도이다. 시험을 위한 준비 과정으로 영어를 공부하고 영어를 사용할 수 있는 기회가 적어서도 그렇지만, 학생 대부분이 아주 기본적인 영문의 구조를 이해하지 못하고 기초적인 동사의 사용법도 무시한 채 우리말처럼 단어만 나열하려 한다. 그러다 보니 영어도 아니고 우리말도 아닌 엉터리 문장이 되고 마는 것이다.

긴 문장을 해석할 때는 알고 있는 단어의 짜깁기 해석이라도 대충의 의미는 파악되기 때문에 답을 찾는 데에는 문제가 없다. 영어 점수는 높지만 실제 영어 실력이 빵점인 학생이 너무나도 많다. 고학년이 되어 기초 공부를 하자니 다 아는 것 같고(실제로는 잘 모르면서) 점수는 높게 나오니 본인들이 영어 실력이 좋은 줄로만 알고 있는 것이다. 제대로 된 영어 문장을 쓸 수 없으니 영어일기 쓰기는 물론, 영어 말하기도 어렵고 두려운 것이다. 영어의 아주 기초적인 문법만 알아도 영어일기 쓰기는 그리 어려운 일이 아니다. 영어의 기본 구조를 이해하였다면 본인이 하고 싶은 말을 영어식으로 표현하도록 한다. 한국식 표현을 그대로 옮기지 말고 영어식으로는 어떻게 표현하는지 익숙해지려면 많은 영어 문장을 접해보고 자신의 것으로 익혀야 한다.

영어일기를 쓰거나 다른 영어 작문을 할 경우, 아주 간단하고 쉬운 문장부터 시작해야 한다. 처음부터 긴 문장을 쓰려고 하면 체감 난이도만 높아지게 된다. 그러므로 이렇게 간단한 영어일기 쓰기를 통해 문장의 기본 구조를 이해하고 다양하게 표현하는 훈련이 필요하다. 〈초급 영어일기 표현사전〉에서는 기본적으로 알아두면 도움이 되는 영어 예문들을 상황별로 정리하였고, 다양한 표현에 쓰이는 단어를 실어 영어 문장을 쓰는 데 도움이 되게 하였다. 아무쪼록 영어 실력을 향상시키고자 영어일기에 도전하는 학습자들에게 이 책자가 도움이 되었으면 하는 바람이다.

저자 하명옥

ENGLISH EXPRESSIONS FOR YOUR DIARY

이 책의 특징

영어일기 필수패턴 30

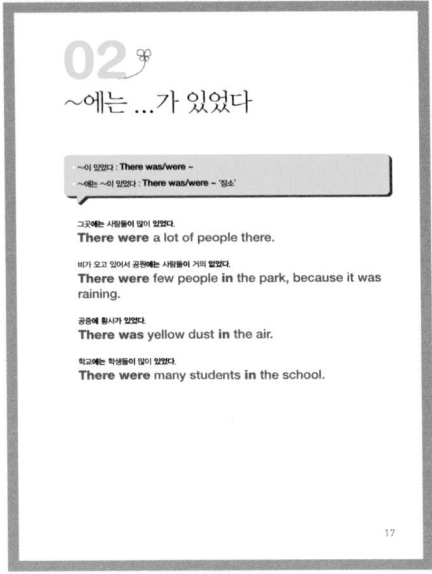

　　Part 1에서는 영어일기를 쓰는 데 꼭 필요한 필수패턴 30개를 제시했습니다. 보기 쉽게 도식으로 나타낸 문법 설명과 예문을 통해 영어 문장 구성에 대해 집중적인 학습을 할 수 있습니다. 패턴 연습은 Part 2를 공부하는 데 밑거름이 될 것입니다.

이 책은 실생활에 관련된 총 21개의 Chapter에 170여 개의 카테고리를 분류하여 각 주제와 관련된 문장을 중심으로 하였습니다.

영어일기 표현

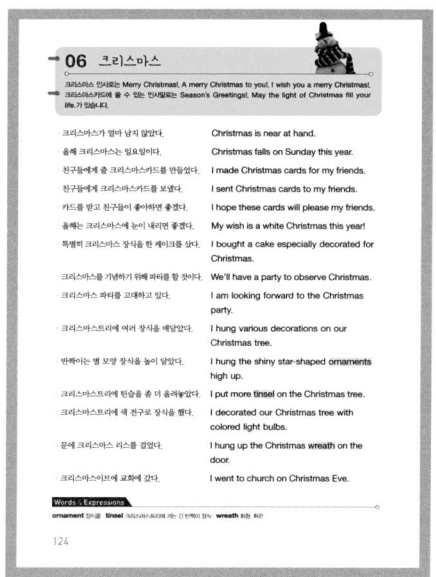

🌿   각 카테고리의 제목 아래 박스에는 해당 카테고리에 관련된 어휘, 어휘나 표현의 유래, 또는 주제에 관련하여 알아두면 좋을 다양한 표현들을 실어 단순한 영어 학습뿐만 아니라 영어적인 상식도 접할 수 있게 하여 학습에 재미를 더했습니다.

🌿   본문은 영어일기를 쓸 때 참고할 수 있는 표현들을 중점적으로 다루고 있습니다. 영어일기뿐만 아니라 실제 회화에서도 쓸 수 있는 카테고리와 관련된 다양한 상황의 표현들을 통해 각 상황에서의 표현 방법을 보여줍니다.

🌿   보충 어휘 코너의 연장으로 문장에 다양하게 활용할 수 있는 같은 맥락의 단어들을 실제 문장에 적용해 볼 수 있게 했습니다. 단어를 직접 문장에 활용하여 문장 패턴을 여러 번 연습할 수 있습니다.

🌿   페이지 하단에는 〈Words & Expressions〉라는 코너를 두어 본문의 문장에서 기억해둘 만한 단어, 동의어, 반의어, 숙어적 표현 등을 한번에 정리하여 보다 효율적으로 단어를 학습할 수 있습니다.

이 책의 차례

PART 1
영어일기 필수패턴 30

01 ~에 갔다, ~하러 갔다 • 016
02 ~에는 …가 있었다 • 017
03 ~하려고, ~하기 위해 • 018
04 ~하지 않으려고, ~하기 위해 • 019
05 ~때문에, ~덕분에 • 020
06 너무 ~해서 …하다 • 021
07 너무 ~해서 …할 수 없다 • 022
08 ~인 것 같다 • 023
09 ~이 틀림없다 • 024
10 ~해야 한다 • 025
11 ~해서는 안 된다 • 026
12 ~하는 데 …가 걸리다 • 027
13 ~한 채 • 028
14 감정 표현 • 029
15 ~라고들 한다 • 030
16 ~하기, ~하는 것 • 031
17 ~에게 …하도록 하다 • 032
18 ~하곤 한다, ~하는 버릇이 있다 • 033
19 ~할, ~하는, ~해야 할 • 034
20 ~했어야 했다 • 035
21 ~만큼 …한 • 036
22 ~보다 더 …한 • 037
23 가장 ~한 • 038
24 항상, 보통, 자주, 가끔 • 039
25 ~할 것이다 • 040
26 ~하고 싶다 • 041
27 ~라고 말했다 • 042
28 언제/어디서/무엇을/어떻게 ~해야 할지 • 043
29 ~할 때 • 044
30 ~하자마자 • 045

PART 2
영어일기 표현사전

CHAPTER 01
날씨와 계절

01 날씨 · 49
02 봄 · 50
03 여름 · 52
04 가을 · 54
05 겨울 · 55

CHAPTER 02
하루 일과

01 아침 · 57
02 점심 · 59
03 저녁과 잠 · 60
04 하루의 정리 · 62
05 기분·감정 · 64

CHAPTER 03
가족

01 우리 가족 · 68
02 조부모 · 69
03 부모 · 70
04 형제자매 · 71
05 친척 · 72
06 장래 희망 · 73
07 종교 · 74

CHAPTER 04
집안일

01 청소 · 76
02 빨래 · 77
03 부엌일 · 78
04 정원관리 · 79
05 집 꾸미기 · 81
06 집수리 · 82
07 기타 집안일 · 84

CHAPTER 05
일상생활

01 일상생활 · 86
02 생리현상 · 88
03 놀이 · 91
04 대중교통 · 93
05 자가용 · 96
06 컴퓨터 · 98
07 통신 · 100
08 인터넷 · 101
09 홈페이지·블로그 · 102
10 휴대폰 · 103
11 절약·저축 · 105
12 은행·신용카드 · 107
13 용돈 · 109
14 봉사 활동 · 111
15 실수·잘못 · 112
16 사건·사고 · 114

CHAPTER 06
집안 행사

01 설 · 117
02 추석 · 118
03 생일 · 119
04 기념일 · 120
05 파티 · 122
06 크리스마스 · 124
07 연말 행사 · 126

CHAPTER 07
식생활

01 식성 · 128
02 나와 음식 · 129
03 요리 · 130
04 맛 · 132
05 식사 전 · 135
06 식사 후 · 136
07 외식 · 137
08 배달 음식 · 140

CHAPTER 08
의생활

01 옷차림 · 142
02 액세서리 · 144
03 유행 · 145
04 옷 수선 · 147

CHAPTER 09
외모

01 외모 · 150
02 얼굴 · 152
03 머리 · 156
04 체형 · 158
05 화장 · 160
06 머리·손톱 손질 · 162
07 비만 · 165
08 다이어트 · 167

CHAPTER 10
성격

01 성격 · 169
02 긍정적인 성격 · 170
03 부정적인 성격 · 172
04 습관·버릇 · 174
05 좋아하기 · 176
06 싫어하기 · 178

CHAPTER 11
언행

01 예절 · 180
02 행동 · 182
03 말 · 184
04 조언·충고 · 189
05 위로 · 190
06 격려·축하 · 192
07 기원 · 194

CHAPTER 12
건강

- 01 건강 · 196
- 02 건강 검진 · 198
- 03 발병 · 200
- 04 발열 · 201
- 05 두통 · 202
- 06 감기 · 203
- 07 복통 · 205
- 08 피부 · 208
- 09 근육통 · 211
- 10 골절 · 212
- 11 치아 관리 · 214
- 12 시력 · 217
- 13 눈병 · 219
- 14 귓병 · 221
- 15 응급 치료 · 222
- 16 진찰 · 223
- 17 병원 치료 · 224
- 18 약 · 226

CHAPTER 13
학교생활

- 01 학교 · 229
- 02 수업 · 231
- 03 공부 · 236
- 04 시험 · 237
- 05 성적 · 240
- 06 선생님 · 242
- 07 영어 · 243
- 08 숙제 · 245
- 09 학원 · 247
- 10 방학 · 248
- 11 대학 입시 · 250
- 12 대학 생활 · 252

CHAPTER 14
학교 행사

- 01 입학 · 258
- 02 체육 대회 · 259
- 03 학교 축제 · 261
- 04 동아리 · 263
- 05 캠핑 · 264
- 06 소풍 · 266
- 07 수학여행 · 268
- 08 졸업식 · 269

CHAPTER 15
친구

- 01 친구 사귀기 · 272
- 02 좋은 친구 · 273
- 03 사이가 나쁜 친구 · 275
- 04 친구와의 다툼 · 277
- 05 옛 친구 · 279

CHAPTER 16
사랑

01 미팅 · 282
02 사랑 · 284
03 연애 · 286
04 이별 · 287
05 결혼 · 289

CHAPTER 17
취미 활동

01 취미 · 292
02 등산 · 293
03 독서 · 294
04 음악 · 297
05 악기 · 299
06 노래 · 300
07 춤 · 302
08 그림 · 303
09 카메라 · 304
10 애완동물 · 306
11 연예 · 309
12 수집 · 311
13 재봉 · 자수 · 312

CHAPTER 18
운동

01 운동 · 315
02 축구 · 317
03 야구 · 319
04 수영 · 322
05 탁구 · 323
06 테니스 · 324
07 겨울 스포츠 · 325
08 스키 · 326
09 승패 · 327

CHAPTER 19
쇼핑

01 쇼핑 · 330
02 세일 · 331
03 물건 고르기 · 332
04 홈 쇼핑 · 인터넷 쇼핑 · 334
05 장보기 · 335
06 가격 · 337

CHAPTER 20
여가 활동

01 전시회 • 340
02 음악회 • 341
03 연극 • 343
04 영화 • 345
05 놀이공원 • 348
06 동물원 • 350
07 식물원 • 352
08 바다 • 353
09 여행 • 354
10 자전거 하이킹 • 355
11 해외여행 • 356

CHAPTER 21
직장 생활

01 직업 • 360
02 취업 • 361
03 직장 생활 • 362
04 사업 • 366

영어일기 이렇게 쓴다

영어일기라고 해서 특별한 형식이 있는 것은 아니다. 우리말로 쓰는 일기와 크게 다르지 않다. 영어일기의 기본 요소는 날씨, 요일, 날짜, 제목, 본문이지만 꼭 이 모두를 갖추어 써야 하는 것은 아니며, 날씨나 제목은 경우에 따라 쓰기도 하고 쓰지 않기도 한다. 영어일기와 우리말 일기의 차이점이라 하면 날씨, 요일, 날짜의 배열 순서가 다르다는 것이다.

1 날씨 우리말 일기에서는 날씨를 맨 뒤에 쓰지만 영어일기에서는 일반적으로 날씨가 맨 앞에 온다. 그러나 날씨를 뒤에 쓴다고 해서 틀린 것은 아니다. 또한 우리말 일기와는 달리 영어일기에서는 보통 형용사를 사용해서 날씨를 표현한다. 단 알파벳 첫 자는 대문자로 한다.

2010년 7월 1일 토요일 맑음 ⇒ Clear, Saturday, 1 July 2010
2011년 3월 4일 금요일 비 ⇒ Rainny, Friday, 4 March 2011
2012년 9월 3일 월요일 해 ⇒ Sunny, Monday, 3 September 2012
2013년 1월 9일 수요일 구름 ⇒ Cloudy, Wednesday, 9 January 2013
2014년 12월 25일 목요일 눈 ⇒ Snowy, Thursday, 25 December 2014

2 요일 요일은 날씨 다음에 쓰며 다음과 같이 간단히 표시하기도 한다.

월요일(Monday) ⇒ Mon. 화요일(Tuesday) ⇒ Tues. 수요일(Wednesday) ⇒ Wed. 목요일(Thursday) ⇒ Thurs. 금요일(Friday) ⇒ Fri. 토요일(Saturday) ⇒ Sat. 일요일(Sunday) ⇒ Sun.

3 날짜 날씨와 요일을 쓴 후 날짜를 적는다. 날짜 표현은 우리말 일기와 배열 순서가 완전히 다르니 주의해야 한다. 영어에서는 시간을 표현할 때 작은 개념에서 큰 개념의 순서로 열거한다는 점을 상기하자. 가령 〈2010년 7월 1일〉을 나타낼 경우 작은 개념부터 써서 1 July 2010이라고 표현한다. 그러나 간혹 월과 일을 바꿔 July 1, 2010이라고 쓰기도 한다. 월을 간단히 표시할 경우는 다음과 같이 표현한다. 단, 5월(May), 6월(June), 7월(July)은 보통 약자로 쓰지 않는다.

1월(January) ⇒ Jan. 2월(February) ⇒ Feb. 3월(March) ⇒ Mar. 4월(April) ⇒ Apr.
8월(August) ⇒ Aug. 9월(September) ⇒ Sep. 10월(October) ⇒ Oct.
11월(November) ⇒ Nov. 12월(December) ⇒ Dec.

4 제목 영어일기에 제목이 꼭 필요한 것은 아니지만 하루 일과 중 특별히 기억하거나 기록하고 싶은 내용을 제목으로 정해 놓고 쓰게 되면 글이 산만해지지 않고 나름대로의 논리를 갖추게 된다.

5 본문 일기의 본문은 일기 쓰는 사람의 취향과 기호에 따라 매우 다양한 형식으로 구성할 수 있다. 어떤 형태의 일기를 쓰든 영어 문장 구사력이 요구되는데, 이 책에 제시된 표현들을 적극 활용하여 자신이 쓰고 싶은 말을 모두 표현해 보는 연습을 꾸준히 한다면 큰 도움을 받을 수 있을 것이다.

ENGLISH EXPRESSIONS FOR YOUR DIARY

PART 1

영어일기 필수패턴 30

01

~에 갔다, ~하러 갔다

- ~에 갔다 : **go to** + 장소
- ~하러 갔다 : **go to** + 동사원형/ **go** + **-ing**/ **go for** + 명사

서둘러 학교에 갔다.
I **went to** school in a hurry.

우리 가족은 지난 휴가 때 공원에 갔다.
My family **went to** a park during the last vacation.

우리는 단풍놀이를 하러 산에 갔다.
We **went to** the mountains to enjoy the autumn leaves.

우리는 산책을 하러 갔다.
We **went for** a walk.

날씨가 아주 좋아서 드라이브 가고 싶다.
The weather is so nice that I want to **go to** drive.

나는 더위를 식히기 위해 친구들과 함께 수영하러 갔다.
I **went swimming** with my friends to beat the heat.

02
~에는 …가 있었다

- ~이 있었다 : **There was/were** ~
- ~에는 …이 있었다 : **There was/were** + '장소'

그곳에는 사람들이 많이 있었다.
There were a lot of people there.

비가 오고 있어서 공원에는 사람들이 거의 없었다.
There were few people **in** the park, because it was raining.

공중에 황사가 있었다.
There was yellow dust **in** the air.

학교에는 학생들이 많이 있었다.
There were many students **in** the school.

03
~하려고, ~하기 위해

- to + 동사원형
- so as to + 동사원형
- in order to + 동사원형

나는 요즘 살을 빼**려고** 운동을 하고 있다.
I work out **to** lose weight these days.

나는 출근하기 전에 체육관을 가**기 위해** 일찍 일어 났다.
I got up early **to** go to the gym before work.

기차 시간에 늦지 않으**려고** 빨리 달려갔다.
I ran fast **so as to** be on time for the train.

정보를 좀 더 얻**기 위해** 여행사에 갔다.
I went to the travel agency **in order to** get some information.

04

~하지 않으려고, ~하기 위해

- not + 동사원형
- so as not to + 동사원형
- in order not to + 동사원형

실수**하지 않으려고** 조심했다.
I was careful **not to** make a mistake.

나는 감정을 드러내**지 않으려고** 노력했다.
I tried **not to** reveal my feelings.

나는 지각으로 꾸중을 듣**지 않기 위해** 서둘러야 했다.
I had to be in a hurry **so as not to** be scolded for being late.

수업에 늦**지 않으려고** 서둘렀다.
I hurried up **in order not to** be late for class.

05
~ 때문에, ~ 덕분에

- **because of** + 명사(구) : ~ 때문에(이유)
- **thanks to** + 명사(구) : ~ 덕분에(도움이 되었을 때)

두통 **때문에** 거기에 갈 수가 없었다.
I couldn't go there **because of** a headache.

날씨 **때문에** 우울했다.
I felt depressed **because of** the weather.

선생님들 **덕분에** 시험에 합격할 수 있었다.
I was able to pass the exam **thanks to** my teachers.

그의 조언 **덕분에** 나는 자신감을 갖게 되었다.
I became confident **thanks to** his advice.

06
너무 ~해서 …하다

> - so + 형용사/부사 + that + 주어 + 동사
> - such + a/an + (형용사) + 명사 + that + 주어 + 동사

너무 피곤해서 쉬어야겠다.
I am **so** tired **that** I need to take a rest.

나는 너무 창피해서 방에서 나올 수가 없었다.
I was **so** embarrassed **that** I couldn't go out of the room.

너무 추워서 히터를 켰다.
It was **so** cold **that** I turned on the heater.

그 버스에는 너무 사람이 많아서 자리가 없었다.
It was **such a** crowded bus **that** there was no seat to sit on.

그는 너무 멋진 남자여서 나를 그를 좋아한다.
He is **so** nice **that** I like him.
He is **such a** nice guy **that** I like him.

07

너무 ~해서 …할 수 없다

- too ~ to … + 동사원형
- so that + 주어 + can't 원형

나는 **너무** 화가 나서 더 이상 참을 **수가 없었다**.
I was **too** angry **to** stand it any more.
I was **so** angry **that** I **couldn't** stand it any more.

너무 바빠서 그에게 전화를 **못 했다**.
I was **too** busy **to** call him.
I was **so** busy **that** I **couldn't** call him.

내게는 이 책이 **너무** 어려워서 읽을 **수가 없었다**.
This book was **too** difficult for me **to** read.
This book was **so** difficult **that** I **couldn't** read it.

모기들이 **너무** 성가시게 해서 잠을 잘 **수가 없었다**.
The mosquitoes were **too** annoying for me **to** sleep.
The mosquitoes were **so** annoying **that** I **couldn't** sleep.

08
~인 것 같다

- look like(that) + 주어 + 동사
- I think + 주어 + 동사
- It seems that + 주어 + 동사(= 주어 + seems to + 동사원형)
- It it likely that + 주어 + 동사(= 주어 + is likely to + 동사원형)

비가 **올 것 같았다**.
It looked like it was going to rain.

그 남자는 내가 원하는 것은 무엇이든지 다 해 **줄 것 같았다**.
I thought he would do whatever I wanted.

그는 아픈 것 같았다.
It seemed that he was sick.
He **seemed to** be sick.

그는 파티에 오지 **않을 것 같았다**.
It **wasn't likely that** he would come to the party.
He **wasn't likely to** come to the party.

09
~이 틀림없다

- ~이 틀림없다 : must + 동사원형
- ~일지도 모른다 : may + 동사원형
- ~일 리가 없다 : can't + 동사원형
- ~이 틀림없었다 : must have + 과거분사

내 실수**가 틀림없다**.
It **must** be my fault.

틀림없이 뭔가 문제가 **있다**.
Something **must** be wrong with it.

그것은 사실**일지도 모른다**.
It **may** be true.

그가 시험에 떨어질 **리가 없다**.
He **can't** fail the exam.

배탈이 난 게 **틀림없었다**.
I **must have had** an upset stomach.

10 ~해야 한다

- ~해야 한다 : must/ have to/ should + 동사원형
- ~해야 했다 : had to + 동사원형

나는 그 모임에 참석**해야 했다**.
I had to join the meeting.

나는 지체없이 그 일을 **해야 한다**.
I must do the work immediately.

나는 수영하는 방법을 **배워야 한다**.
I should learn how to swim.

나는 지시받은 대로 **해야만 했다**.
I had to do as I was told.

11
~해서는 안 된다

- ~해서는 안 된다(강한 금지) : **must not** + 동사원형
- ~할 필요가 없다 : **don't have to** + 동사원형
- ~하지 않아야 한다 : **should not** + 동사원형

거짓말을 **해서는 안 된다**.
One **must not** tell a lie.

나는 그에게 조언을 해 **줄 필요가 없다**.
I **don't have to** give him any advice.

우리는 차를 남의 집 앞에 주차**하면 안 된다**.
We **should not** park our car in front of others' houses.

사람들이 쓰레기를 아무 데나 버리**지 말아야 한다**고 생각했다.
I thought that people **should not** throw trash everywhere.

12
~하는 데 …가 걸리다

- It takes + (사람) + 시간 + to + 동사원형
- It takes + 시간 + (for + 사람) + to + 동사원형
- It costs + (사람) + 시간/돈 + to + 동사원형

백화점 가는 데 약 한 시간이 걸렸다.
It **took** me an hour **to** go to the department store.
It **took** an hour **for** me **to** go to the department store.

그 일을 끝내는 데 1주일이 걸렸다.
It **took** me a week **to** finish the job.
It **took** a week **for** me **to** finish the job.

컴퓨터를 고치는 데 비용이 많이 들었다.
It **cost** me a lot of money **to** have my computer repaired.

13
~한 채

> 부대 상황을 나타내는 구문은 [with + 목적어 + 형용사/부사(구)/현재분사/과거분사]의 형태로 나타냅니다. 목적어 다음에 현재분사가 오느냐, 과거분사가 오느냐는 목적어와의 관계에 따라 달라지는데, 동사와 목적어와의 관계가 '능동'일 때는 현재분사, 목적어와의 관계가 '수동'일 경우에는 과거분사를 씁니다.

라디오를 켜 놓은 채 잠이 들었다.
I fell asleep with the radio on.

나는 물이 끓는 냄비를 그대로 둔 채 잠이 들었다.
I fell asleep with the pot boiling.

나는 눈을 감은 채 음악을 들었다.
I listened to music with my eyes closed.

입에 음식을 넣은 채 말하지 않으려고 노력했다.
I tried not to speak with my mouth full.

나는 손에 책을 든 채로 벤치에 앉아 있었다.
I was sitting on the bench with a book in my hand.

14
감정 표현

- 기쁨·만족·흥미 : **delight, please, satisfy, excite, interest**
- 놀람·무서움 : **surprise, astonish, amaze, startle, shock, scare, frighten, terrify**
- 화 : **upset, offend, irritate**
- 당황감·창피함 : **confuse, embarrass, puzzle, perplex**
- 감동 : **move, touch, impress**

나는 그의 모습을 보고 **깜짝 놀랐다**.
I was astonished to see his appearance.

나는 그의 편지를 받고 **기뻤다**.
I was pleased to receive his letter.

나는 정말 좋은 선물을 받아서 아주 **기뻤다**.
I was very **delighted** to receive such a nice gift.

나는 그의 말에 **짜증이 났다**.
I was irritated with his words.

나는 그 영화에 깊은 **감동을 받았다**.
I was impressed by the movie.

15

~라고들 한다

- People say that + 주어 + 동사
- It is said that + 주어 + 동사
- 주어 + is(are) said to + 동사원형
- 주어 + is(are) said to have + 과거분사

사람들은 그가 말썽꾸러기**라고들 한다**.
People say that he is a troublemaker.
It is said that he is a troublemaker.
He **is said to** be a troublemaker.

그는 예전에 매우 예의 바른 사람이었**다고들 한다**.
People say that he was a very polite guy long ago.
It is said that he was a very polite guy long ago.
He **is said to have been** a very polite guy long ago.

16

~하기, ~하는 것

> • '~하는 것'을 표현할 때는 동명사, to부정사 또는 that절을 이용하여 나타낼 수 있습니다. 그런데 주어로 쓰인 to부정사나 절이 긴 경우에는 가주어 it을 사용하여 주어를 나타내고 원래의 주어, 즉 진주어는 뒤에 씁니다.

일찍 **일어나기**가 어려웠다.
Getting up early is difficult.
It is difficult **to get up** early.

클라리넷을 **부는 것**은 쉽지 않다.
Playing the clarinet is not easy.
It is not easy **to play** the clarinet.

그가 그렇게 **행동하는 것**이 이상했다.
That he behaved like that was strange.
It was strange **that he behaved like that.**

17

~에게 …하도록 하다

- make/have/let + 목적어 + 동사원형 : 목적어와 목적보어의 관계가 능동
- make/have/let + 목적어 + 과거분사 : 목적어와 목적보어의 관계가 수동

동생에게 방청소를 하도록 했다.
I made my brother **clean** the room.

그는 나를 두 시간 동안 기다리게 했다.
He made me **wait** for two hours.

그가 내게 옷을 바꿔 입도록 했다.
He let me **change** my clothes.

나는 지갑을 도둑맞았다.
I had my wallet **stolen**.

머리를 깎았다.
I had my hair **cut**.

18

~하곤 한다, ~하는 버릇이 있다

- 보통 ~한다(현재의 일반적인 습관) : 동사의 현재형
- ~하곤 했다 : **would/ used to + 동사원형**
- ~하는 버릇이 있다 : **have a habit of -ing**

나는 **보통** 주말이면 영화를 보러 **간다**.
I usually **go** to a movie on the weekend.

나는 만화책을 읽느라 밤늦게까지 깨어 **있곤 했다**.
I **would** stay up late to read comic books.

나는 그에게 잠자기 전에 매일 전화를 **하곤 했다**.
I **used to** call him before going to bed every night.

나는 무언가를 물어뜯는 **버릇이 있다**.
I **have a habit of** chew**ing** things.

19
~할, ~하는, ~해야 할

> • to부정사가 수식하는 명사와 to부정사의 동사 사이에 전치사가 필요할 경우는 동사 뒤에 전치사를 꼭 붙여 써야 합니다. 예를 들면, '친구들과 놀다'는 play with friends라고 표현하므로 to부정사를 써서 '함께 놀 친구'라는 말을 표현할 경우에는 friends to play with라고 해야 합니다.

나는 **함께 놀** 친구가 별로 없었다.
I had few friends to play with.

나는 **앉을** 곳을 찾지 못했다.
I didn't find anything to sit on.

나는 **쓸** 펜이 없었다.
I had no pen to write with.

나는 **믿고 의지할** 부모님이 안 계시다.
I don't have any parent to depend on.

생각해 봐야 할 문제가 있다.
I have a problem to think about.

20
~했어야 했다

[조동사＋have＋과거분사] 형태로 과거에 이루지 못한 일에 대한 후회나 유감을 표현할 수 있습니다.

- ~했어야 했다 : **should have** + 과거분사
- ~하지 말았어야 했다 : **should not have** + 과거분사
- ~할 필요가 없었다 : **need not have** + 과거분사

나는 좀 더 조심**했어야 했다**.
I should have been more careful.

그것을 미리 체크**했어야 했다**.
I should have checked it in advance.

시간을 낭비하지 **말았어야 했다**.
I should not have wasted my time.

우산을 가져갈 **필요가 없었다**.
I need not have brought the umbrella.

21
~만큼 …한

- ~만큼 …한 : **as … as** ~
- ~만큼 …하지 못한 : **not so (as) … as** ~
  less … than ~

나는 농구 선수**만큼** 키가 **컸**으면 좋겠다.
I wish I were **as tall as** a basketball player.

그는 나**만큼** 특이하다.
He is **as** unusual **as** me.

그는 우리 형만큼 세련되지 못했다.
He is not **as** stylish **as** my brother.

나는 형만큼 사려 깊지 못하다.
I am **not so thoughtful as** my brother.
I am **less thoughtful than** my brother.

22
~보다 더 …한

- ~보다 더 …한 : 형용사 / 부사 비교급(-er more ~ + than)
- good/well - better - best
- bad/ill - worse - worst
- many/much - more - most
- little - less - least

오늘은 어제**보다 더 시원하다**.
It's **cooler** today **than** it was yesterday.

그는 내게 좀 **더** 있다 가라고 했다.
He asked me to stay a bit **longer**.

나는 집에서**보다** 도서관에서 공부하는 것이 **더 좋다**.
It's **better** to study in the library **than** at home.

좀 **더** 먹고 싶었다.
I wanted to have some **more**.

식당은 보통 때**보다 더** 많은 사람들로 **붐볐다**.
The restaurant was **more crowded than** usual.

23
가장 ~한

- 가장 ~한 : the+형용사/부사 최상급(-est/most~)
- 지금까지 ~한 것 중에 가장 …한 : the+형용사/부사 최상급+I have ever+과거분사

그때 **가장 행복했다**.
I was **the happiest** at that time.

그것이 **가장 중요한** 것은 아니다.
It isn't **the most important** thing.

그가 우리 반에서 **가장 뚱뚱하다**.
He is **the fattest** of all his classmates.

그것은 **지금까지 본** 영화 **중 최악**인 것 같다.
I think it is **the worst** movie **I've ever seen**.

그 치마는 내가 **지금까지 입어 본** 옷 중 **가장 우아한** 것이었다.
It was **the most graceful** skirt **I've ever tried on**.

그는 내가 **만나 본** 사람 중 **가장 웃기는** 사람이었다.
He was **the funniest** person **I've ever met**.

24

항상, 보통, 자주, 가끔

다음은 횟수의 정도에 따라 나열된 빈도부사입니다. 이들 부사는 문장에서 보통 일반동사 앞, be동사나 조동사 뒤에 위치합니다.

- **always** : 언제나, 항상
- **usually** : 보통으로, 일반적으로
- **often** : 흔히, 자주, 종종
- **sometimes** : 때때로, 이따금, 간혹
- **rarely/seldom/hardly/scarcely** : 드물게, 좀처럼, 거의 ~않다
- **never** : 한 번도 ~ 않다

나는 **항상** 부지런히 일을 하려고 노력한다.
I **always** try to be an industrious worker.

나는 저녁이면 **보통** 집에 있다.
I am **usually** at home in the evenings.

나는 **종종** 그를 방문한다.
I **often** visit him.

나는 **가끔** 과식을 한다.
I **sometimes** eat too much.

25
~할 것이다

- **will + 동사원형** : ~할 것이다
- **be going to + 동사원형** : ~할 것이다
- **be to + 동사원형** : ~할 예정이다
- **be about to + 동사원형** : 막~하려고 하다
- **come, go, start, leave, arrive** 등은 현재시제나 현재진행형으로 미래를 표현한다.

올해는 운동을 할 것이다.
I **will** work out this year.

다음 주에 그에게 진실을 말하려고 한다.
I **am going to** tell him the truth next week.

나는 오늘 발표를 할 예정이었다.
I **was to** make a presentation today.

막 외출하려던 참이었다.
I **was about to** go out.

우리는 내일 아침에 출발할 것이다.
We **leave** tomorrow morning.

26 ~하고 싶다

- **want to + 동사원형** : ~하기를 원하다, ~하고 싶다
- **would like to + 동사원형** : ~하고 싶다
- **hope to + 동사원형/that** : ~을 바라다
- **look forward to -ing** : ~을 학수고대하다
- **feel like -ing** : ~을 하고 싶다, ~하고 싶은 기분이 든다

나는 훌륭한 선생님이 되고 **싶었다**.
I wanted to be a good teacher.

혼자 있고 **싶다**.
I'd like to stay alone.

그가 빨리 회복되기를 **바란다**.
I hope he will get well again soon.

나는 그를 만나기를 **학수고대하고 있다**.
I am looking forward to see**ing** him.

영화 보러 가고 **싶었다**.
I felt like go**ing** to the movies.

27
~라고 말했다

> 다른 사람이 한 말을 옮겨 쓸 경우, 즉 직접 화법을 간접 화법으로 바꾸어 써야 할 때 문장의 종류에 따라 그 전달 방식이 달라집니다. 먼저 옮기는 문장이 평서문 형태일 경우는 전달 동사로 say, tell을 사용하고 직접 화법의 내용을 that절로 쓴 후 인칭 및 시제를 일치시킵니다.

그는 내가 누구에게나 친절**하다고** **했다**.
He said, "You are kind to everyone."
⇨ He said that I was kind to everyone.

그는 나를 한 번 본 적이 **있다고** **말했다**.
He said to me "I have seen you once."
⇨ He told me that he had seen me once.

그는 축구에 미쳐 있**다고** **했다**.
He said, "I am crazy for soccer."
⇨ He said that he was crazy for soccer.

그는 나에게 축구 경기 보는 것을 좋아한**다고** **말했다**.
He told me "I like to watch soccer games."
⇨ He told me that he liked to watch soccer games.

28
언제/어디서/뭘/어떻게 ~해야 할지

- **when to** + 동사원형 : 언제 ~해야 할지
- **where to** + 동사원형 : 어디에서 ~해야 할지
- **what to** + 동사원형 : 무엇을 ~해야 할지
- **how to** + 동사원형 : 어떻게 ~해야 할지, ~하는 방법

나는 **언제 출발하는지** 알고 싶었다.
I wanted to know **when to** start.

그가 내가 **어디로 가야 할지** 가르쳐 주었다.
He told me **where to** go.

나는 **무엇을 해야 할지** 몰랐다.
I didn't know **what to** do.

나는 **어떻게 운전하는지** 모른다.
I don't know **how to** drive a car.

29
~할 때

- ~할 때 : **when, as, in, -ing**
- ~하는 동안 : **while**
- ~하면서 : **as**
- ~할 때까지 : **until**

운전을 **할 때**는 항상 조심해야 한다.
When we drive a car, we should be careful.

내가 없는 **동안** 누군가가 전화를 했다.
While I was away, someone called me.

그 편지를 마**치면서** 한 가지만 더 이야기하고 싶었다.
As I ended the letter, I wanted to say one more thing.

나는 그가 돌아올 **때까지** 거기에서 기다리고 있었다.
I was waiting **until** he came back.

30
～하자마자

- ～하자마자 : **as soon as, upon -ing**
- ～하고 나서야 비로소 …하다 : **not ~ until ...**

내가 집에 **오자마자** 비가 왔다.
As soon as I came home, it rained.

나는 그를 **만나자마자**, 그를 안아 줄 것이다.
As soon as I meet him, I will hug him.

그는 나를 **보자마자** 달아나 버렸다.
He ran away **upon** see**ing** me.

오늘이 **되어서야 비로소** 그 뉴스를 듣게 되었다.
I did**n't** here the news **until** today.
Not until today did I hear the news.

CHAPTER 1   날씨와 계절

CHAPTER 2   하루 일과

CHAPTER 3   가족

CHAPTER 4   집안일

CHAPTER 5   일상생활

CHAPTER 6   집안 행사

CHAPTER 7   식생활

CHAPTER 8   의생활

CHAPTER 9   외모

CHAPTER 10   성격

CHAPTER 11   언행

CHAPTER 12   건강

CHAPTER 13   학교생활

CHAPTER 14   학교 행사

CHAPTER 15   친구

CHAPTER 16   사랑

CHAPTER 17   취미 활동

CHAPTER 18   운동

CHAPTER 19   쇼핑

CHAPTER 20   여가 활동

CHAPTER 21   직장 생활

PART 2

영어일기 표현사전

ENGLISH EXPRESSIONS FOR YOUR DIARY

CHAPTER 01

날씨와 계절

01 날씨   49
02 봄   50
03 여름   52
04 가을   54
05 겨울   55

01 날씨

날씨를 나타낼 때는 비인칭 주어 It을 사용합니다. 하지만 상대방에게 날씨 이야기라는 것을 명확하게 알려주기 위해 주어로 The weather를 쓰기도 합니다.

• 햇살이 밝았다.	It was sunny.
• 해가 비치고 있었다.	The sun was shining.
• 상쾌한 날씨였다.	It was balmy.
• 하늘이 맑았다.	The sky was clear.
• 아주 완벽한 날씨였다.	The weather was perfect.
• 날씨가 더할 나위 없이 좋았다.	The weather couldn't be better.
• 구름 낀 날씨였다.	It was cloudy.
• 날씨가 궂었다.	It was nasty.
• 금방 비가 올 것 같았다.	It was likely to rain soon.
• 날씨가 불안정했다.	The weather was unstable.
• 따뜻하다가 갑자기 추워졌다.	It had been warm, but it suddenly got cold.
• 비가 왔다.	It rained. / It was rainy.
• 그냥 잠깐 내리는 소나기였다.	It was only a little shower.
• 부슬부슬 비가 내렸다.	It drizzled.
• 햇빛이 나는데도 비가 내렸다.	We had a sun-shower.
• 오늘 아침에는 안개가 꼈다.	It was foggy this morning.
• 짙은 안개였다.	The fog was thick.
• 서리가 내렸다.	It frosted. / It was frosty.
• 눈이 내렸다.	It snowed. / It was snowy.
• 진눈깨비가 내렸다.	It sleeted.

Words & Expressions

balmy 향기로운, 기분 좋은, 상쾌한 **couldn't be better** 더 이상 좋을 수 없다

02 봄

봄 날씨를 나타내는 형용사로는 sunny(화창한), warm(따뜻한), balmy/gentle(상쾌한), fine(좋은) 등이 있습니다. 봄의 따뜻한 날씨를 시샘하는 꽃샘추위는 겨울의 막바지 추위라고 해서 winter's last shot, spring frost, spring chill 등으로 표현합니다.

• 날씨가 따뜻해졌다.	The weather became warm.
• 날씨가 더 좋아지고 있었다.	The weather was getting better.
• 따뜻한 햇살이 좋다.	I like the warm sunshine.
• 오늘은 봄날 같다.	It **feels like** spring today.
• 화창한 봄날이었다.	It was a gentle spring day.
• 따뜻한 날씨가 나를 행복하게 만들었다.	The warm weather made me happy.
• 산책하기에 딱 좋은 날씨였다.	It was **ideal** for taking a walk.
• 화창한 날씨로 기분마저 좋았다.	I felt good because of the sunny weather.
• 오늘 겨울의 막바지 추위가 있었다.	Today was winter's last **shot**.
• 춥고 바람 부는 날씨였다.	It was cold and windy weather.
• 이번 주는 꽃샘추위가 예상된다.	Spring frost is expected this week.
• 날씨가 아직 맵다.	The cold weather is still severe.
• 봄의 산들바람이 차가웠다.	A spring breeze was very cold.
• 계절에 맞지 않게 추웠다.	It was **unseasonably** cold.
• 봄기운이 완연하다.	Spring is already in the air.
• 아지랑이가 피어오르는 것을 보았다.	I **saw heat rise** from the ground.
• 나는 봄을 탄다.	I **suffer from** spring fever.
• 날씨가 따뜻해서 재킷을 벗었다.	It was warm, so I took off my jacket.
• 따뜻한 날씨가 나를 나른하게 만들었다.	Warm weather made me feel **languid**.

Words & Expressions

feel like ~처럼 느껴지다　**ideal** 이상적인, 아주 좋은　**shot** 발사, 겨냥, 시도　**unseasonably** 계절에 맞지 않게　**see+목적어+동사원형** ~가 …하는 것을 보다　**suffer from** ~를 겪다, ~로 고통받다　**languid** 무감동의, 늘쩍지근한, 나른한

• 우리는 봄나물을 다듬었다.	We prepared spring herbs for cooking.
• 봄나물을 삶아서 무쳤다.	We boiled spring herbs and seasoned them.
• 냉잇국이 먹고 싶었다.	I wanted to have shepherd's purse soup.
• 달래무침이 식욕을 돋우었다.	The seasoned wild garlic stimulated my appetite.
• 씀바귀는 쓴맛이 나서 싫다.	I don't like sow thistle because of its bitter taste.
• 딸기가 제철이라 아주 달콤하다.	Strawberries are in season, so they are so sweet.
• 봄에는 딸기 샐러드를 즐겨 먹는다.	I enjoy strawberry salad in spring.
• 개나리가 도처에 피었다.	Golden bells bloomed all over the country.
• 개나리는 봄의 상징이다.	The golden bell is the symbol of spring.
• 올해는 개나리가 일찍 폈다.	The golden bells bloomed so early this year.
• 진달래를 몇 송이를 화병에 꽂아 두었다.	I put some azaleas in the vase.
• 나는 연보랏빛 목련꽃을 좋아한다.	I like light purple magnolia blossoms.
• 봄이면 꽃가루 알레르기가 있다.	I am allergic to pollen in spring.
• 꽃가루 때문에 재채기를 했다.	I sneezed because of the pollen.
• 꽃향기가 가득했다.	The flowers filled the air.
• 꽃구경을 갔다.	I went to view the flowers.
• 나무에 꽃이 활짝 피어 있었다.	The trees were in full bloom.
• 벚꽃 잎들이 눈처럼 날리고 있었다.	Cherry blossom petals were blowing like snow.

Words & Expressions

seasoned 양념된   **wild garlic** 달래   **stimulate** 자극하다   **sow thistle** 씀바귀   **magnolia** 목련   **fill** ~을 가득하게 하다. (냄새 등으로) 채우다   **view** 조사하다. 바라보다

03 여름

'덥다'의 기본적인 표현은 hot이지만, 습도가 높으면서 후덥지근하게 더워 불쾌지수를 높이는 날씨는 sultry, muggy, sticky, sweltering이라고 표현하고, 강한 햇볕에 타는 듯한 더위는 sizzling, scorching 등으로 나타냅니다.

• 여름이 시작되었다.	Summer has started.
• 작년보다 덜 더웠으면 좋겠다.	I hope it will be less hot than last summer.
• 여름을 건너뛸 수 있으면 좋겠다.	I wish we could skip summer.
• 나는 끈적거리는 여름이 정말 싫다.	I really hate the sticky summer.
• 오늘 날씨가 매우 더웠다.	It was hot today.
• 끈적거리는 날씨였다.	It was sticky.
• 찌는 듯이 더웠다.	It was steaming hot.
• 숨이 막힐 듯이 더웠다.	It was oppressive.
• 너무 더워서 짜증이 났다.	I felt uneasy because of the hot weather.
• 나는 더위를 잘 탄다.	I am sensitive to the heat.
• 더위를 먹었다.	I was affected by the heat.
• 정말 견디기 힘든 더위였다.	It was really intolerably hot.
• 너무 더워서 갈증이 났다.	I felt thirsty because it was too hot.
• 더워서 밤새 잠을 못 잤다.	The heat kept me up all night.
• 폭풍우가 올 것 같은 날씨였다.	It looked like a thunderstorm was coming.
• 비를 만났다.	I was caught in the rain.
• 비가 억수같이 왔다.	It rained cats and dogs.
• 비가 퍼부었다.	It poured.
• 비는 항상 나를 우울하게 한다.	Rain always depresses me.

Words & Expressions

oppressive 숨이 막힐 정도로 더운 **sensitive** 민감한, 예민한 **be affected by** ~에 영향을 받다 **intolerably** 참을 수 없게, 견딜 수 없게 **keep ~ up** ~를 밤잠 못 자게 하다 **rain cats and dogs** 비가 억수같이 오다

• 빗속을 혼자 걷고 싶었다.	I wanted to walk alone in the rain.
• 비에 젖었다.	I got wet in the rain.
• 하늘에서 번개가 번쩍했다.	Lightening flashed in the sky.
• 천둥소리가 울렸다.	The thunder rolled.
• 굉장한 폭풍이 있었다.	There was a terrible storm.
• 바람에 모자가 날아갔다.	My hat blew away in the wind.
• 더위를 식히려고 콜라 한 잔을 마셨다.	I drank a glass of Coke to beat the heat.
• 종이부채로 부채질을 했다.	I fanned myself with a paper fan.
• 에어컨을 켰다.	I turned on the air conditioner.
• 땀이 계속 흘렀다.	Sweat kept running.
• 땀으로 끈적거렸다.	I was clammy with sweat.
• 땀 냄새가 났다.	I smelled sweaty.
• 더위를 식히려고 수영하러 갔다.	I went swimming to beat the heat.
• 매년 여름 우리는 휴양지로 떠난다.	Every summer, we go to a resort.
• 나는 모기가 정말 싫다.	I really hate mosquitoes.
• 모기장을 쳤다.	I put up a mosquito net.
• 모기에 물렸다.	I was bitten by mosquitoes.
• 모기약을 뿌렸다.	I sprayed the mosquitoes.
• 모기 물린 곳이 무척 가려웠다.	I felt itchy on the mosquito bite.
• 모기 물린 곳을 박박 긁었다.	I scratched the mosquito bite hard.

Words & Expressions

turn on 켜다(↔ turn off 끄다)　**keep -ing** 계속 ~하다　**beat** 이기다, 피하다

04 가을

'봄을 탄다'는 말은 봄의 따뜻한 날씨에 나른해지는 상태를 나타내는 spring fever를 사용하여 I get spring fever.라고 하거나 I suffer from spring fever.라고 합니다. '나는 가을을 탄다.'는 말은 가을이 되면 감상적이 된다는 의미이므로 I get sentimental in the fall.이라고 합니다.

• 시원한 날씨였다.	It was cool.
• 가을이 시작된 것 같다.	It seems that fall has begun.
• 나는 가을을 제일 좋아한다.	I like autumn best.
• 가을 하늘은 정말 멋지고 깨끗하다.	The autumn sky is really nice and clear.
• 이런 맑은 가을 하늘이 정말 좋다.	I really like this clear autumn sky.
• 산들바람이 불고 있었다.	A gentle breeze was blowing.
• 상쾌한 바람이 불고 있었다.	There was a fresh breeze blowing.
• 날씨가 맑은 후 흐려졌다.	It was clear but got cloudy later.
• 쌀쌀했다.	It was chilly.
• 이맘때치고는 날씨가 꽤 추웠다.	It was too cold for this time of the year.
• 감기에 걸리기 쉬운 때이다.	It is the time when we catch a cold easily.
• 해가 점점 짧아지고 있다.	The days are getting shorter.
• 바람이 불자 잎이 떨어졌다.	As the wind blew, the leaves fell.
• 잎이 떨어지는 것을 보니 마음이 공허했다.	I felt empty seeing the leaves falling.
• 아무 이유 없이 왠지 마음이 쓸쓸했다.	I felt lonely for no reason.
• 누군가에게 편지를 쓰고 싶어졌다.	I felt like writing to someone.
• 낙엽이 바람에 흩날렸다.	The dead leaves were scattered by the wind.
• 노란 은행잎을 몇 개 주웠다.	I picked up several yellow ginkgo leaves.
• 낙엽을 책갈피 속에 넣어 두었다.	I put some fallen leaves between the pages of a book.

05 겨울

추위의 정도는 cool(시원한) < chilly, nippy(쌀쌀한) < cold(추운) < frigid(엄청 추운) < cold to the bone, piercing cold(뼛속까지 추운) < biting cold(살을 에는 듯이 추운) < freezing cold(얼어붙을 듯이 추운)으로 나타낼 수 있습니다.

날씨가 추워졌다.	It became cold.
나는 추위를 많이 탄다.	I get cold easily.
	I am sensitive to cold.
매우 추웠다.	I felt very cold.
너무 추워 얼어 죽는 줄 알았다.	I was freezing **to death**.
추워서 덜덜 떨었다.	I shivered because of the cold.
온몸에 소름이 끼쳤다.	I had **goose bumps** all over.
겨울치고는 따뜻한 날씨였다.	It was warm for winter.
눈 속을 걸었다.	I walked in the snow.
눈에 갇혔다.	I was snowed in.
겨울용 속내의를 입었다.	I put on underclothes for winter.
옷을 많이 껴입었다.	I **bundled up**.
아침에 따뜻한 옷을 챙겨 입었다.	I put on warm clothes in the morning.
휴대용 손난로를 가지고 다닌다.	I carry a **portable** hand heater.
너무 추워서 히터를 켰다.	It was so cold that I turned on the heater.
첫눈이 오기를 기다리고 있다.	I am waiting for the first snow of the year.
눈싸움을 했다.	We had a snowball fight.
눈사람과 사진을 찍었다.	I took pictures with the snowman.

Words & Expressions

to death 죽을 정도로, 몹시   **goose bumps** 소름   **bundle up** 옷을 두껍게 입다   **portable** 들고 다닐 수 있는, 휴대용의

CHAPTER 02
하루 일과

01 아침	57
02 점심	59
03 저녁과 잠	60
04 하루의 정리	62
05 기분·감정	64

01 아침

시끄러운 알람시계 소리에 눈을 비비며 깨는 것은 wake up, 잠자리에서 몸을 일으켜 일어나는 것은 get up입니다. 하지만 get up은 잠에서 깨는 wake up의 의미로 쓰이기도 합니다.

해가 떴다.	The sun rose.
방으로 햇살이 비치고 있었다.	The sun was shining into the room.
6시에 깼다.	I woke up at six.
자명종 소리가 나를 깨웠다.	The alarm clock woke me up.
자명종을 껐다.	I turned off the alarm clock.
다시 잠이 들었다.	I went back to sleep.
이불을 끌어당겨 머리까지 덮었다.	I pulled the blanket over my head.
좀 더 자고 싶었다.	I wanted to sleep a little longer.
여전히 잠이 덜 깬 상태였다.	I was still half asleep.
신선한 공기가 나를 깨웠다.	Some fresh air woke me up.
나는 아침에 일찍 일어나는 것이 힘들다.	It's hard for me to get up early in the morning.
여느 때보다 일찍 일어났다.	I got up earlier than usual.
기지개를 켰다.	I stretched myself.
하품을 했다.	I yawned.
서둘러 침대에서 빠져나왔다.	I got out of bed in a hurry.
침대에서 일어나 침대를 정리했다.	I got out of bed and made it.
나는 아침마다 조깅을 한다.	I jog every morning.
나는 항상 늦게 자고 늦게 일어난다.	I always keep late hours.
나는 잠꾸러기이다.	I am a sleepyhead.
주말에는 보통 늦잠을 잔다.	I usually sleep in on weekends.

Words & Expressions

sleep in 마음 먹고 늦잠자다

• 아침 늦게까지 침대에 있었다.	I stayed in bed till late in the morning.
• 드라이기로 머리를 말렸다.	I blow-dried my hair.
• 얼굴에 로션을 발랐다.	I **applied** lotion on my face.
• 아침 식사 후에 양치질을 했다.	I brushed my teeth after breakfast.
• 위아래로만 이를 닦으려 한다.	I try to brush my teeth just up and down.
• 나는 매일 아침 신문을 읽는다.	I read the newspaper every morning.
• 나는 거의 사설을 읽지 않는다.	I **hardly** read the editorials.
• 아침 식사를 할 시간이었다.	It was time for breakfast.
• 우유 한 잔과 시리얼을 먹었다.	I had some cereal with a glass of milk.
• 나는 보통 아침에 커피만 마신다.	I only drink coffee in the morning.
• 나는 보통 한식으로 아침을 먹는다.	I usually eat a Korean-style breakfast.
• 아침을 많이 먹었다.	I had a heavy breakfast.
• 아침을 간단히 먹었다.	I had a light breakfast.
• 밥을 한 그릇 더 먹고 싶었다.	I felt like eating another bowl of rice.
• 서둘러 아침 식사를 끝냈다.	I quickly finished my breakfast.
• 아침에 입맛이 없었다.	I didn't feel like eating in the morning.
• 오늘 아침은 건너뛰었다.	I skipped today's breakfast.
• 오늘은 아침을 먹지 않았다.	I didn't eat breakfast today.
• 잠옷을 벗었다.	I took off my pajamas.
• 필요한 것들을 챙겼다.	I took what I needed.
• 집을 나섰다.	I left home.
• ~에 늦지 않으려고 서둘렀다.	I hurried up **in order not to** be late for ~.

Words & Expressions

apply 적용하다, 이용하다, 바르다　**hardly** 거의 ~않다　**in order not to** ~하지 않으려고

02 점심

시간이 충분하지 않아서 대충 식사를 때워야 하는 경우를 grab a bite라고 합니다. 빨리 조금 먹고 말았으면 grab a quick bite라고 하면 되죠. '샌드위치로 간단히 때웠다.'는 I grabbed a sandwich.라고 합니다. 그조차도 먹을 시간이 없으면 건너뛰어야 하는데, 이는 skip으로 표현합니다.

나는 매일 점심을 싸 가지고 다닌다.	I take my lunch everyday.
엄마가 점심 도시락을 싸 주셨다.	My mom packed a lunch box for me.
점심으로 샌드위치를 싸 왔다.	I brought sandwiches for lunch.
우리는 점심 식권을 이용한다.	We use lunch vouchers.
오늘은 점심에 먹을 것이 많았다.	Today I had too much to eat at lunch.
점심에 김밥과 샌드위치를 먹었다.	I had kimbap and sandwiches for lunch.
점심을 가볍게 먹었다.	I had a light lunch.
점심을 조금 먹었다.	I grabbed a bite for lunch.
정오에 점심시간이 한 시간 있다.	We have an hour's lunch break at noon.
점심을 많이 먹으면 졸린다.	I get sleepy when I have a heavy lunch.
점심 식사 후 잠시 낮잠을 잤다.	After lunch, I took a short nap.
간식을 조금 먹었다.	I had some snacks.
나는 군것질하는 것을 좋아한다.	I like eating between meals.
나는 단것을 좋아한다.	I have a sweet tooth.
간식을 사러 매점에 갔다.	I went to the snack bar to buy snack.
나는 간식으로 과일만 먹는다.	I have only fruit for my snack.
간식으로 빵을 먹어서 입맛이 없다.	I had some bread between meals, so I have no appetite.
먹는 것을 조심해야 할 필요가 있다.	I need to watch what I eat.

Words & Expressions

voucher 식권, 증명서, 증표　**grab a bite** 식사를 조금 하다　**break** 잠깐의 휴식　**eat between meals** 군것질하다　**have a sweet tooth** 단것을 좋아하다　**appetite** 식욕

03 저녁과 잠

저녁 식사는 dinner 또는 supper라고 하는데 그 차이는 무엇일까요? dinner는 하루 중 제일 푸짐한 식사, 즉 그 날의 주된 식사로 오후 늦게 먹을 수도 있고 저녁에 먹을 수도 있는 식사인 데 반해, supper는 하루 중 제일 마지막 식사라는 의미를 가지고 있습니다.

저녁을 준비했다.	I prepared dinner.
저녁이 거의 다 준비되었다.	Dinner is almost ready.
오늘은 집에서 저녁을 먹었다.	I had dinner at home this evening.
일찌감치 저녁을 먹었다.	I had an early dinner.
오늘 저녁은 내가 직접 차려 먹었다.	Today I fixed dinner myself.
오늘 저녁은 외식을 했다.	I **ate out** this evening.
저녁으로 스테이크를 먹었다.	I ate steak for dinner.
오늘 저녁에는 그냥 집에 있었다.	I just stayed at home this evening.
친구들과 시내를 돌아다녔다.	I hung out downtown with my friends.
저녁 식사 후에 TV를 켰다.	I turned on the TV after dinner.
밤에는 늘 채널 서핑을 즐긴다.	I always enjoy **surfing the channels** at night.
나는 TV를 너무 많이 보는 편이다.	I usually watch too much TV.
저녁을 먹은 후에 산책을 했다.	I went for a walk after dinner.
부모님의 어깨를 주물러 드렸다.	I massaged my parents on their shoulders.
음악을 들으며 피로를 풀었다.	I relaxed by listening to music.
우리 집 통금 시간은 밤 10시이다.	My **curfew** at home is 10 o'clock p.m.
항상 라디오를 듣다가 잠이 든다.	I always fall asleep while listening to the radio.
달무리가 아주 멋졌다.	The moon's halo was wonderful.
달이 참 밝았다.	The moon was so bright.

Words & Expressions

eat out 밖에서 식사하다, 외식하다 **surf the channels** 채널을 이리저리 돌리다 **curfew** 통행금지 시간

- 하늘에 별들이 총총했다. The sky was starry.
- 내가 가장 좋아하는 별에 소원을 빌었다. I wished upon my favorite star.
- 내일은 늦잠을 자고 싶다. I want to get up late tomorrow.
- 잠자리에 들기 전에 밤참을 먹었다. I had a midnight snack before going to bed.
- 일찍 잠을 자야겠다. I am going to bed early.
- 부모님께 안녕히 주무시라는 인사를 했다. I said goodnight to my parents.
- 잠옷으로 갈아입었다. I changed into my pajamas.
- 영화를 보느라 밤늦게까지 있었다. I stayed up late to see a movie.
- 눕자마자 잠이 들었다. I went out like a light.
- 나는 엎드려 자는 것이 좋다. I like to sleep on my stomach.
- 나는 옆으로 자는 것을 좋아한다. I like to sleep on my side.
- 나는 가끔 잠꼬대를 한다. I sometimes talk in my sleep.
- 내 동생은 잘 때 침을 흘린다. My brother drools in his sleep.
- 나는 잠을 잘 때 이를 간다. I grind my teeth while I sleep.
- 나는 꿈을 너무 많이 꾼다. I dream too much.
- 나는 가끔 악몽으로 고생을 한다. Sometimes I suffer from nightmares.
- 어젯밤에 악몽을 꾸었다. Last night I had a nightmare.
- 잘 잤다. I slept well.
- 단잠을 잤다. I had a sound sleep.
- 밤을 꼬박 새웠다. I stayed up all night.
- 불면증으로 고생이다. I suffer from insomnia.
- 밤새 뒤척였다. I tossed and turned all night.
- 결국 수면제를 먹었다. At last, I took a sleeping pill.

Words & Expressions

stay up late 늦게까지 자지 않고 깨어 있다 **go out like a light** 눕자마자 잠들다 **drool** 침을 흘리다 **suffer from** ~로 고생이다, ~에 시달리다 **toss and turn** 잠을 잘 못 자고 뒤척이다 **pill** 알약

04 하루의 정리

반복해서 매일 판에 박은 듯이 일어나는 똑같은 일상을 daily routine이라고 하는데, 이런 일상에 때로는 지치고 지겨울 때가 있죠. '~가 지겹다', '~에 넌더리가 난다'는 be sick and tired of ~라고 하는데, 이때 sick and는 종종 생략되어 be tired of ~로만 표현하기도 합니다. be tired with ~라고 하면 '~로 피곤하다'라는 말이죠.

- 하루를 잘 마쳤다.   I finished the day well.
- 모든 일이 다 잘됐다.   Everything went well.
- 즐거운 하루였다.   Today was pleasant.
- 신나는 하루를 보냈다.   It was an exciting day.
- 정말 즐거운 하루였다.   I had a really nice day.
- 오늘의 일을 잊지 못할 것이다.   I won't forget today's **incident**.
- 오늘은 할 일이 많았다.   I had many things to do today.
- 시간 가는 줄도 몰랐다.   I didn't know the time of the day.
- 오늘 내 정신이 아니었다.   I was not myself today.
- 하는 일 없이 바빴다.   I was busy doing nothing.
- 특별히 하는 일 없이 바빴다.   I was busy without anything particular to do.
- 너무 바빠 그에게 전화도 못했다.   I was **too** busy **to** call him.
- 너무 바빠서 숨 쉴 새도 없었다.   I was too busy to catch my breath.
- 일에 빠져 죽을 것 같다.   I'm drowning in work.
- 언제 쉴 여유가 있을지 의문이다.   I wonder when I can afford to get some rest.
- 오늘은 시간이 지독히도 안 갔다.   Time was really **dragging** today.
- 정말 힘든 하루였다.   I had a really tough day.
- 오늘은 정말 몹시 지친 날이었다.   Today I am really stressed out.
- 오늘은 피곤한 하루였다.   Today was an exhausting day.
- 녹초가 되었다.   I am exhausted.

Words & Expressions

incident 사건, 일   **too ~ to ...** 너무 ~해서 …하지 못하다   **dragging** (시간이) 오래 걸리는

• 피곤해 죽겠다.	I'm dead-tired.
• 끔찍한 하루였다.	It was a terrible day.
• 하루 종일 기분이 나빴다.	I was in a bad mood all day long.
• 오늘은 기분이 울적했다.	I felt down today.
• 왠지 모르게 기분이 씁쓸했다.	I felt bitter for some reason.
• 하루 종일 기분이 불쾌했다.	I felt awful all day long.
• 오늘 내가 한 일이 걱정된다.	I am worried about what I did today.
• 오늘 아무것도 먹지 않았다.	I have not touched any food today.
• 오늘 기운이 없었다.	I felt low today.
• 나의 계획이 엉망이 되었다.	My plan became a mess.
• 결국에는 계획이 좌절되었다.	The plan was ruined in the end.
• 일진이 별로 좋지 않은 날이었다.	It wasn't my day.
• 오늘은 매우 지루했다.	I was very bored today.
• 오늘이나 어제나 매일 똑같다.	Every day is the same.
• 하루 종일 빈둥거리며 지냈다.	I fooled around all day long.
• 하루 종일 집에서 빈둥거렸다.	I lay about the house all day long.
• 언제나 모든 것이 똑같다.	Everything is just the same.
• 내일에 대해 생각해 볼 시간이다.	It is time to think about tomorrow.
• 내일의 일정을 확인해 보았다.	I checked tomorrow's schedule.
• 내일 할 재미있는 일이 하나 생각났다.	I had a fun idea for tomorrow.
• 계획이 흐지부지 끝나지 않도록 해야겠다.	I won't let my plans go up in smoke.
• 계획을 지키도록 노력해야겠다.	I will make every effort to stick to my plan.
• 계획대로 일이 잘되기를 바란다.	I hope to do a good job as planned.

Words & Expressions

awful 지독히 나쁜(↔ awesome)   **lie about** 빈둥거리다   **go up in smoke** 연기처럼 사라지다

05 기분 · 감정

'기분이 좋다.'는 말은 My feeling is good.이 아니라 I feel good.이라고 해야 합니다. '기분이 ~하다'는 표현은 〈feel+형용사〉로 나타냅니다. 기분이 나쁘면 I feel bad.라고 하면 됩니다.

아침에 기분이 좋았다.	I felt good in the morning.
세상을 다 얻은 듯한 기분이었다.	I felt like I was on top of the world.
꿈꾸는 듯한 기분이었다.	I felt as if I were in a dream.
오늘은 기분이 이상했다.	I felt strange today.
오늘 아침 기분이 좋지 않았다.	I was in a bad mood this morning.
그가 내 기분을 상하게 했다.	He hurt my feelings.
하루 종일 기분이 상쾌하지 않았다.	I haven't felt refreshed all day long.
나는 매우 기분이 침울했다.	I felt down in the dumps.
그것이 내 신경을 건드렸다.	It got on my nerves.
뭔가 잘못된 것 같은 기분이 들었다.	I felt something went wrong.
기분을 바꾸고 싶었다.	I wanted to change my mood.
그는 기가 죽어 있었다.	He was in low spirits.
나는 기뻤다.	I was glad.
나는 즐거웠다.	I was pleased.
날듯이 기뻤다.	I was walking on air.
더할 나위 없이 좋았다.	I couldn't be better.
너무 기뻐서 눈물이 났다.	I cried for joy.
내 생애에 가장 기뻤던 순간이었다.	It was the biggest moment of my life.
너무 기뻐 말이 나오질 않았다.	I was so happy that I was speechless.
나의 가슴은 기쁨으로 두근거렸다.	My heart pounded with delight.

Words & Expressions

as if 마치 ~인 것처럼　**down in the dumps** 의기소침한, 우울한　**in low spirits** 의기소침한　**walk on air** 기뻐 날뛰다
pound 두드리다, 두근거리다

• 나는 우울했다.	I felt down.
	I was moody.
• 오늘은 왠지 우울했다.	Today I felt blue for no reason.
• 농담할 기분이 아니었다.	I was not in the mood to be joked with.
• 외출하고 싶지 않았다.	I didn't feel like going out.
• 그는 우울한 얼굴을 하고 있었다.	He was so long-faced.
• 슬픔에 잠겨 있었다.	I was mournful.
• 상심했다.	I was heartbroken.
• 가슴 아픈 일이었다.	It was breaking my heart.
• 목이 메었다.	I felt a lump in my throat.
• 기쁨과 슬픔이 엇갈렸다.	I had feelings mingled with joy and sorrow.
• 괴로웠다.	I was distressed.
• 마음이 불안했다.	I was ill at ease.
• 그 괴로움을 견뎌 내야 했다.	I had to bite the bullet.
• 나는 몹시 괴로웠다.	I was suffering severely.
• 그것이 항상 마음에 걸린다.	It always weighs on my mind.
• 화가 났다.	I got mad.
	I was angry.
• 기분이 상했다.	I was offended.
• 열 받았다.	I was burned up.
• 울화통이 터졌다.	I lost my temper.
• 그가 내 자존심을 상하게 했다.	He hurt my pride.
• 그는 화를 잘 낸다.	He gets angry easily.
• 화가 나서 얼굴이 붉어졌다.	My face was flushed with anger.

Words & Expressions

mingled 섞인, 혼합된 **ill at ease** 불안한(= uncomfortable) **bite the bullet** 이를 악물고 견디다 **weigh on one's mind** 마음에 걸리다 **be offended** 성나다, 불쾌하게 느끼다 **lose one's temper** 화를 내다, 성질을 부리다 **flushed** 붉어진, 홍조를 띤

• 그가 나를 짜증나게 했다.	He grossed me out.
• 정말 짜증이 났다.	It really pissed me off.
• 정말 열 받게 했다.	It really burned me up.
• 그 소식은 나를 실망시켰다.	The news let me down.
• 그 소식을 듣고 나는 실망했다.	I was disappointed at the news.
• 시원섭섭했다.	It was bittersweet.
• 비참한 생각이 들었다.	I felt miserable.
• 나는 낙담했다.	I lost heart.
	I was depressed.
• 나는 놀라서 소리를 질렀다.	I cried out in surprise.
• 놀라서 정지한 채 서 있었다.	I stood still in surprise.
• 나는 그 소식에 창피했다.	I was embarrassed by the news.
• 나는 그 소식에 혼란스러웠다.	I was confused by the news.
• 나는 그 소식에 어찌할 바를 몰랐다.	I was perplexed by the news.
• 나는 안절부절못하고 있었다.	I was on pins and needles.
• 내가 한 일이 몹시 후회된다.	I am very sorry for what I did.
• 죄책감을 느꼈다.	I felt guilty.
• 고민을 잊어보려고 애썼다.	I tried to forget my agony.

Words & Expressions

gross ~ out ~를 화나게 하다　**piss ~ off** ~를 짜증나게 하다　**bittersweet** 쓰면서도 달콤한, 시원섭섭한　**miserable** 비참한, 가련한, 불쌍한　**still** 정지한, 움직이지 않는　**on pins and needles** 초조하여, 조마조마하여

CHAPTER 03
가족

01 우리 가족	68
02 조부모	69
03 부모	70
04 형제자매	71
05 친척	72
06 장래 희망	73
07 종교	74

01 우리 가족

우리 가족은 네 명이라고 소개할 때 My family is four people.이라고 하지 않습니다. I have four in my family. 또는 There are four people in my family.라고 해야 합니다.

- 우리 가족은 대가족이다.
  My family is large.
  We have a large family.

- 우리는 가족이 적다.
  My family is small.
  We have a small family.

- 우리 가족은 네 가족이다.
  I have four in my family.
  There are four people in my family.

- 나는 서울 토박이이다.
  I am a native of Seoul.

- 나는 가난한 집안에서 태어났다.
  I was born into a poor family.

- 나는 ~에서 태어나서 어린 시절을 보냈다.
  I was born in and spent my childhood in ~.

- 나는 대가족에서 자랐다.
  I grew up in a large family.

- 우리 가족은 함께 행복하게 산다.
  My family lives together happily.

- 우리는 부유하지는 않지만 행복하다.
  We are not rich, but we are happy.

- 우리는 언제나 함께 행복한 시간을 보낸다.
  We are always happy together.

- 평화롭고 화목한 가정에서 살고 싶다.
  I want to live in a peaceful and happy home.

- 우리는 서로를 사랑하고 위한다.
  We love and take good care of one another.

- 부자라고 해서 반드시 행복한 것은 아니다.
  The rich are not always happy.

- 우리는 행복한 가정을 만들고자 노력한다.
  We try to have a happy home.

- 집만큼 좋은 곳이 없다.
  There's no place like home.

02 조부모

성장과정 : baby(아기) → infant(유아) → toddler(아장아장 걷는 아이) → youngster(소녀, 소년) → adolescent(청소년) → bachelor, spinster(미혼남, 미혼녀) → bride, bridegroom(신부, 신랑) → adult(성인)/ parents(부모) → middle aged(중년) → elderly(노년) → corpse(시체)

- 그분은 나의 친할아버지이시다. — He is my **paternal** grandfather.
- 그분은 나의 외할아버지이시다. — He is my **maternal** grandfather.
- 나는 조부모님과 함께 산다. — I live with my grandparents.
- 할아버지는 언제나 나를 응원하신다. — My grandfather always supports me.
- 할아버지는 70세이지만 아직 건강하시다. — He is seventy years old, but he is in good health.
- 할아버지는 65세에 퇴직하셨다. — He retired at the age of 65.
- 할아버지는 정원 가꾸는 것을 좋아하신다. — He likes to **care for** the garden.
- 할아버지는 치매를 앓고 계신다. — He has **Alzheimer's**.
- 할아버지 얼굴에 주름을 보니 서글퍼졌다. — I felt sad to see the wrinkles on his face.
- 할머니는 우리를 편하게 해 주신다. — My grandmother makes us feel comfortable.
- 할머니는 늘 다정한 미소를 지어 주신다. — She always gives us a tender smile.
- 할머니는 내가 잘 때 자장가를 불러 주곤 하셨다. — She would sing me a lullaby to sleep.
- 할머니는 나를 안경 너머로 쳐다보시곤 했다. — She used to look at me over the top of her glasses.
- 할머니가 편찮으실 때 내가 간호했다. — When she was sick, I **waited on** her.
- 할머니가 작년에 돌아가셨다. — My grandmother **passed away** last year.

Words & Expressions

paternal 아버지의, 아버지 쪽의 **maternal** 어머니의, 어머니 쪽의 **care for** ~를 보살피다, 돌보다 **Alzheimer's (disease)** 알츠하이머병, 치매 **wait on** 시중들다 **pass away** 돌아가시다

03 부모

맞벌이 부부는 a double-paycheck couple이라고 합니다. 요즘 맞벌이 부부는 아이를 갖지 않는 경우가 많다고 하는데 그런 부부들은 DINK, 즉 '딩크족'이라고 합니다. Double Income, No Kids의 첫 자를 딴 말로 의도적으로 아이를 갖지 않고 돈과 출세를 인생의 목표로 사는 맞벌이 부부를 일컫는 말입니다.

- 우리 부모님은 맞벌이를 하신다.   My parents both work.
- 우리 부모님은 잉꼬부부이다.   My parents are like a pair of **lovebirds**.
- 우리 부모님이 자랑스럽다.   I am proud of my parents.
- 나는 항상 부모님 말씀을 잘 듣는다.   I always obey my parents.
- 우리 부모님은 이혼하셨다.   My parents got divorced.
- 우리 아빠는 매우 엄격하시다.   My dad is very strict.
- 우리 아빠는 일을 열심히 하시는 분이다.   My dad is a hard worker.
- 나는 아빠와 세대차를 별로 느끼지 못한다.   I don't feel the generation gap between my dad and me.
- 아빠가 나를 업어 주셨다.   My dad gave me a piggyback ride.
- 아빠는 집안일을 종종 도와주신다.   My dad often helps with the housework.
- 아빠는 일이 끝나면 곧장 집으로 오신다.   My dad comes right home after work.
- 우리 엄마는 가정주부이시다.   My mom is a housewife.
- 엄마가 모든 집안일을 하신다.   My mom does all the housework.
- 우리 엄마는 요리를 매우 잘하신다.   My mom **is good at** cooking.
- 뭔가 필요한 것이 있으면 엄마를 찾는다.   I call my mom when I need something.
- 우리 엄마의 잔소리는 끝이 없다.   My mom never stops **nagging**.
- 우리 엄마는 간섭하기 좋아하신다.   My mom is so nosy.

Words & Expressions

lovebirds 다정한 부부(lovebird는 '잉꼬')   **be good at** ~를 잘하다   **nag** 잔소리하다

04 형제자매

'연년생'이란 말은 한 해에 태어나고 뒤이은 해에 또 태어난 것이므로 '잇달아, 연달아'의 뜻인 one after another를 사용하여 표현합니다. one year after another라고 하면 '1년 차이로 연달아'라는 말이 되죠. 그래서 '우리는 연년생이다.'는 We were born one year after another.라고 해야 합니다.

• 우리는 삼형제이다.	There are three boys in my family.
• 나는 우리 가족의 외동이다.	I am the only child in my family.
• 나는 2남 중 장남이다.	I am the oldest son of two brothers.
• 나는 둘째 아들이다.	I am the second son.
• 나는 삼대독자이다.	I am the third generation of only son.
• 나는 형이 두 명 있다.	I have two elder brothers.
• 내가 막내이다.	I am the youngest.
• 동생과 만나기만 하면 싸운다.	Whenever my brother and I meet, we quarrel.
• 나는 동생보다 키가 작다.	I am shorter than my younger brother.
• 나는 동생과 성격이 매우 다르다.	I am quite different from my brother in character.
• 나는 동생에 비해서 수줍음을 잘 탄다.	**Compared to** my brother, I am shy.
• 나는 동생에 대한 애정이 깊다.	I am affectionate toward my younger brother.
• 그를 보면 내 동생이 생각난다.	He **reminds** me **of** my younger brother.
• 내 동생은 내가 하는 대로 한다.	My younger brother does **whatever** I do.
• 내 동생은 사춘기이다.	My younger brother is in puberty.
• 그는 가끔 내 물건을 마음대로 쓴다.	He makes free use of my things.
• 나는 자라면서 물려받은 옷만 입었다.	When I was growing up I only wore hand-me-downs.
• 누구보다도 우리 큰 형이 제일 좋다.	I like my eldest brother better than the others.

Words & Expressions

compared to ~와 비교하면   **remind ~ of ...** ~에게 …를 생각나게 하다   **whatever** ~한 무엇, 어떤 ~이든

05 친척

친척은 relative라고 합니다. 외국에서는 잘 따지지 않지만 한국에서는 친가, 외가라는 표현을 많이 쓰죠. 엄마 쪽의 외가 친척은 on my maternal side, 아빠 쪽의 친가 친척은 on my paternal side라고 합니다.

- 서울에 몇 분의 친척이 계신다. I have several relatives in Seoul.
- 나는 그와 친척이다. I am related to him.
- 그는 우리 엄마 쪽 친척이다. He is related to me on my maternal side.
- 나는 친척들과 사이가 좋다. I **get along with** my relatives.
- 우리 삼촌은 작년에 결혼했다. My uncle got married last year.
- 나는 삼촌이 정말 좋다. I really like my uncle.
- 이모는 결혼해서 두 명의 아이가 있다. My aunt is married with two kids.
- 나는 남자 조카가 한 명밖에 없다. I have just one nephew.
- 친척들이 멀리 있어 자주 만나지 못한다. I can't visit my relatives often since they live far away.
- 나는 두 명의 사촌이 있다. I have two cousins.
- 최근에 사촌의 소식을 듣지 못했다. I haven't heard from my cousin recently.
- 오랫동안 사촌을 못 봤다. I haven't seen my cousin for a long time.
- 그가 너무 많이 변해서 알아보지 못할 뻔했다. He had changed **so** much **that** I could **hardly** recognize him.
- 그는 내 나이 또래이다. He is my age.
- 친척집에 자주 가야겠다. I will visit my relatives often.
- 가까운 이웃이 먼 친척보다 낫다. A good neighbor is better than a brother far off.

Words & Expressions

get along with ~와 잘 지내다 **so ~ that ...** 너무 ~해서 ...하다 **hardly** 거의 ~않다

[보충 어휘] 남자 조카 **nephew** | 여자 조카 **niece** | 며느리 **daughter-in-law** | 사위 **son-in-law** | 처제, 시누이 **sister-in-law** | 처남, 매형 **brother-in-law** | 시어머니, 장모 **mother-in-law** | 시아버지, 장인 **father-in-law** | 손녀 **granddaughter** | 손자 **grandson** | 증손자 **great grandson** | 새어머니 **stepmother** | 새아버지 **stepfather** | 이복 자매 **half-sister** | 이복 형제 **half-brother**

06 장래 희망

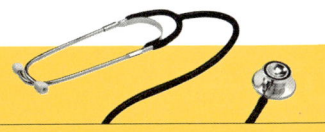

'내 꿈은 의사다.'라고 할 때 My dream is a doctor.라고 하면 안 됩니다. 내 꿈은 의사가 아니라 의사가 되는 것이죠. 그래서 My dream is to be a doctor.라고 해야 합니다.

• 내 장래에 대해서 깊이 생각해 보았다.	I thought deeply about my future.
• 나는 오랫동안 간직해 온 꿈이 있다.	I have a lifelong dream.
• 나는 커서 변호사가 되고 싶다.	When I grow up, I want to be a lawyer.
• 나는 후에 의사가 되고 싶다.	I want to be a doctor in the future.
• 나는 연예인이 되고 싶다.	I want to be an entertainer.
• 나의 숨은 끼를 발휘하고 싶다.	I want to show my hidden talent.
• 엄마는 내가 장래에 교사가 되길 바라신다.	My mom wants me to be a teacher.
• 엄마는 나에게 희망을 걸고 계신다.	My mom puts her hopes in me.
• 이상형 남자를 만나 행복하게 살고 싶다.	I want to meet Mr. Right and lead a happy life.
• 나는 선교사가 되어 복음을 전하고 싶다.	I want to be a missionary and spread the Gospel.
• 나는 장래가 유망하다고 생각한다.	I think I have bright prospects.
• 나의 장래는 창창하다.	I have a promising future ahead.
• 내가 커서 무엇이 될지 걱정이다.	I am worried about what I'll grow up to be.
• 장래가 불투명하다.	My future looks uncertain.
• 난 특별한 재능이 없는 것 같다.	I think I am not talented.
• 나의 꿈을 바꿔야 할 것 같다.	I need to change my dream.
• 내 꿈을 실현시키기 위해 노력할 것이다.	I'll try to make my dreams come true.

Words & Expressions

Mr. Right 이상형 남성 **promising** 유망한, 촉망되는 **make ~ come true** ~을 실현시키다, ~을 이루다

07 종교

종교는 영어로 religion이라고 합니다. 특히 기독교는 많은 교파들이 있죠. 감리교는 the Methodist Church, 장로교는 the Presbyterian Church, 침례교는 the Baptist Church라고 합니다.

• 나는 종교가 없다.	I am not religious.
• 나는 독실한 기독교 신자이다.	I am a devout Christian.
• 나는 사이비 기독교인이다.	I am a **pseudo** Christian.
• 매일 아침 한 시간씩 성경을 읽는다.	I read the Bible for an hour every morning.
• 나는 일요일마다 교회에 간다.	I go to church on Sundays.
• 목사님께서 기도를 하셨다.	The pastor gave the benediction.
• 목사님 설교하실 때 졸았다.	I dozed while the minister was giving a sermon.
• 나는 교회 성가대원이다.	I am a member of the church choir.
• 나는 큰 소리로 찬송가를 불렀다.	I sang hymns loudly.
• 정성껏 하나님께 기도를 드렸다.	I prayed to God wholeheartedly.
• 무릎을 꿇고 기도를 드렸다.	I knelt in prayer.
• 나의 세례명은 베드로이다.	My baptismal name is Peter.
• 가슴에 성호를 그으며 기도했다.	I prayed, making the sign of cross on my chest.
• 고해성사를 했다.	I made a **sacramental confession**.
• 나는 불교를 믿는다.	I believe in Buddhism.
• 나는 절에 불공을 드리러 갔다.	I went to a temple to **worship**.
• 염불을 하였다.	I said a prayer to the Buddha.
• 나는 염주를 돌리며 명상을 했다.	I meditated with my beads.

Words & Expressions

pseudo 가짜의, 허위의 **sacramental** 신성한 **confession** (신앙) 고백 **worship** 숭배하다, 예배하다

CHAPTER 04
집안일

01 청소	76
02 빨래	77
03 부엌일	78
04 정원 관리	79
05 집 꾸미기	81
06 집수리	82
07 기타 집안일	84

01 청소

청소 방법 중 '닦다'의 표현은 방법에 따라 다릅니다. 물로 닦는 것은 wash, 손이나 천으로 훔쳐 닦는 것은 wipe, 대걸레로 닦는 것은 mop, 솔로 닦는 것은 brush, 수세미나 솔로 북북 문질러 닦는 것은 scrub, 물기를 마른걸레로 닦는 것은 dry, 광을 내며 닦는 것은 polish라고 합니다.

• 방이 온통 어질러져 있었다.	The room was messed up.
• 내 방은 내가 청소해야 했다.	I had to clean my room myself.
• 방을 깨끗이 청소하기로 했다.	I decided to clean up the room.
• 어질러 놓은 것을 치워야 했다.	I needed to clean up the mess.
• 방을 정돈했다.	I **tidied up** the room.
• 흩어져 있는 책들을 정리했다.	I arranged the scattered books.
• 더러운 옷은 빨래 바구니에 넣었다.	I put the dirty clothes in the laundry basket.
• 환기를 위해 창문을 열었다.	I opened the window to air out the place.
• 집 안의 먼지를 털었다.	I removed the dust from the house.
• 가구의 먼지를 닦았다.	I dusted the furniture.
• 빗자루로 방을 쓸었다.	I **swept** the room with the broom.
• 진공청소기로 방들을 청소했다.	I vacuumed the rooms.
• 걸레로 바닥을 닦았다.	I cleaned the floor with a rag.
• 젖은 걸레로 바닥을 훔쳐 냈다.	I wiped off the floor with a wet rag.
• 대걸레로 현관을 닦았다.	I **mopped** the entry way.
• 창문을 닦았다.	I wiped off the window.
• 쓰레기를 휴지통에 넣었다.	I put the garbage in the garbage can.
• 쓰레기통을 비웠다.	I emptied the trash can.
• 쓰레기를 내다 놓았다.	I took out the garbage.
• 욕조와 변기를 닦았다.	I scrubbed the bathtub and the toilet.

Words & Expressions

tidy up 말끔하게 치우다 **swept** sweep(쓸다)의 과거형 **mop** 대걸레질하다

02 빨래

'빨래하다'는 wash the clothes, do the laundry, do the wash, do the washing이라고 표현하고, '설거지하다'는 wash the dishes 또는 do the dishes라고 합니다. 이외에 do동사 표현으로 do the housework(집안일하다), do the cooking(요리하다), do one's shopping(쇼핑하다), do one's homework(숙제하다), do one's hair(머리하다) 등이 있습니다.

• 빨래를 해야 했다.	I had to do the laundry.
• 세탁물이 쌓여 있었다.	The laundry has piled up.
• 몇몇 빨래는 삶아야 했다.	Some laundry should be boiled.
• 세탁기로 빨 수 있는 옷들을 골라냈다.	I picked up the washable clothes.
• 세탁기에 빨래를 넣었다.	I loaded the washing machine.
• 세탁기에 세제를 넣었다.	I put detergent in the washing machine.
• 섬유 유연제를 넣었다.	I put in some fabric softener.
• 빨았더니 옷이 줄었다.	The clothes shrank after washing.
• 옷 색깔이 바랬다.	The color of the clothes faded.
• 다른 빨래에까지 물이 들었다.	The dyes bled into one another.
• 옷을 손빨래했다.	I hand-washed the clothes.
• 빨래를 빨랫줄에 널었다.	I hung the clothes on the clothesline.
• 옷 몇 개를 그늘에 널었다.	I dried some clothes in the shade.
• 옷이 아직 눅눅했다.	The clothes were still damp.
• 옷이 다 말랐다.	The clothes dried up.
• 빨랫줄에서 빨래를 걷어냈다.	I took the laundry off the clothesline.
• 빨래를 갰다.	I folded the clothes.
• 옷을 다림질했다.	I ironed the clothes.
• 그 옷은 드라이클리닝을 해야 했다.	I needed to get the clothes dry-cleaned.
• 옷을 세탁소에 가져갔다.	I took the clothes to the dry cleaners.

03 부엌일

설거지를 할 때마다 그릇을 자주 깰 때 I always break a dish whenever I wash dishes.라고 합니다. I never wash dishes without breaking a dish.도 같은 의미입니다.

• 식탁 위에 식탁보를 폈다.	I spread a cloth on the table.
• 엄마가 상 차리는 것을 도와드렸다.	I helped my mom set the table.
• 식탁 위에 반찬을 놓았다.	I put the side dishes on the table.
• 밥그릇에 밥을 담았다.	I put the rice into the rice bowls.
• 식사 후에 식탁 위를 치웠다.	I cleared the table after the meal.
• 식탁 위를 깨끗이 치웠다.	I cleaned up the table.
• 식탁 위를 훔쳐냈다.	I wiped up the table.
• 설거지할 것이 많았다.	I had a lot of dishes to wash.
• 손을 보호하려고 고무장갑을 꼈다.	I put on rubber gloves to protect my hands.
• 식사 후 설거지를 했다.	I did the dishes after the meal.
• 세제를 수세미에 묻혔다.	I soaped the sponge.
• 접시들을 수세미로 닦았다.	I scrubbed some dishes with a scrubbing pad.
• 그릇을 씻은 후에 뒤집어 놓았다.	I put the dishes down after washing them.
• 설거지를 하다가 컵을 떨어뜨렸다.	I dropped a glass while washing the dishes.
• 컵의 이가 빠졌다.	The cup chipped.
• 접시의 물기를 행주로 닦았다.	I dried the dishes with a dish towel.
• 찬장에 그릇을 넣었다.	I put the dishes in the cupboard.
• 남은 음식들을 반찬통에 넣었다.	I put the leftovers into containers.

보충 어휘 싱크대 **sink** | 냉장고 **refrigerator** | 냉동고 **freezer** | 식기세척기 **dishwasher** | 밥솥 **rice cooker** | 가스레인지 **gas stove** | 오븐 **oven** | 전자레인지 **microwave** | 토스터 **toaster** | 찬장 **cupboard** | 접시 걸이 **dish rack** | 도마 **cutting board** | 냄비 **pot** | 행주 **kitchen towel** | 수세미 **scrubbing pad** | 고무장갑 **rubber gloves**

04 정원 관리

원예에 재능이 있다고 표현할 때 I have a green thumb.이라고 하는데, 이때 green thumb, 즉 '초록 엄지손가락'은 '원예 분야의 재능'의 뜻을 나타냅니다.

• 나는 원예에 재능이 있다.	I have a green thumb.
• 나는 정원을 가꾸는 것이 좋다.	I like to do some gardening.
• 나는 정원 일을 잘한다.	I am good at gardening.
• 우리는 마당에 정원을 만들었다.	We made a garden in the yard.
• 나는 꽃을 보살피는 것을 좋아한다.	I like to care for flowers.
• 몇 가지 종류의 꽃씨를 뿌렸다.	I sowed several kinds of flower seeds.
• 삽으로 흙을 뒤섞었다.	I turned the soil with a spade.
• 묘목을 몇 개 심었다.	I planted some seedlings.
• 정원에 꽃을 옮겨 심었다.	I transplanted some flowers to the garden.
• 허브 몇 개를 화분에 심었다.	I potted a few herbs.
• 꽃에 씨들이 여물었다.	The flowers went to seed.
• 정원이 잡초로 뒤덮여 있었다.	The garden was covered with the weeds.
• 정원의 풀을 뽑았다.	I removed the weeds from the garden.
• 잔디를 깎아야 했다.	The grass needed cutting.
• 잔디에 물을 주어야 했다.	The grass was in need of water.
• 잔디를 깎은 후 물을 주었다.	After mowing the lawn, I watered it.
• 나무를 예쁘게 다듬었다.	I trimmed the tree nicely.
• 시든 나뭇잎과 꽃들을 제거했다.	I removed the withered leaves and flowers.
• 불필요한 잎들을 쳐 주었다.	I pruned extra leaves from the tree.
• 낙엽들은 갈퀴로 긁어모았다.	I raked fallen leaves.

Words & Expressions

be good at ~을 잘하다   **water** 물을 주다   **prune** 가지치기하다. 잘라내다

- 식물들에게 비료를 주었다.   I used some fertilizer for the plants.
- 흙에 비료를 주었다.   I fertilized the soil.
- 해충이 있는지 살펴보았다.   I checked for harmful insects.
- 벌레들을 없애기 위해 살충제를 뿌렸다.   I sprayed pesticides to remove insects.

05 집 꾸미기

집을 예쁘게 꾸미는 것도 좋지만 정리정돈을 잘하는 것이 더 중요하겠죠. '나는 정리정돈을 잘해.'는 I'm organized well. 이라고 합니다.

• 방 안을 좀 바꾸었다.	I changed my room around.
• 집의 가구를 재배치했다.	I rearranged the furniture in the house.
• 집 안을 꽃으로 장식했다.	I decorated the house with flowers.
• 꽃을 화병에 꽂았다.	I put some flowers in the vase.
• 새 식탁보를 하나 샀다.	I bought a new table cloth.
• 벽에 못을 박았다.	I hammered nails in the wall.
• 멋진 그림을 벽에 걸었다.	I hung a wonderful picture on the wall.
• 커튼을 바꾸었다.	I changed the curtains.
• 낡은 커튼을 떼어냈다.	I took down the old curtains.
• 새 커튼을 달았다.	I put up new curtains.
• 벽지를 더 밝은 색으로 바꾸었다.	I changed the wallpaper to brighter colors.
• 안락한 소파를 거실에 놓았다.	I placed a comfortable sofa in the living room.
• 고가구를 방에 놓았다.	I placed an old piece of furniture in the room.
• 집을 개조했다.	We remodeled our house.
• 집 울타리에 페인트칠이 필요했다.	The fence needed painting.
• 집 울타리를 흰색으로 칠했다.	We painted the fence around our house white.

보충 어휘 현관 **porch** | 베란다 **balcony** | 테라스 **terrace** | 거실 **living room** | 욕실 **bathroom** | 침실 **bedroom** | 부엌 **kitchen** | 식당 **dining room** | 세탁실 **laundry room** | 다용도실 **utility room** | 서재 **library** | 지하실 **basement** | 차고 **garage** | 다락방 **attic** | 지붕 **roof** | 안마당 **courtyard, front yard** | 뒤뜰 **backyard** | 울타리 **fence** | 정원 **garden** | 대문 **gate**

06 집수리

수돗물은 영어로 tap water라고 합니다. tap은 faucet과 같은 뜻으로 수도꼭지를 나타내는 말입니다. 수도꼭지에서 나오는 물이므로 tap water라고 하는데, 배관을 통해서 흘러들어온 물이라 해서 running water라고도 합니다.

• 자물쇠가 고장 났다.	The lock is broken.
• 문이 꼼짝도 안한다.	The door is stuck.
• 문의 손잡이가 빠졌다.	The door handle has come off.
• 강력 접착제를 사용하여 그것을 붙였다.	I bonded it with a strong adhesive.
• 벽의 페인트가 벗겨지고 있다.	The paint on the wall has been peeling.
• 수도꼭지에서 물이 새고 있다.	The faucet was leaking.
• 수도꼭지에서 물이 뚝뚝 떨어지고 있었다.	The faucet was dripping.
• 아빠가 물이 새는 수도꼭지를 고치셨다.	My dad repaired the leaky faucet.
• 변기가 새는 것 같았다.	The toilet seemed to be leaking.
• 나사를 죄어 보았다.	I tried tightening the screw.
• 새는 곳을 막았다.	I plugged up a leak.
• 싱크대가 막혔다.	The sink is blocked up.
• 싱크대가 막혀 물이 올라온다.	The sink is backed up.
• 부엌 하수구가 막혔다.	The kitchen drain is plugged up.
• 하수구 물이 잘 빠지지 않았다.	It didn't drain well.
• 따뜻한 물이 안 나온다.	Hot water doesn't come out.
• 변기가 막혀서 물이 안 내려갔다.	The toilet was plugged up, so it didn't flush.
• 변기 뚫는 기구를 사용해 보았다.	I used a plunger.
• 배관공을 불렀다.	I called the plumber.

보충 어휘 가위 **scissors** | 펜치 **pliers** | 핀셋 **pincers** | 집게 **nippers** | 족집게 **spanner, wrench** | 드라이버 **screwdriver** | 못 **nail** | 나사못 **screw** | 망치 **hammer** | 장도리 **nail puller** | 철사 **wire** | 전선 **electric wire** | 레버 **lever** | 재단기 **cutter** | 접착제 **adhesives** | 삽 **spade**

• 전화가 고장 났다.	The telephone wasn't working.
• TV가 고장 났다.	The TV broke down.
• TV가 수신 상태가 좋지 않았다.	The TV reception was poor.
• TV가 지지직거리며 나온다.	The TV looks like snow.
• 세탁기에서 이상한 소리가 들렸다.	The washing machine made a strange noise.
• 냉동실에 문제가 있는 것 같았다.	Something was wrong with the freezer.
• 서비스 센터에 전화를 했다.	I called the repair center.
• 스위치가 작동되지 않았다.	The switch didn't work.
• 전구의 빛이 밝지가 않았다.	The light bulb wasn't bright enough.
• 등이 깜박거렸다.	The light was flickering.
• 전구에 불이 안 들어온다.	The light bulb has gone out.
• 전구를 갈아 끼웠다.	I changed the light bulb.
• 바퀴벌레들을 박멸해야 한다.	We have to exterminate the cockroaches.
• 바퀴벌레 약을 샀다.	I bought some cockroach poison.
• 뿌리는 바퀴벌레 약을 사용했다.	I used roach spray.
• 우리 집에는 개미가 많다.	My house has lots of ants.
• 내 방에 파리가 아주 많았다.	There were so many flies in my room.
• 파리채로 파리를 잡았다.	I killed flies with a fly swatter.
• 파리 쫓는 약을 사용했다.	I used a fly repellent.
• 살충제를 뿌렸다.	We sprayed.

Words & Expressions

flicker 흔들리다, 깜빡이다   **exterminate** 근절하다, 전멸시키다   **swatter** 파리채, 찰싹 때리는 것   **repellent** 해충약, 방충제

07 기타 집안일

끝이 없는 집안일을 도와주는 가사 도우미를 영어로 어떻게 표현할까요? 가정부는 housekeeper, 시간제 파출부 및 가사 도우미는 visiting housekeeper 또는 part-time domestic helper라고 합니다. 가정부는 housekeeper, 가정주부는 housewife 또는 homemaker라고 하니 혼동하지 않도록 하세요.

• 집에서 할 일이 매우 많았다.	I had a lot of work to do in the house.
• 음식 재료를 사러 식료품점에 갔다.	I went to the grocery store to buy some **ingredients**.
• 엄마를 위해 심부름을 했다.	I ran an errand for my mom.
• 이불을 햇볕에 내다 널었다.	I **exposed** the blankets to the sun.
• 이불을 햇볕에 널어 공기를 쐬었다.	I **aired out** the blankets in the sun.
• 이불의 먼지를 털었다.	I **shook** out the blankets.
• 세차를 했다.	I washed my car.
• 가전제품의 플러그를 빼놓았다.	I unplugged the **appliances**.
• 하루 종일 집안일에 얽매여 있었다.	I was tied up with housework all day.
• 청소하고 식사 준비 하느라 하루를 다 보냈다.	I spent all day cleaning the house and cooking food.
• 집안일은 끝이 없다.	The housework is never ending.
• 끝없는 집안일은 나를 지치게 한다.	The endless **house chores** tire me.
• 가정부를 고용해야 할 것 같다.	We really need to hire a housekeeper.
• 집안일은 가족이 함께 해야 한다고 생각한다.	I think all the family should do the housework together.

Words & Expressions

ingredient 식재료, 원료 **expose** 쐬다, 노출시키다 **air out** ~을 공기에 쐬다 **shook** shake(흔들다, 털다)의 과거형 **appliance** 가전제품 **house chore** 허드렛일, 하기 싫은 일

CHAPTER 05
일상생활

01 일상생활 86
02 생리현상 88
03 놀이 91
04 대중교통 93
05 자가용 96
06 컴퓨터 98
07 통신 100
08 인터넷 101
09 홈페이지·블로그 102
10 휴대폰 103
11 절약·저축 105
12 은행·신용카드 107
13 용돈 109
14 봉사 활동 111
15 실수·잘못 112
16 사건·사고 114

01 일상생활

play는 '인형을 가지고 놀다'의 play with a doll, '축구를 하다'의 play soccer, '컴퓨터 게임을 하다'의 play a computer game처럼 장난감 같은 놀이 도구를 가지고 놀거나 운동 경기 혹은 게임을 할 경우에 씁니다. 시내나 피시방 같은 곳에서 머물며 노는 것은 hang out 또는 hang around로 표현합니다. '시내에서 친구들과 놀았다.'는 I hung out downtown with my friends.라고 하면 됩니다.

나의 일상은 아침 6시에 시작된다.	My daily routine begins at six in the morning.
나는 아침에 샤워를 한다.	I take a shower in the morning.
7시쯤에 아침을 먹는다.	I have breakfast around seven o'clock.
아침 식사를 하고 옷을 입는다.	I get dressed after breakfast.
엄마가 현관에서 배웅을 해 주신다.	My mom **sees** me **off** at the porch.
나는 걸어서 학교/직장에 다닌다.	I walk to school/work.
나는 버스로 학교/직장에 간다.	I go to school/work by bus.
학교가 끝나면 집으로 돌아온다.	After school, I come back home.
엄마가 나를 데리러 오신다.	My mom picks me up.
방과 후에 나는 영어 학원에 간다.	I go to an English academy after school.
컴퓨터를 이용하여 숙제를 한다.	I do my homework on the computer.
오늘은 쉬는 날이다.	Today is my day off.
여가 활동을 즐길 시간이 없다.	I have no time for leisure activities.
여가 시간에 독서하는 것을 좋아한다.	I like to read books in my free time.
하루 종일 집에서 책을 읽으며 보냈다.	I spent all day reading at home.
하루 종일 집에서 빈둥거렸다.	I **lazed around** at home all day.
휴일에는 종종 목욕탕에 간다.	I often go to the bathhouse on holidays.
TV를 보면서 시간을 보냈다.	I killed time watching TV.
여가 시간을 만화책을 읽으며 보냈다.	I passed my spare time reading comic books.

Words & Expressions

see ~ off ~를 배웅하다   laze around 빈둥거리다, 꾸물거리다

멋진 드라이브를 했다.	I went for a nice drive.
한가할 때 나는 영화를 보러 간다.	I go to the movies at my leisure.
나는 친구들과 시내를 돌아다녔다.	I hung out downtown with my friends.
공원에서 자전거를 탔다.	I rode my bike in the park.
오늘은 백화점에서 쇼핑을 했다.	Today I **went shopping** at the department store.
비디오게임을 하러 오락실에 갔다.	I went to an **arcade** to play video games.
친구들과 보드게임을 했다.	I played board games with my friends.
하루 종일 인터넷 서핑을 했다.	I surfed the Internet all day long.
음악도 듣고 악기들도 연주했다.	I listened to music and played musical instruments.
시간이 많아서, 요리를 해 보았다.	**Since** I had a lot of time, I **tried cooking** a meal.
특별히 할 일이 없어서, 친구들에게 메일을 보냈다.	Because I had nothing special to do, I sent an e-mail to my friends.
우리는 보통 7시에 저녁을 먹는다.	We usually have dinner at 7 o'clock.
저녁 식사 후 보통 TV를 본다.	I usually watch TV after dinner.
잠자리에 들기 전에 일기를 쓴다.	I keep a diary before going to bed.
10시쯤에 잠자리에 든다.	I go to bed about 10 o'clock.
그럭저럭 하는 일 없이 하루가 지나갔다.	The day has been wasted on this and that.
신나는 하루를 보냈다.	It was an exciting day.
뭔가 신나는 일이 있으면 좋겠다.	I wish something exciting would happen.

Words & Expressions

go shopping 쇼핑하러 가다　**arcade** 게임하는 곳, 오락실　**since** ~이므로　**try -ing** ~하는 것을 시도하다

02 생리현상

'방귀 뀌다'라는 말은 break wind, pass gas, fart, cut a cheese 등으로 표현할 수 있습니다. 생리현상인데 방귀를 어떻게 참을 수(hold in one's fart) 있겠습니까? 하지만 심한 냄새에 '누가 방귀 뀌었니?'라고 하려면 Who broke wind? 또는 Who cut the cheese? 라고 말하면 됩니다. 그리고 '방귀 뀐 놈이 성낸다.'는 속담은 He blames his own mistakes on others.라고 합니다.

• 식사를 하다가 재채기를 했다.	I sneezed while I was eating a meal.
• 콜라 한 잔을 마시자 트림이 났다.	I burped after drinking a glass of coke.
• 사레가 들렸다.	I choked on something.
• 사레에 걸렸을 때 누군가 등을 쳐 주었다.	When I choked, someone stroked my back.
• 갑자기 딸꾹질이 났다.	Suddenly I hiccupped.
• 딸꾹질을 멎게 하려고 물을 마셨다.	I drank some water to stop my hiccups.
• 책을 보며 하품을 했다.	I yawned while reading a book.
• 기침이 멈추질 않는다.	I couldn't stop coughing.
• 가래가 끓는다.	I get phlegm in my throat.
• 목소리가 안 나온다.	I lost my voice.
• 목이 아파서 목소리가 쉬었다.	I have a frog in my throat.
• 숨이 찼다.	I was out of breath.
• 심호흡을 했다.	I took a deep breath.
• 그는 자주 한숨을 쉰다.	He often sighs.
• 콧물이 난다.	I have a runny nose.
• 콧물이 흐른다.	My nose is running.
• 코가 막혔다.	I had a stuffy nose.
• 코가 근질거렸다.	My nose felt itchy.
• 나는 잠잘 때 코를 곤다.	I snore when I sleep.

Words & Expressions

choke on ~가 목에 걸리다   **phlegm** 가래, 점액질   **a frog in one's throat** 아파서 쉰 목소리   **stuffy** 코가 막힌, 답답한   **itchy** 간지러운, 근질거리는

• 그는 코를 자주 후빈다.	He often picks his nose.
• 코피가 난다.	I have a bloody nose.
• 나는 냄새를 잘 맡는다.	I have a good sense of smell.
• 나는 눈을 자주 깜박인다.	I often blink.
• 눈곱이 있다.	I have sleep in my eyes.
• 눈물이 났다.	Tears welled up in my eyes.
• 눈물을 참았다.	I kept back my tears.
• 눈물을 흘렸다.	I shed tears.
• 눈물을 닦았다.	I wiped my wet eyes.
• 무의식적으로 눈을 비볐다.	I rubbed my eyes **unconsciously**.
• 너무 감동을 받아 눈물이 났다.	I was moved to tears.
• 오른쪽 눈이 충혈되었다.	My right eye is bloodshot.
• 귀가 간지럽다.	My ear is burning.
• 귀가 먹먹했다.	My ears were ringing.
• 귀가 울린다.	I have a ringing in my ears.
• 귀지가 가득 찼다.	My ears are full of earwax.
• 나는 놀라면 창백해진다.	When I am surprised, my face turns pale.
• 나는 새치가 있다.	I have gray hair.
• 나는 머리가 잘 자라지 않는다.	My hair grows slowly.
• 머리에 비듬이 있다.	I have dandruff.
• 머리에 있는 비듬을 털었다.	I **shook** the dandruff **out of** my hair.
• 커피를 많이 마시면 손이 떨린다.	My hands tremble when I drink a lot of coffee.
• 다리에 쥐가 났다.	I have a **cramp** in my leg.

Words & Expressions

unconsciously 자기도 모르게, 무의식중에   **shake ... out of ~** ~에서 …를 털어내다   **cramp** 경련, 쥐

- 다리 근육이 뻣뻣해졌다. My leg muscles are stiff.
- 묽은 설사가 난다. I have watery diarrhea.
- 볼일을 참았다. I neglected the calls of nature.
- 생리 중인데, 생리통이 심하다. I'm having my period, and it is very painful.
- 배가 고파 꼬르륵 소리가 난다. My stomach is growling.
- 운동을 하면 땀이 난다. When I work out, I sweat.
- 온몸에 소름이 돋았다. I got goose bumps all over.
- 너무 놀라서 식은땀이 났다. I was so surprised that I broke out in a cold sweat.
- 자다가 식은땀이 났다. I had night sweats.
- 방귀를 뀌었다. I broke wind. / I passed gas.

03 놀이

영어에서는 관용적으로 병명, 학문명, 놀이의 이름을 복수형으로 씁니다. 병명은 measles(홍역), diabetes(당뇨병), hepatitis(간염), 학문명은 ethics(윤리학), economics(경제학), politics(정치학), mathematics(수학), physics(물리학), 놀이 이름은 billiards(당구), cards(카드놀이), marbles(구슬치기), darts(다트), dice(주사위놀이) 등이 있죠.

- 내 동생은 까꿍 놀이를 좋아한다.   My sister likes to play peek-a-boo.
- 여동생과 소꿉놀이를 했다.   I played house with my sister.
- 집에서 고양이와 놀았다.   I played in the house with my cat.
- 주사위 놀이를 했다.   We played dice.
- 수수께끼를 냈다.   We told riddles.
- 내가 수수께끼 몇 개를 맞췄다.   I guessed a few riddles.
- 스무고개 놀이를 했다.   We played twenty questions.
- 퍼즐을 맞췄다.   I put a puzzle together.
- 조각 그림 맞추기 퍼즐을 완성했다.   I completed the jigsaw puzzle.
- 홀짝 놀이를 했다.   We played odd or even.
- 장기를 두었다.   I played chess.
  I played Korean checkers.
- 그는 카드놀이를 잘한다.   He plays a good hand.
- 구슬치기를 했다.   I played marbles.
- 구슬을 많이 땄다.   I gained many marbles.
- 딱지치기를 했다.   I played ddakji.
- 친구의 딱지를 세게 쳤다.   I slapped my friend's game piece.
- 내가 술래였다.   I was it.
  I was the tagger.

Words & Expressions

odd 홀수   **even** 짝수   **marble** 대리석, 구슬   **slap** 철썩 때리다, 세게 내려놓다   **it** 술래(= tagger)   **tagger** 술래

91

• 바람개비를 가지고 놀았다.	I played with a pinwheel.
• 고무줄놀이를 했다.	We played elastic-rope jumping.
• 해적 놀이를 했다.	We pretended we were pirates.
• 전쟁놀이를 했다.	We played soldiers.
• 시소를 타고 놀았다.	I played on a seesaw.
• 그네를 탔다.	I swung.
• 미끄럼틀을 탔다.	I slid on a playground slide.
• 정글짐에서 신나게 놀았다.	I played excitingly on a jungle gym.
• 철봉에서 운동을 했다.	I exercised on the horizontal bar.
• 모래 장난을 했다.	I played in the sand.
• 우리는 닭싸움을 했다.	We played chicken.
• 제기를 찼다.	I played hacky sack.
• 내가 제기를 더 많이 찼다.	I juggled the hacky sack more times.
• 우리 가족은 윷놀이를 했다.	My family played yut.
• 팽이치기를 했다.	I whipped the top to make it spin.
• 팽이가 잘 돌았다.	The top spun well.
• 자치기를 했다.	I played stick tossing and hitting games.
• 우리는 하늘 높이 연을 날렸다.	We flew kites high in the sky.
• 내 연이 나무에 걸렸다.	My kite was caught in a tree.
• 우리는 널뛰기를 했다.	We played on the seesaw.

Words & Expressions

pirate 해적, 해적선 **slid** slide(미끄러지다)의 과거형 **slide** 미끄럼틀 **horizontal** 수평의, 가로의 **whip** 채찍질하다, 때리다 **top** 팽이 **spun** spin(돌리다, 돌아가다)의 과거형

04 대중교통

bus, subway, train, plane 등과 같이 몸을 세워서 탈 수 있는 교통수단에 타는 것은 get on, 내리는 것은 get off라고 하지만, car, taxi 등과 같이 머리를 숙이고 몸을 굽혀 타는 것은 get in, 내리는 것은 get out of로 표현합니다. 하지만 타고 내리는 행동이 아닌 어떤 교통수단을 이용한다는 의미인 '~을 타고 다니다'라는 말은 take로 나타냅니다. 자전거나 말처럼 올라타는 경우는 ride라고 해야 합니다.

- 시간이 없어 택시를 타야 했다.   I didn't have enough time, so I had to catch a taxi.
- 택시로 그곳에 가려면 30분이 걸린다.   It takes me half an hour to get there by taxi.
- 택시 정류장으로 갔다.   I went to a taxi stand.
- 빈 택시들이 줄지어 있었다.   There were empty taxies lined up.
- 택시를 불러 세웠다.   I hailed a taxi.
- 택시에 다른 사람들과 합승했다.   I shared the taxi with others.
- 나는 택시 뒷좌석에 탔다.   I got into the back seat of the taxi.
- 택시를 타고 역으로 가는 지름길로 갔다.   I took a short-cut to the station by taxi.
- 운전기사에게 세워 달라고 했다.   I asked the taxi driver to stop.
- 운전기사에게 요금을 냈다.   I paid the driver the fare.
- 택시에서 서둘러 내렸다.   I got out of the taxi in a hurry.
- 러시아워일 때에는 지하철을 탄다.   When it is rush hour, I ride the subway.
- 나는 전철 정액권을 이용한다.   I use a subway commuter pass.
- 나는 교통카드를 이용한다.   I use a traffic fare card.
- 안전선 뒤로 물러서 있었다.   I stayed behind the safety line.
- 나는 지하철에서 책을 읽는다.   I read books on the subway.
- 반대편으로 가는 지하철을 탔다.   I got on the opposite side of the tracks.
- 많은 사람들과 부딪혔다.   I bumped into many people.

Words & Expressions

line up 줄서다   **hail** 큰 소리로 불러 세우다   **short-cut** 지름길, 최단로   **track** 철로, 선로

• 환승역은 항상 복잡하다.	The transfer stations are always overcrowded.
• 누군가가 내 발을 밟았다.	Someone stepped on my foot.
• 노부인에게 자리를 양보했다.	I made room for an old lady.
• 버스 정류장에 줄을 서 있었다.	I was standing in line at the bus stop.
• 어떤 사람이 내 앞에서 새치기를 했다.	Somebody cut in line in front of me.
• 버스를 놓쳤다.	I missed the bus.
• 20분을 더 기다려야 했다.	I had to wait for another 20 minutes.
• 그곳에 가려고 시외버스를 탔다.	I took an intercity bus to go there.
• 개찰구를 통과했다.	I passed through the ==wicket==.
• 전세 버스로 거기에 갔다.	I went on a ==chartered== bus.
• 셔틀 버스를 이용했다.	I took a shuttle bus.
• 그 버스는 20분 간격으로 운행된다.	The buses run every 20 minutes.
• 버스 배차 간격이 너무 길다.	The interval between buses is very long.
• 버스가 30분 늦게 도착했다.	The bus arrived thirty minutes late.
• 버스 노선 안내도를 찾았다.	I looked for the bus route map.
• 나는 버스 카드를 이용한다.	I use a bus pass.
• 그 공원까지의 버스 요금은 ~이다.	The bus fare to the park is ~.
• 버스 요금을 미리 준비했다.	I prepared the bus fare in advance.
• 버스 카드를 기계에 대면서 버스에 탔다.	I got on the bus, ==scanning== my bus pass on the machine.
• 버스가 승객들로 만원이었다.	The bus was ==packed with== passengers.
• 만원 버스를 밀치고 억지로 탔다.	I ==squashed== into a crowded bus.
• 버스 안이 콩나물시루 같았다.	We were packed in like sardines.

Words & Expressions

wicket (역의) 개찰구, 작은 문　**charter** 전세 내다　**scan** 훑다, (정보를) 읽다, 탐지하다　**packed with** 꽉 들어찬, ~으로 가득한
squash 짓누르다, 밀치고 들어가다

- 버스가 거의 비어 있었다. The bus was almost empty.
- 버스에서 벨을 눌렀다. I pushed one of the buzzers on the bus.
- 그가 기차역까지 태워다 주셨다. He gave me a ride to the station.
- 내가 탈 기차가 30분 연착되었다. My train arrived thirty minutes behind schedule.
- 기차가 또 연착이 되었다. The train was delayed again.
- 그 기차에는 식당차가 있었다. The train had a dining car.
- 누군가가 내 자리에 앉아 있었다. Someone was sitting in my seat.
- 내 좌석 번호를 다시 확인해 보았다. I checked my seat number again.
- 나는 창가 쪽 자리에 앉았다. I took a window seat.

05 자가용

오픈카(open car)는 convertible, 오토바이(autobi)는 motorcycle/motorbike, 핸들(handle)은 steering wheel, 윈도우 브러쉬(window brush)는 windshield wiper, 선팅(sunting)은 window tinting, 백미러(back mirror)는 rear view mirror, 카센터(car center)는 repair shop/maintenance shop이라고 해야 맞는 표현입니다.

• 내 차는 모든 옵션이 다 달려 있다.	My car is fully equipped.
• 내 차는 소형차이다.	My car is a compact.
• 내 차는 중형차이다.	My car is a sedan.
• 내 차는 사륜구동이다.	My car is a four-wheel drive car.
• 나는 초보 운전자이다.	I am a novice driver.
• 나는 운전에 서투르다.	I am a poor driver.
• 나는 끼어들기를 잘 못한다.	I am poor at cutting in.
• 나는 항상 안전 운전을 하려고 노력한다.	I always try to drive safely.
• 안전벨트를 맸다.	I fastened my seat belts.
• 속도를 높였다.	I speeded up.
	I stepped on it.
• 속도를 늦추었다.	I slowed down.
• 앞차를 추월했다.	I caught up with the car ahead of me.
• 길을 잘못 들었다.	I took the wrong road.
• 좌회전했어야 했다.	I should have turned left.
• 연료가 다 떨어져가고 있었다.	I was running out of gas.
• 주유소에서 연료를 가득 채웠다.	I filled it up at the gas station.
• 정지 신호마다 다 걸렸다.	I hit every red light on the way.
• 무단 횡단자 때문에 깜짝 놀랐다.	I was very surprised by a jaywalker.

Words & Expressions

be poor at ~을 잘 못하다 **catch up with** ~를 따라잡다 **run out of** ~을 다 써버리다, ~이 바닥나다

• 운전하면서 전화를 하지 않는다.	I don't talk on a cell phone while driving.
• 커브 길에서는 주위를 잘 살핀다.	I look around on curves.
• 어린이 보호 지구에서 속도를 낮추었다.	I slowed down in school zones.
• 비가 오는 날에는 과속하지 않는다.	I don't drive too fast on a rainy day.
• 내가 과속하는 것을 경찰관이 잡았다.	The police officer caught me speeding.
• 그가 차를 세우라는 신호를 했다.	He signaled me to **pull over**.
• 속도위반을 했다.	I went over the speed limit.
• 제한 속도 이내로 운전해야 한다.	We should drive within the speed limit.
• 운전면허증을 제시하라고 했다.	He asked me to show my driver's license.
• 속도위반 딱지를 떼였다.	I got a ticket for speeding.
• 과속으로 ~원의 벌금이 부과되었다.	I was **fined** ~ won for speeding.
• 주차 위반 요금을 내었다	I paid a parking fine.
• 정지 신호를 무시하고 달렸다.	I ran a red light.
• 신호를 무시하면 안 된다.	We shouldn't **run the light**.
• 안전벨트를 안 매서 벌금을 물었다.	I was fined for not fastening my seat belt.
• 교통 규칙을 위반하지 않아야 한다.	We should not violate traffic laws.
• 무단 횡단하지 않아야 한다.	We shouldn't jaywalk.
• 길을 건널 때 조심해야 한다.	We should be careful when crossing the road.
• 교통 체증이 심했다.	There was a terrible traffic jam.
• 교통 체증으로 꼼짝 못하게 되었다.	I was tied up in traffic.
• 교통 정체에 묶여 있었다.	I got caught in a traffic jam.
• 교통 상태가 좋아지고 있다.	The traffic is easing up.

Words & Expressions

pull over 차를 길가에 대다   **fine** 벌금을 물리다   **run the light** 신호를 무시하고 달리다

06 컴퓨터

매일 사용하는 컴퓨터에 문제가 생기면 수리를 의뢰하게 됩니다. 컴퓨터 수리를 맡겼다면 have를 사용하여 I had my computer repaired.라고 써야 하는데, 이때 have는 '~에게 ~하도록 하다/시키다'의 의미를 가진 사역동사입니다. 이러한 사역동사로는 make, have, let 등이 있는데, 이 동사들은 목적어와 동사의 관계가 능동의 관계이면 목적보어로 동사원형을, 수동의 관계이면 과거분사를 씁니다.

• 나는 컴퓨터광이다.	I am a computer enthusiast.
• 나는 진짜 컴퓨터 도사다.	I am a real computer whiz.
• 나는 컴퓨터에 대해 많은 것을 알고 있다.	I know a lot about computers.
• 나는 컴퓨터에 중독된 것 같다.	I seem to be addicted to the computer.
• 집에 있을 땐 항상 컴퓨터 앞에 앉아 있다.	When I stay at home, I always sit in front of the computer.
• 나는 컴퓨터에 능숙하다.	I am accustomed to computers.
• 내가 제일 좋아하는 컴퓨터 게임은 ~이다.	My favorite computer game is ~.
• 하루 종일 컴퓨터에 붙어 있었다.	I was glued to the computer all day.
• 컴퓨터 앞에 너무 오래 앉아 있어서 허리가 아팠다.	Since I sat at my computer for so long, I got a backache.
• 게임을 하느라 밤늦게까지 잠을 못 잤다.	I stayed up late playing games.
• 나는 컴맹이다.	I am computer-illiterate.
• 컴퓨터를 어떻게 작동시키는지 모른다.	I don't know how to operate a computer.
• 컴퓨터가 갑자기 느려졌다.	My computer was suddenly slowing down.
• 틀림없이 뭔가 문제가 있었다.	Something must have been wrong with it.
• 마우스가 제대로 작동이 안 되었다.	The mouse was not working.
• 오류 메시지가 떴다.	An error message popped up.
• 컴퓨터 화면이 정지되었다.	The screen was frozen.

Words & Expressions

be accustomed to ~에 익숙하다, 능숙하다 **be glued to** ~에 붙어 있다 **backache** 요통 **illiterate** 읽지 쓰지 못하는, 문맹의, 무식한 **must have p.p** ~이었음에 틀림없다 **pop up** 불쑥 나타나다

• 내 컴퓨터가 다운되었다.	My computer was down.
• 내 컴퓨터가 고장 났다.	My computer was not working.
• 시스템에 문제가 있는 것 같았다.	The system seemed to have a failure.
• 컴퓨터를 껐다가 다시 켜 보았다.	I tried turning the computer off and on.
• 시스템을 재부팅해 보았다.	I tried rebooting the system.
• 바이러스를 체크해 보았다.	I checked for a virus.
• 내 컴퓨터가 바이러스에 걸렸다.	My computer got a virus.
• 바이러스를 제거했다.	I got rid of the virus.
• 바이러스가 내 파일을 모두 지워 버렸다.	The virus erased all my files.
• 내 컴퓨터는 하드웨어가 문제였다.	My computer had a hardware problem.
• 하드 드라이브를 다시 포맷해야 했다.	I had to reformat my hard drive.
• 컴퓨터를 수리해야 했다.	The computer needed to be fixed.
• 컴퓨터를 수리시켰다.	I had my computer repaired.
• 프로그램을 모두 다시 깔았다.	I reloaded all the programs.
• 컴퓨터를 수리하는 데 많은 비용이 들었다.	It cost me a lot to have my computer repaired.
• 컴퓨터를 자주 점검해야겠다.	I need to check the computer often.
• 프린터에 종이가 걸렸다.	The printer was jammed.
• 프린터의 토너가 떨어졌다.	The printer was out of toner.
• 글씨가 흐릿하게 나왔다.	The letters came out fuzzy.
• 토너를 갈았다.	I replaced the toner.

Words & Expressions

get rid of 제거하다, 없애다   **fuzzy** 분명하지 않은, 흐릿한

07 통신

답장을 빨리 받고 싶다거나 가능한 한 빠른 답을 원할 때는 메모나 편지의 마지막 부분에 A.S.A.P.라고 씁니다. 이는 as soon as possible의 약어로 '가능한 한 빨리'라는 뜻입니다. 비슷한 표현으로 어떤 일을 부탁할 때 되도록 빨리 해달라는 말은 The sooner, the better.라고 하면 되는데, 이는 '빠르면 빠를수록 좋다.'라는 뜻이죠.

• 나는 미국인 이메일 친구가 있다.	I have an American e-pal.
• 그의 메일 주소를 주소록에 추가했다.	I added his e-mail account to my contacts list.
• 외국인 이메일 친구와 메일을 주고받는다.	I correspond with my foreign e-pal.
• 이메일을 통해 서로에 대해 알 수 있다.	Through e-mails, we can learn about each other.
• 인터넷으로 서로 의사소통을 한다.	We communicate with each other on the Internet.
• 이메일 친구로부터 좋은 소식을 들었다.	I heard good news from my key pal.
• 이메일 친구에게 선물을 하나 보내 주었다.	I sent my key pal a present.
• 그가 그의 사진을 첨부해 보냈다.	He attached his pictures to my e-mail.
• 언젠가 이메일 친구를 만나고 싶다.	I want to see my e-pal someday.
• 이메일을 받자마자 답장을 썼다.	I replied as soon as I received his e-mail.
• 그에게 답장을 보냈다.	I wrote back to him.
• 첨부파일이 용량 제한을 초과했다.	The attached file exceeded the file size limit.
• 이메일이 반송되었다.	The e-mail has returned.
• 너무 바빠서 답장을 쓰지 못했다.	I have been so busy, so I couldn't reply.
• 가능한 한 빨리 그의 소식을 듣고 싶다.	I hope to hear from him as soon as possible.
• 며칠 동안 메일 확인을 못했다.	I didn't check my e-mail for a few days.
• 우리는 오래전에 연락이 끊겼다.	We lost touch with each other long ago.

Words & Expressions

each other 서로   **as soon as** ~하자마자   **lose touch with** ~와 연락이 끊어지다

08 인터넷

Internet은 전 세계적으로 통하는 연결망이지만, 회사나 어떤 조직 내에서만 연결되어 운영되는 네트워크는 Intranet이라고 합니다.

• 나는 인터넷 서핑을 즐겨 한다.	I enjoy surfing the Internet.
• 하루에 한 번은 인터넷에 접속한다.	I log on to the Internet once a day.
• 나는 인터넷 전용선을 사용한다.	I use broadband.
• 네이버에 이메일 계정을 만들었다.	I created an email **account** with NAVER.
• 로그인을 했다.	I logged in.
• 로그아웃을 했다.	I logged out.
• 아이디와 비밀번호를 잊어버렸다.	I forgot my ID and password.
• 인터넷 동호회에 가입했다.	I **signed up for** an Internet community.
• 나는 인터넷에 글을 올리는 것을 좋아한다.	I like to post messages online.
• 게시판에 글을 올렸다.	I **posted** a message on the board.
• 그녀는 인터넷 쇼핑몰을 운영한다.	She runs an Internet shopping site.
• 그 사이트를 즐겨찾기에 추가했다.	I saved the web site as a favorite.
• 인터넷 접속이 자주 끊긴다.	I often get disconnected from the Internet.
• 나는 인터넷이 없으면 불안하다.	I feel uneasy without the Internet.
• 인터넷이 잘 안 되면 정말 불편하다.	It is so inconvenient when the Internet doesn't work properly.
• 피시방에 갔다.	I went to an Internet cafe.

Words & Expressions

account 계정, 계좌, 설명 **sign up for** 등록하다, 신청하다 **post** 붙이다, 게시하다

09 홈페이지 · 블로그

'인터넷으로'라는 표현은 on the Internet 또는 online이라고 하는데, 이는 형용사나 부사로 사용됩니다. '인터넷 게임을 했다.'라고 하려면 I played games on the Internet. 또는 I played online games.라고 할 수 있습니다.

• 내 홈페이지가 있다.	I have my own homepage.
• 새 홈페이지를 만들었다.	I created my new homepage.
• 내 홈페이지에 멋진 사진과 좋은 글들을 올렸다.	I posted nice pictures and text on my homepage.
• 블로그 관리는 쉬운 일이 아니다.	It's not easy to maintain my blog.
• 여행 사진들을 블로그에 올렸다.	I posted my pictures on my blog.
• 각 사진에는 내가 좋아하는 음악을 함께 올렸다.	I posted each picture with my favorite music.
• 누군가 내 블로그에 악플을 달아 놓았다.	Someone wrote **malicious** comments on my blog.
• 그가 나에게 쪽지를 보냈다.	He sent me an online note.
• 나는 가끔 그의 블로그에 가 본다.	I sometimes visit his blog.
• 그의 블로그 사진첩에서 그의 사진을 볼 수 있었다.	I could see his pictures on his blog galleries.
• 그의 블로그 방명록에 글을 남겼다.	I posted a message on the guest book of his blog.
• 그가 나의 글에 댓글을 썼다.	He posted his **reply** to my **comment**.
• 가끔 인터넷 기사의 댓글을 읽는다.	I often read comments about articles online.

Words & Expressions

malicious 악의 있는, 심술궂은 **reply** 대답, 응답 **comment** 논평, 의견

10 휴대폰

셀리켓(celliquette)은 cell phone과 etiquette의 합성어로, 공공장소에서의 휴대폰 사용 에티켓을 뜻하는 말입니다. 아직도 회의나 수업 중에 휴대폰 발신음을 들리게 하거나, 지하철이나 영화관에서도 큰 목소리로 통화를 하고, 또는 여럿이 함께 하는 장소에서 이어폰 없이 휴대폰 스피커로 DMB를 보거나 게임을 하는 사람들이 많죠. 이런 사람들에게 필요한 것이 바로 celliquette입니다.

• 나는 휴대폰이 없다.	I don't have a cell phone.
• 스마트폰을 갖고 싶다.	I want to have a smart phone.
• 새 휴대폰을 갖게 되었다.	I got a brand new cell phone.
• 나는 폴더 휴대폰을 가지고 있다.	I have a flip phone.
• 휴대폰 통신회사를 바꾸었다.	I changed my cell phone service provider.
• 나는 항상 휴대폰을 가지고 다닌다.	I carry my cell phone at all times.
• 휴대폰을 이용해서 많은 일들을 한다.	By using my cell phone, I do many things.
• 휴대폰으로 사진을 찍을 수 있다.	I can take pictures with my cell phone.
• 그가 수신자 부담 전화를 했다.	He called me collect.
• 전화 요금이 많이 나왔다.	I got a big phone bill.
• 나의 월 기본요금은 ~이다.	My monthly service rate is ~.
• 그에게 휴대폰으로 문자를 보냈다.	I sent him text messages with my cell phone.
• 휴대폰 메시지가 왔다.	I got a message on my phone.
• 벨소리를 줄였다.	I turned my ring-tone down.
• 벨소리를 껐다.	I turned my ring-tone off.
• 진동 모드로 바꾸어 놓았다.	I turned my cell phone to vibration mode.
• 전화를 걸었다.	I dialed the number.
• 누군가가 전화를 받았다.	Someone answered the phone.
• 전화가 통화 중이었다.	The line was busy.
• 그와 전화 통화가 되지 않았다.	I couldn't get through to him by phone.
• 그의 휴대폰에 음성 메시지를 남겼다.	I left a voice message on his cell phone.

• 그의 전화를 기다리고 있었다.	I was expecting his call.
• 그녀가 나에게 그의 전화번호를 알려 주었다.	She told me his number.
• 그의 번호를 내 휴대폰에 저장했다.	I saved his phone number in my cell phone.
• 공중전화를 사용했다.	I used a pay phone.
• 잡음이 많이 났다.	My phone made a lot of noise.
• 배터리가 다 돼 가고 있다.	The battery is getting low.
• 배터리가 다 되었다.	The battery was dead.
• 배터리 충전이 필요했다.	The battery needed charging.
• 전화가 갑자기 끊어졌다.	Suddenly the phone was disconnected.
• 연결이 끊어졌다.	I was disconnected.
• 전화가 갑자기 연결이 안 되었다.	The phone went dead suddenly.
• 전화가 갑자기 먹통이 되었다.	The phone stopped working all of a sudden.
• 전화가 혼선되었다.	The phone lines were crossed.
• 전화 연결이 잘 되지 않았다.	There was a bad connection.
• 전화를 떨어트려서 액정이 망가졌다.	I dropped my phone, so the LCD was ruined.
• 휴대폰 스팸문자에 질렸다.	I am sick of cell phone spam mails.
• 장난 전화가 계속 온다.	I've been getting prank calls.
• 장난 전화 때문에 나는 전화를 골라 받는다.	I screen my calls, because of lots of prank calls.

Words & Expressions

all of a sudden 갑자기   **LCD** 액정 표시기(= liquid crystal display)

11 절약 · 저축

근검절약에 관한 이야기를 많이 하는데요. '한 푼의 돈도 가치가 있다.'는 Every penny counts., '작은 것들이 모여 큰 것을 만든다.'는 Many a little makes a mickle., '낭비하지 않으면 부족함이 없다.'는 Waste not, want not., '만일의 경우를 대비하여 절약하라.'는 Save it for a rainy day.라고 합니다.

- 우리 가족은 매우 검소하다. — My family is very thrifty.
- 나도 절약하려고 노력한다. — I try to be economical.
- 가정에서 에너지를 절약하려 노력한다. — I try to save home energy.
- 일반 전구를 절전 전구로 바꾸었다. — I replaced regular light bulbs with energy-saving ones.
- 방에서 나올 때는 반드시 난방기를 끈다. — When I go out of a room, I make sure to turn off the heater.
- 냉장고 문을 오래 열어두지 않는다. — I don't leave the refrigerator door open.
- 빨래가 많이 모이면 세탁기를 돌린다. — I use the washing machine after piling up the laundry.
- 물이 적게 나오는 샤워기 꼭지를 이용한다. — I use a low-flow shower head.
- 물을 틀어 놓고 양치질을 하지 않는다. — I don't let the water run when I brush my teeth.
- 운전할 때는 일정한 속도를 유지한다. — When driving, I drive at a steady speed.
- 가까운 곳에 갈 때는 걷거나 자전거를 이용한다. — When I go to nearby places, I walk or bike.
- 필요하지 않은 물건은 절대 사지 않는다. — I never buy things I don't need.
- 종이는 버리기 전에 이면지로 활용한다. — I use both sides of paper before throwing it away.
- 지난 신문들은 재활용하기 위해 모아둔다. — I collect the old newspapers for recycling.
- 나는 일회용품을 사용하지 않는다. — I don't use disposable products.
- 다시 쓸 수 있는 제품을 사용한다. — I use reusable items.

- 줄여 쓰고 다시 쓰고 재활용해야 한다. We have to reduce, reuse and recycle.
- 우리는 앞날을 위해 저축해야 한다. We should save money for the future.
- 나는 매달 따로 저축을 한다. I put aside some money every month.
- 수입 중 많은 부분을 저축하려고 노력한다. I try to save much of my income.
- 지출을 줄이려고 노력한다. I try to cut down on my expenditures.
- 어려운 날을 대비하여 저축을 해야 한다. We should save up for a rainy day.
- 쓸데없는 것에 돈을 낭비하지 않을 것이다. I won't waste our money on useless things.

Words & Expressions

for a rainy day 만일의 경우를 대비하여

12 은행 · 신용카드

통장이나 카드를 이용할 때 쓰는 비밀번호는 password라고 하지 않습니다. password는 컴퓨터에서 로그인할 때 쓰는 비밀번호를 일컫는 말이고, 은행이나 카드 이용 시 쓰는 비밀번호는 secret code 또는 PIN number라고 합니다. PIN은 Personal Identification Number를 줄여 쓴 것입니다.

• 은행은 오전 9시 30분에 개점한다.	The bank opens at 9:30 a.m.
• 번호표를 뽑았다.	I took a number.
• 은행에 계좌를 개설했다.	I opened an account with the bank.
• 정기 적금 계좌를 개설했다.	I opened an installment savings account.
• 은행에 돈을 예금했다.	I deposited some money in the bank.
• 예금 신청서를 작성했다.	I **filled out** a deposit slip.
• 인출 청구서를 작성했다.	I filled out a **withdrawal** slip.
• 돈을 조금 인출했다.	I withdrew some money.
• 은행에서 저금을 인출했다.	I withdrew my savings from the bank.
• 은행에서 수표로 ~원을 인출했다.	I withdrew a check for ~ won at the bank.
• 만기가 된 적금을 인출했다.	I withdrew my account that has **matured**.
• 돈이 많이 남아 있지 않았다.	I didn't have much money left.
• 이번 달은 적자이다.	I am in the red this month.
• 이번 달은 흑자이다.	I am in the black this month.
• 돈을 출금하려고 ATM을 이용했다.	I used the ATM to withdraw some money.
• 카드를 현금 자동 입출금기에 통과시켰다.	I slid my card on the ATM.
• 카드를 현금 자동 입출금기에 넣었다.	I inserted my card into the slot on the ATM.
• 비밀번호를 입력했다.	I entered my PIN number.
• 필요한 금액을 입력했다.	I entered the amount of money I needed.
• 현금 자동 입출금기에서 통장을 정리했다.	I made the ATM check my bankbook.

Words & Expressions

fill out (서식 등을) 작성하다　**withdrawal** 인출, 철수, 취소　**mature** 만기가 되다

• 부모님께 돈을 조금 부쳐 드렸다.	I remitted some money to my parents.
• 그가 내 계좌로 ~원을 송금했다.	He wired ~ won to my account.
• 돈을 그의 계좌로 자동이체 시켰다.	I had money automatically transferred to his account.
• 은행에서 청구서의 금액을 냈다.	I paid the bills at the bank.
• 대출 신청 승인이 났다.	My loan was approved.
• 은행에서 대출을 받았다.	I took out a loan from the bank.
• 신용카드를 신청했다.	I applied for a credit card.
• 그 카드의 연회비는 ~이다.	The card's annual fee is ~.
• 나는 물건을 살 때 카드로 지불한다.	When buying things, I pay by credit card.
• 그 카드는 유효하지 않았다.	The card was not valid.
• 카드 사용한도를 넘겼다.	My credit card is maxed out.
• ATM에서 카드 현금 서비스를 받았다.	I got a credit card cash advance at an ATM.
• 카드 대금을 연체하였다.	I am falling behind on my bills.
• 카드 대금을 지불할 여유가 없다.	I can't afford to pay the bill.
• 나는 여기서 꿔서 저기다 메우곤 한다.	I usually **borrow from Peter to pay Paul**.
• 카드 대금을 돌려막기 하는 중이다.	I'm **robbing Peter to pay Paul**.
• 신용카드를 무분별하게 쓰지 않을 것이다.	I won't use credit cards thoughtlessly.
• 신용카드를 가위로 잘라 버렸다.	I cut the credit card with scissors.
• 신용카드를 해지시켰다.	I canceled my credit card.
• 신용카드를 분실했다.	I lost my credit card.
• 분실 신고를 했다.	I reported my lost card.

Words & Expressions

borrow from Peter to pay Paul 여기서 꿔서 저기를 메우다   **rob Peter to pay Paul** 빚을 빚으로 갚다

13 용돈

낭비벽이 심해서든 사업에 실패해서든 파산을 하게 되면 한 푼도 없는 무일푼이 되므로, I am penniless.라고 합니다. 이처럼 빈털터리가 되었음을 나타내는 또 다른 말로 lose one's shirt라는 표현이 있습니다. 기본적으로 입어야 할 셔츠까지 잃게 되었다는 말로 가진 것이 아무것도 없다는 뜻입니다.

- 나는 한 달에 한 번 용돈을 받는다. I get a monthly allowance.
- 그는 나에게 용돈으로 1주일에 ~를 준다. He gives me ~ a week for my allowance.
- 나의 한 달 용돈은 평균 ~이다. My monthly allowance is ~ on average.
- 내 용돈은 내가 번다. I earn my own pocket money.
- 용돈을 받으려고 아빠의 구두를 닦아 드렸다. I polished dad's shoes to get my allowance.
- 부모님을 도우면서 용돈을 번다. I earn my own pocket money by helping my parents.
- 용돈을 벌기 위해 아르바이트를 한다. I work part-time to make some money.
- 용돈을 다 써 버렸다. I spent all my allowance.
- 용돈이 바닥났다. I ran short of my allowance.
- ~원으로 며칠을 지내야 한다. I have to live on ~ won for several days.
- 부모님께 용돈을 더 달라고 졸라댔다. I pressed my parents for more allowance.
- 용돈을 미리 달라고 부탁했다. I asked my parents for my allowance in advance.
- 기꺼이 내게 돈을 주셨다. They were willing to give me some money.
- 나는 돈 씀씀이가 너무 헤프다. I am too much of a spender.
- 비싼 물건을 사는 데 돈을 썼다. I spent the money on expensive things.
- 돈이 부족했다. I fell short of money.
- 나는 돈을 척척 잘 쓴다. I am generous with money.
- 돈이 한 푼도 없다. I don't have a penny.

Words & Expressions

allowance 용돈(= pocket money)　**be willing to**+동사원형 기꺼이 ~하다

- 나는 완전 빈털터리다.　　　　I am completely broke.
- 친구에게 돈을 빌렸다.　　　　I borrowed some money from a friend of mine.
- 그가 나에게 약간의 돈을 꾸어 주었다.　　He loaned me some money.
- 나는 그에게 ~원의 빚이 있다.　　I owe him ~ won.
- 빨리 빚진 것을 갚으려고 한다.　　I will try to pay back what I owe soon.
- 빚에서 벗어날 방법을 찾을 길이 없다.　　I can't find a way to get out of debt.
- 빚이 눈덩이처럼 불어나고 있다.　　My debt is snowballing.
- 다시는 빚을 지지 않을 것이다.　　I will never get into debt again.

14 봉사 활동

장애가 있는 사람들을 〈the+형용사〉의 형태로 the disabled 또는 the handicapped라고 합니다. 하지만 the handicapped의 경우 신체적 장애뿐만 아니라 정신적으로도 문제가 있는 사람들을 나타내므로 정확하게 the mentally handicapped, the physically handicapped로 구분해서 쓰는 것이 좋습니다.

• 자원봉사에 참여하고 싶다.	I want to get involved in volunteering.
• 올해는 자원봉사를 많이 했다.	I volunteered a lot to help others this year.
• 나는 정기적으로 봉사 활동을 한다.	I do voluntary work regularly.
• 사회봉사 프로그램에 참여했다.	I took part in a social service program.
• 나는 양로원에 정기적으로 간다.	I regularly go to a nursing home for the aged.
• 그곳에서 청소나 빨래를 돕는다.	I help clean the rooms or wash clothes there.
• 그들을 즐겁게 해드리기 위해 노래도 한다.	I sing to give them pleasure.
• 그분들의 다리도 주물러 드렸다.	I massaged their legs.
• 고아원 아이들의 공부를 도와주었다.	I helped the children in the orphanage study.
• 일요일마다 장애인 요양 시설에 간다.	I go to the institution for the disabled every Sunday.
• 나는 그들이 식사하는 것을 돕고 씻겨 주었다.	I fed and bathed them.
• 그들에게 가능한 한 많은 도움을 주었다.	I helped them as much as possible.
• 어떻게든 그들을 돕겠다고 약속했다.	I promised to help them in any way possible.
• 노숙자들에게 먹을 것을 나누어 주었다.	We gave the homeless something to eat.
• 장애인을 위한 기부금을 많이 모금했다.	We collected a lot of donations for the handicapped.
• 봉사 활동에 더 적극적으로 참여할 것이다.	I will join volunteering more actively.
• 봉사 활동을 통해 많은 것을 배운다.	I learn many lessons through volunteering.

15 실수 · 잘못

일반적으로 잘못된 실수는 mistake, 계산이나 컴퓨터 등에서 하는 오류는 error, 큰 실수나 과오는 blunder, 부주의에 의한 가벼운 실수는 slip이라고 합니다. '실수하다'라는 표현은 동사 make를 사용하여 make a mistake, make an error, make a blunder라고 합니다.

• 나는 실수를 매우 자주 한다.	I make mistakes very often.
• 실수로 화분을 깨고 말았다.	I broke the vase by mistake.
• 실수로 누군가의 발을 밟았다.	I stepped on someone's foot by mistake.
• 그것은 내 경솔함 때문이었다.	It was because of my carelessness.
• 어처구니없는 실수로 무척 창피했다.	I felt ashamed of my careless mistake.
• 가끔 실수 때문에 당황한다.	Sometimes I am embarrassed because of a mistake.
• 내 실수를 알아채지 못했다.	I didn't realize my mistakes.
• 내가 실수에 대해서 그에게 사과했다.	I apologized to him for my mistakes.
• 그는 내 사과를 받아들였다.	He accepted my apology.
• 그는 항상 내 실수를 지적한다.	He always points out my mistakes.
• 깜빡 잊었다.	It slipped my mind.
• 나는 요즘 기억력이 없어졌다.	I recently lost my ability to memorize things.
• 지갑을 어디에 두었는지 잊어버렸다.	I misplaced the wallet.
• 그것을 어디에 놓았는지 기억이 안 난다.	I can't remember where I put it.
• 아파트 열쇠를 두고 나왔다.	I was locked out of my apartment.
• 버스에 지갑을 놓고 내렸다.	I left my wallet behind on the bus.
• 내 잘못이라고 인정했다.	I admitted my fault.
• 일부러 그런 것은 아니었다.	I didn't do that on purpose.

Words & Expressions

ashamed 수치스러운, 부끄러운　**on purpose** 고의로, 일부러

- 그가 내 잘못을 봐주었다. He overlooked my faults.
- 그것은 단지 우연히 일어난 일이었다. It was just an accident.
- 뜻하지 않게 하지 말아야 할 말을 그에게 했다. I blurted something to him.
- 나는 큰 실언을 했다. I had a slip of the tongue.
- 나는 말실수를 했다. I really put my foot in my mouth.
- 좀 더 조심했어야 했다. I should have been more careful.

Words & Expressions

blurt 무심결에 말하다

16 사건 · 사고

화재가 발생했을 때 이를 알려주는 것이 바로 smoke alarm 또는 smoke sensor입니다. 이는 천장에 접시 모양으로 부착되어 화재가 발생했을 때 소리를 내어 화재 시 사람들을 빠르고 안전하게 대피할 수 있게 해 주는 것으로 fire alarm이라고도 합니다. 참고로 '도난 경보기'는 burglar alarm이라고 합니다.

• 아파트 근처에 화재가 있었다.	A fire broke out near the apartment building.
• 소방관들이 불을 재빨리 진압했다.	The fire fighters controlled the fire rapidly.
• 불행히도 그 집은 다 타버렸다.	Unfortunately, the house burned up.
• 불이 났을 때는 119에 전화해야 한다.	In case of fire, we must dial 119.
• 항상 불조심해야겠다.	I will be careful of the fire.
• 소화기를 집에 준비해 두었다.	I have a fire extinguisher in my house.
• 그것을 손에 닿기 쉬운 곳에 놓았다.	I put it within our reach.
• 집에 화재경보기를 달았다.	I put a fire alarm in the house.
• 비상시에 서두르면 안 된다.	We should not hurry in case of emergencies.
• 우리 집이 털렸다.	My house was robbed.
• 도둑이 물건을 많이 훔쳐 갔다.	The thief had stolen many things.
• 경찰이 그 강도를 찾아 체포했다.	The policeman found and arrested the burglar.
• 주머니에 든 것을 소매치기 당했다.	I had my pocket picked.
• 지하철 안에서 지갑을 도난당했다.	I had my wallet stolen in the subway.
• 기차에 중요한 서류를 놓고 내렸다.	I left the important documents in the train.
• 분실물 센터에 신고했다.	I reported it to the lost and found center.
• 비극적인 자동차 사고가 있었다.	There was an tragic car accident.
• 내가 접촉 사고를 냈다.	I had a fender-bender.
• 정면충돌이었다.	It was a head-on collision.
• 누가 뒤에서 들이받았다.	We got rear-ended by another car.

Words & Expressions

lost and found center 분실물 센터　**fender-bender** 가벼운 자동차 접촉 사고

• 내가 뒤에서 추돌 사고를 냈다.	I rear-ended someone.
• 하마터면 내 차가 버스에 부딪힐 뻔했다.	My car almost hit the bus.
• 위기일발의 순간이었다.	It was a close call.
• 정말 아슬아슬한 순간이었다.	It was a critical moment.
• 눈 깜짝할 사이에 일어난 일이었다.	It happened in the blink of an eye.
• 내 차의 앞 범퍼가 움푹 들어갔다.	The front bumper of my car got a dent.
• 문이 움푹 들어갔다.	The door was dented.
• 내 차는 사고로 심하게 부서졌다.	My car was badly damaged in the accident.
• 차가 완전히 찌그러졌다.	The car is totaled.
• 연석에 차가 긁혔다.	I scraped my car against the curb.
• 차에 치일 뻔했다.	I was almost knocked down by a car.
• 아슬아슬하게 차에 치이지 않았다.	I just missed being run over by a car.
• 누군가가 나를 구하러 용감하게 뛰어들어서 나를 바깥쪽으로 밀었다.	Someone braved the traffic to save me and pushed me aside.
• 그 사고 장면을 내 눈으로 목격했다.	I saw the accident with my own eyes.
• 정말 끔찍한 사고였다.	It was a terrible accident.
• 보험 회사로부터 보상을 받았다.	I got paid by the insurance company.

Words & Expressions

close call 아슬아슬한 순간   **critical** 비판적인, 위기의, 위급한   **total** 전체의, 총계, 완전히 파괴하다

CHAPTER 06
집안 행사

01 설		117
02 추석		118
03 생일		119
04 기념일		120
05 파티		122
06 크리스마스		124
07 연말 행사		126

01 설

'새해 복 많이 받으세요!'라는 새해 인사에는 Happy New Year!, Season's Greetings!, Best wishes for the coming new year!, May the new year bring you happiness!, Holiday greetings and best wishes for the new year!, I wish everybody a happy New Year! 등이 있습니다.

• 곧 설날이다.	New Year's Day is around the corner.
• 친구들에게 연하장을 보냈다.	I sent New Year's cards to friends.
• 올해는 원숭이의 해이다.	This is the year of the monkey.
• 우리는 음력으로 설을 지낸다.	We celebrate lunar New Year's Day.
• 설 연휴는 4일이었다.	We had a four-day holiday for New Year's Day.
• 할머니 댁에 가는 데 오래 걸렸다.	It took a long time to reach my grandma's house.
• 설날에 한복을 입었다.	On New Year's Day, I put on hanbok.
• 우리는 차례상을 차렸다.	We set the table for the ancestral memorial ceremony.
• 집안 어른들께 세배를 했다.	We bowed to the elder members of the family.
• 새해 인사를 하러 친척 집을 방문했다.	I visited my relatives to pay my respects.
• 할머니의 건강과 장수를 빌었다.	I wished my grandma good health and longevity.
• 그들은 덕담을 한마디씩 해 주셨다.	They gave each of us some good advice.
• 어른들께서 세뱃돈을 주었다.	They gave us some New Year's money.
• 내가 기대했던 것보다 덜 받았다.	I got less money than I expected.
• 나는 새해 결심을 했다.	I made my New Year's resolutions.
• 올해 몇 가지 새로운 계획을 세웠다.	I made several resolutions for this new year.
• 올해는 몸무게를 줄이도록 노력할 것이다.	I'll try to lose weight this year.

Words & Expressions

ancestral 조상의   **memorial** 기념의, 추도의   **pay one's respect** 문안 인사를 드리다   **resolution** (새해에 하는) 결심, 다짐

02 추석

명절이 되면 서로에게 덕담이나 명절 인사를 건네죠. 상대방의 덕담이나 인사에 대해 '너도 그러길 바래!'라고 하고 싶을 때는 Same to you!라고 하면 됩니다. 반대로 '나도!', '저도요!'라고 상대방과 똑같은 생각을 표현할 때는 Same here.라고 합니다.

- 내일은 추석이다. — Tomorrow is Chuseok, Korean thanksgiving day.
- 추석이 기다려진다. — I am looking forward to Chuseok.
- 올해는 9월 말에 추석이 있다. — We will have Chuseok in late September this year.
- 추석은 한국인에게 특별한 명절이다. — Chuseok is a special holiday for Koreans.
- 추석에는 멀리 사는 친척들을 만난다. — We meet our distant relatives on Chuseok.
- 그들이 오기 전에 대청소를 했다. — We cleaned up the house before they arrived.
- 삼촌이 양손에 선물을 가득 들고 오셨다. — My uncle came with both hands full of presents.
- 추석의 특별한 음식인 송편을 만들었다. — We made special food, songpyun for Chuseok.
- 추석의 대표적인 음식은 송편이다. — The typical food of Chuseok is songpyun.
- 참깨가 든 송편이 좋다. — I like songpyun **stuffed** with sesame seeds.
- 발효시킨 쌀로 만드는 식혜를 만들었다. — We prepared a sweet drink made from **fermented** rice.
- 곶감과 계피로 수정과를 만들었다. — We made a traditional punch with dried **persimmons** and **cinnamon**.
- 수정과 위에 잣을 띄웠다. — I floated pine nuts in the Korean punch.
- 추석에 보름달을 볼 수 있었다. — I could see the full moon on Chuseok.
- 달을 보고 가족의 행복을 기원했다. — I prayed to the moon for my family's happiness.
- 매일 추석만 같으면 좋겠다. — I hope everyday is just like Chuseok.

Words & Expressions

stuffed 속을 채운 **fermented** 발효된 **persimmon** 감 **cinnamon** 계피

03 생일

birthday suit는 생일 파티 때 입는 옷이라는 의미일까요? birthday suit는 생일 파티에 입는 정장이 아니라 옷을 하나도 입지 않은 '벌거벗은 몸', '나체'라는 의미로, 태어날 때처럼 아무 옷도 입지 않은 상태를 나타내는 말입니다. The boy was sitting in his birthday suit.라고 하면 '그 꼬마가 벌거벗은 상태로 앉아 있었다.'는 뜻이 됩니다.

• 며칠 후면 내 생일이다.	My birthday will be in a few days.
• 내 생일을 달력에 표시해 놓았다.	I marked my birthday on the calendar.
• 나는 4월에 태어났다.	I was born in April.
• 내 생일은 5월 2일이다.	My birthday is on May 2nd.
• 나는 말띠이다.	I was born in the year of the horse.
• 다음 생일에는 만 열 살이 된다.	I will be ten years old on my next birthday.
• 나는 생일을 음력으로 지낸다.	I celebrate my birthday according to the lunar calendar.
• 내 생일을 아무도 모른 채 지나가 버렸다.	My birthday passed without notice.
• 아무도 내 생일을 기억하지 못했다.	No one remembered my birthday.
• 아침에 미역국을 먹었다.	I ate brown-seaweed soup in the morning.
• 부모님께 감사의 표현을 했다.	I expressed my thanks to my parents.
• 그가 생일 케이크의 초에 불을 붙였다.	He lit the candles on the birthday cake.
• 그가 생일 축하 노래를 불렀다.	He sang "Happy Birthday" to me.
• 케이크의 촛불을 불어서 껐다.	I blew out the candles on the cake.
• 촛불을 끄면서 소원을 빌었다.	I made a wish blowing out the candles.
• 생일 선물을 받았다.	I got some birthday presents.
• 생일 선물을 열어 보았다.	I opened my birthday presents.

Words & Expressions

notice 주의, 주목, 통지　**lit** light(불을 붙이다)의 과거형

04 기념일

congratulate는 졸업이나 합격 등 힘든 과정을 겪은 후에 얻은 좋은 일에 축하의 말을 전할 때 사용하는 표현입니다. 기념일이나 생일 등 특별한 날을 기념하여 파티나 기념식을 하는 것은 celebrate라고 합니다. '부모님의 결혼기념일을 축하해 드렸다.'는 We celebrated our parents' wedding ceremony.이고, '그의 졸업을 축하했다.'는 I congratulated him on his graduation.이라고 해야겠죠.

• 오늘은 부모님의 결혼기념일이었다.	Today was my parents' wedding anniversary.
• 나는 결혼기념일을 기억하지 못했다.	I didn't remember their wedding anniversary.
• 오늘은 부모님의 은혼식이다.	Today is my parents' silver wedding anniversary.
• 오늘은 부모님의 금혼식이다.	Today is my parents' golden wedding anniversary.
• 오늘은 기념할 만한 날이라고 생각한다.	I think today is a **memorable** day.
• 우리는 깜짝 파티를 할 계획을 세웠다.	We planned to throw a surprise party.
• 오늘은 개교기념일이다.	Today is the school **foundation** anniversary.
• 나는 초콜릿 줄 남자 친구도 없다.	I have no boyfriend to give chocolates to.
• 남자 친구에게 줄 초콜릿을 샀다.	I bought some chocolate for my boyfriend.
• 예쁜 카드를 동봉했다.	I enclosed a pretty card in it.
• 오늘 그에게 사랑을 고백할 것이다.	I will confess my love to him today.
• 어떻게 사랑을 표현할까 걱정이다.	I am worrying about how I will express my love.
• 잊을 수 없는 밸런타인데이였다.	It was an unforgettable Valentine's Day.
• 오늘은 4월 1일 만우절이다.	Today is the first of April, April Fool's Day.
• 거짓말을 할 때 말을 더듬는다.	When I lie, I **stammer**.
• 거짓말을 했다가 들통이 났다.	I told a lie, but it **came to light**.

Words & Expressions

memorable 기억할 만한, 잊기 어려운　**foundation** 설립, 토대　**stammer** 말을 더듬다　**come to light** 진실이 밝혀지다

• 식목일에 산에 가서 나무를 심었다.	On Arbor Day, I went to a mountain and planted a tree.
• 오늘은 어린이날이다.	Today is Children's Day.
• 우리는 어린이날을 기념하여 외식을 했다.	We ate out to celebrate Children's Day.
• 5월 8일은 어버이날이다.	We have Parents' Day on May 8th.
• 부모님께 카네이션을 드렸다.	I gave my parents carnations.
• 부모님께서 지금의 나를 만드셨다.	My parents made me ==what I am==.
• 스승의 날에 선생님께 드릴 편지를 썼다.	I wrote a letter to my teacher on Teachers' Day.
• 감사의 표시로 선생님께 선물을 드렸다.	I gave a gift to my teacher ==as a token of== my gratitude.
• 우리는 연등으로 절을 장식했다.	We decorated the temple with the lotus lamps.
• 우리는 소원을 쓴 종이를 연등에 붙였다.	We ==stuck== prayers written on paper to lotus lamps.
• 6월 6일은 현충일이다.	The sixth of June is Memorial Day.
• 현충일에 국립묘지에 갔다.	We visited the National Cemetery on Memorial Day.
• 국기에 대한 경례를 했다.	We saluted the national flag.
• 많은 전사자들에게 경의를 표했다.	I paid my respects to a lot of war victims.
• 우리는 묵념을 했다.	We paid ==silent tribute==.

Words & Expressions

what I am 지금의 나, 현재의 나 **as a token of** ~의 표시로, ~의 증표로 **stuck** stick(붙이다)의 과거형 **silent tribute** 묵념

05 파티

housewarming party(집들이 파티), potluck party(음식 지참 파티), welcome party(환영 파티), farewell party(송별회), costume party(가장무도회), baby shower(임신 축하 파티), reception(축하연/환영회), Thanksgiving party(추수 감사 파티) 등에 초대할 때, 초대장에 시간, 장소, 목적 등 초대의 내용을 쓰고 마지막에 R.S.V.P.(please, reply.)라는 말을 덧붙입니다.

- 신년 파티를 계획하고 있다. We are planning a New Year's party.
- 그를 환영하는 파티를 할 것이다. We are going to throw a welcome party for him.
- 파티 준비로 바빴다. We were busy preparing for the party.
- 나는 파티로 들떠 있었다. I was excited about the party.
- 파티에 친구들을 초대했다. I invited my friends to the party.
- 그들은 초대에 응했다. They accepted my invitation.
- 무엇을 입을지 아직 결정하지 못했다. I haven't decided yet which clothes to wear.
- 파티에서 입을 옷을 골랐다. I picked out my clothes for the party.
- 정장으로 차려 입었다. I was formally dressed.
- 가장 멋진 옷으로 잘 차려입었다. I was at my best.
- 나의 옷차림이 눈에 띄었다. My dress was eye-catching.
- 그는 초대하지도 않았는데 왔다. He wasn't invited, but he invited himself.
- 나는 그를 따뜻하게 반겨 주었다. I gave him a warm welcome.
- 그는 개성 있는 옷을 입고 나타났다. He appeared in unusual clothes.
- 그는 오지 않았다. He was a no show.
- 그가 왜 오지 않았는지 궁금했다. I wondered why he didn't turn up.
- 그가 분위기를 잘 이끌어 갔다. He broke the ice with people.
- 그가 파티를 망쳤다. He spoiled the party.
- 그들은 선물로 나를 놀라게 했다. They surprised me with presents.

Words & Expressions

at one's best 가장 좋은 상태로 **eye-catching** 다른 사람의 시선을 끄는 **no show** 오기로 되어 있었으나 오지 않은 사람 **break the ice** 긴장을 풀게 하다, 어색한 분위기를 깨다

• 그것들이 정말로 마음에 들었다.	I really liked them.
• 내가 꼭 갖고 싶었던 것이었다.	That was just what I wanted.
• 이런 선물을 받게 되리라고는 생각지도 못했다.	I never expected anything like this.
• 우리는 춤과 노래를 즐겼다.	We enjoyed singing and dancing.
• 그와 춤을 추었다.	I danced with him.
• 재미있는 게임을 했다.	We played interesting games.
• 파티의 분위기가 정말 좋았다.	I really liked the atmosphere of the party.
• 분위기를 깨지 않으려고 노력했다.	I tried not to be a **wet blanket**.
• 분위기 깨는 사람은 싫다.	I don't like **party poopers**.
• 마당에서 불꽃놀이를 했다.	We did fireworks in the yard.
• 불꽃 모양이 너무 멋졌다.	The fireworks were so wonderful.
• 집에 갈 시간이었다.	It was time to go home.
• 그는 나에게 좀 더 있다 가라고 했다.	He asked me to stay a bit longer.
• 파티를 끝낼 시간이었다.	It was time to finish the party.
• 파티에서 잘 어울릴 수가 없었다.	I felt like **a fish out of water**.
• 파티에서 불편했다.	I didn't feel **at ease** at the party.
• 나에게는 지루한 파티였다.	The party was so boring for me.
• 파티가 정말 재미있었다.	I enjoyed the party a lot.
• 멋진 파티였다.	It was a fantastic party.
• 파티에서 즐거운 시간을 보냈다.	I had a good time at the party.
• 오랫동안 오늘 파티를 기억할 것이다.	I'll remember this party for a long time.

Words & Expressions

wet blanket 분위기를 깨는 사람 **party pooper** 맨 먼저 파티를 빠져나가는 사람, 모임의 흥을 깨는 사람 **a fish out of water** 물 밖의 물고기, 잘 어울리지 못하는 사람 **at ease** 마음 편하게

06 크리스마스

크리스마스 인사로는 Merry Christmas!, A merry Christmas to you!, I wish you a merry Christmas!, 크리스마스카드에 쓸 수 있는 인사말로는 Season's Greetings!, May the light of Christmas fill your life.가 있습니다.

- 크리스마스가 얼마 남지 않았다. — Christmas is near at hand.
- 올해 크리스마스는 일요일이다. — Christmas falls on Sunday this year.
- 친구들에게 줄 크리스마스카드를 만들었다. — I made Christmas cards for my friends.
- 친구들에게 크리스마스카드를 보냈다. — I sent Christmas cards to my friends.
- 카드를 받고 친구들이 좋아하면 좋겠다. — I hope these cards will please my friends.
- 올해는 크리스마스에 눈이 내리면 좋겠다. — My wish is a white Christmas this year!
- 특별히 크리스마스 장식을 한 케이크를 샀다. — I bought a cake especially decorated for Christmas.
- 크리스마스를 기념하기 위해 파티를 할 것이다. — We'll have a party to observe Christmas.
- 크리스마스 파티를 고대하고 있다. — I am looking forward to the Christmas party.
- 크리스마스트리에 여러 장식을 매달았다. — I hung various decorations on our Christmas tree.
- 반짝이는 별 모양 장식을 높이 달았다. — I hung the shiny star-shaped ornaments high up.
- 크리스마스트리에 틴슬을 좀 더 올려놓았다. — I put more tinsel on the Christmas tree.
- 크리스마스트리에 색 전구로 장식을 했다. — I decorated our Christmas tree with colored light bulbs.
- 문에 크리스마스 리스를 걸었다. — I hung up the Christmas wreath on the door.
- 크리스마스이브에 교회에 갔다. — I went to church on Christmas Eve.

Words & Expressions

ornament 장식품   tinsel 크리스마스트리에 거는 긴 반짝이 장식   wreath 화환, 화관

- 크리스마스캐럴을 즐겁게 불렀다.
- 우리는 크리스마스 캐럴을 합창했다.
- 선물을 여러 개 받아서 기분이 좋았다.
- 나는 크리스마스 기분에 취해 있었다.
- 밤에 이 집 저 집으로 크리스마스 캐럴을 부르며 다녔다.
- 올해의 산타클로스는 우리 선생님이었다.
- 우리 아빠가 산타클로스로 변장하셨다.
- 나는 산타클로스가 존재하지 않는다는 것을 안다.
- 크리스마스에 어떤 선물을 받게 될지 궁금하다.
- 머리맡에 양말을 걸어두었다.
- 산타클로스에게 좋은 선물을 받았으면 좋겠다.

We enjoyed singing Christmas carols.
We all joined in singing Christmas carols.
I was glad to receive several presents.
I was full of the Christmas spirit.
We went caroling at night.

My teacher was Santa Claus this year.
My dad dressed up as Santa Claus.
I know that Santa Claus doesn't exist.

I wonder which presents I will receive for Christmas.
I placed a Christmas stocking by my head.
I hope I get good presents from Santa Claus.

Words & Expressions

spirit 정신, 영혼, 기분 **go caroling** 이 집 저 집 다니며 캐럴을 부르다

07 연말 행사

술잔을 부딪치며 건배할 때 보통 Cheers!라고 합니다. '당신의 건강을 위하여'라고 하고 싶으면 Cheers to your health!라고 하면 되죠. 우리말로 '원 샷'이라고 외치면서 쭉 마시라는 표현은 Bottoms up!이라고 합니다. 그리고 건배를 제의할 때는 Let's make a toast!라고 하는데, 이는 예전에 술맛을 좋게 하려고 술에 토스트 한 조각을 넣었던 데서 유래된 것입니다.

- 이제 곧 연말이다. — The end of the year is drawing near.
- 시간이 얼마나 빠른지 믿어지지 않는다. — I can't believe how quickly time flies.
- 망년회가 있었다. — We had a year-end party.
- 가는 해를 기념하는 파티를 했다. — We had a party to celebrate the passing year.
- 오늘 그 모임에 갈 기분이 아니었다. — I just didn't feel like going to the meeting today.
- 그저 잠깐 들르기만 했다. — I dropped by the party.
- 송년 파티에 참석해서 재미있게 보냈다. — I took part in the year-end party and enjoyed it.
- 잔을 부딪치고 서로의 건강을 위해 건배했다. — We clinked glasses and drank to one another's health.
- 친구들과 파티를 재미있게 했다. — I enjoyed the party with my friends.
- 오늘 파티는 정말 활기찼다. — Today's party was really lively.
- 세월이 빠르다. — Time flies like an arrow.
- 세월은 사람을 기다리지 않는다. — Time and tide waits for no man.
- 시간은 한 번 가면 다시는 돌아오지 않는다. — Time is flying never to return.

Words & Expressions

draw near 가까이 다가오다   **feel like -ing** ~하고 싶다, ~할 기분이다   **drop by** ~에 들르다(= stop by)   **clink** 땡그랑 소리를 내다   **arrow** 화살

CHAPTER 07
식생활

01	식성	128
02	나와 음식	129
03	요리	130
04	맛	132
05	식사 전	135
06	식사 후	136
07	외식	137
08	배달 음식	140

01 식성

음식마다 특징이 있는데요. 각종 음식의 맛을 영어로 알아봅시다. 맛이 짜면 salty, 밋밋하면 flat, 달면 sugary, 쓰면 bitter, 기름지면 greasy, 담백하면 light라고 합니다.

- 나는 대식가이다. — I am a big eater. / I eat like a horse.
- 나는 식탐이 있다. — I am greedy when eating.
- 나는 음식 투정을 하지 않는다. — I don't complain about food.
- 나는 상에 차려진 대로 잘 먹는다. — I eat everything offered at the table.
- 나는 식욕이 왕성하다. — I have a big appetite.
- 내 식욕은 끝이 없다. — I have a voracious appetite.
- 나는 소식가이다. — I am a light eater.
- 소식하려고 노력한다. — I try to eat like a bird.
- 살이 찌지 않기 위해 식사를 가볍게 한다. — I eat light not to gain weight.
- 소식하면 몸이 가벼운 것 같다. — When I eat a little, I feel light myself.
- 내 식성은 약간 까다롭다. — I am a little picky.
- 내가 좋아하는 음식만 먹는다. — I eat just the food I like.
- 나는 유기농 채소만 먹는다. — I only eat organic vegetables.
- 불규칙적으로 식사를 한다. — I eat irregularly.
- 그다지 식욕이 없었다. — I didn't have much of an appetite.
- 나는 식욕부진으로 고생하고 있다. — I am suffering from loss of appetite.
- 식욕이 없다. — I have no appetite.
- 입이 깔깔하다. — My mouth feels dry.

Words & Expressions

greedy 탐욕스러운, 욕심 많은 **voracious** 탐욕스러운, 많이 먹는 **organic** 유기체의, 유기농의

02 나와 음식

고기나 생선을 먹지 않는 '채식주의자'는 vegetarian이라고 합니다. 채식주의자도 제품과 동물의 알은 먹는 lacto-ovo-vegetarian, 유제품은 먹는 lacto-vegetarian, 모든 동물성 음식과 심지어 꿀도 먹지 않는 vegan으로 분류할 수 있습니다. 반대로 고기를 많이 먹는 사람은 meat eater, meat lover라고 합니다.

- 나는 그저 집에서 만든 음식을 좋아한다. I just like home cooked meals.
- 나는 담백한 음식을 좋아한다. I like low-fat food.
- 나는 단것을 좋아한다. I have a sweet tooth.
- 나는 잘 익은 스테이크를 좋아한다. I like well-done steak.
- 나는 중간 정도로 익은 스테이크를 좋아한다. I like medium-cooked steak.
- 나는 설익은 스테이크를 좋아한다. I like rare steak.
- 나는 야채보다는 고기를 더 좋아한다. I prefer meat to vegetables.
- 나는 특별히 좋아하는 것이 없다. I have no special preference.
- 쓴맛이 나는 음식은 싫다. I don't like bitter tasting food.
- 짠 반찬은 좋아하지 않는다. I don't like salty foods.
- 야채를 싫어한다. I don't like vegetables.
- 나는 시금치를 절대 먹지 않는다. I never eat spinach.
- 그 음식은 내 입맛에 맞다. The food suits my appetite.
- 그 음식은 내 비위에 맞지 않다. The food doesn't agree with my stomach.
- 나는 정크 푸드는 안 먹으려 노력한다. I try not to eat junk food.
- 나는 우유를 잘 소화시키지 못한다. I can't digest milk well.
- 우유만 마시면 설사가 난다. I get diarrhea when I drink milk.
- 나는 커피를 블랙으로 마시는 것을 좋아한다. I like my coffee black.
- 나는 카페인이 없는 커피를 마신다. I usually drink decaffeinated coffee.
- 나는 진한 커피를 좋아한다. I like my coffee strong.
- 나는 커피를 연하게 마신다. I drink weak coffee.

03 요리

'요리사'는 cooker가 아니라 동사 cook과 형태가 같은 cook입니다. cooker는 '요리기구'를 나타내는 말이죠. 그러므로 '요리사가 되고 싶다.'는 I want to be a cook.이라 표현하고, 전문적인 교육을 받은 전문 요리사는 chef라고 합니다.

- 나는 요리를 잘한다. I am a good cook.
  I am good at cooking.
- 나는 요리를 못한다. I am a bad cook.
  I am poor at cooking.
- 나는 모든 종류의 음식을 요리할 수 있다. I can cook all kinds of dishes.
- 나는 특히 빵을 잘 만든다. I am especially good at baking.
- 나는 그것을 요리하는 방법을 알고 있다. I know how to cook it.
- 조리법을 많이 알고 있다. I know a lot of recipes.
- 요리 강습을 받았다. I took lessons about cooking.
- 김치 만드는 방법을 배우고 싶다. I want to learn how to make kimchi.
- 양파가 필요했으나 하나도 없었다. I needed onions but had none.
- 양파의 껍질을 깔 때 눈이 매웠다. My eyes smarted when I peeled the onions.
- 양배추 한 통을 잘게 썰었다. I chopped a head of cabbage.
- 오렌지의 껍질을 벗겼다. I peeled oranges.
- 오렌지를 짜서 즙을 내었다. I squeezed the juice from oranges.
- 무를 강판에 갈았다. I grated a radish.
- 계란을 휘저어 섞었다. I beat the eggs.
- 사과를 네모 모양으로 토막을 내었다. I diced an apple.
- 150도로 오븐을 예열해 두었다. I preheated the oven to 150°C.
- 가스레인지 불꽃을 강(약)하게 했다. I turned up(down) the flame of the gas stove.

Words & Expressions

smart 쑤시다. 쓰리다 **a head of** ~ 한 통 **dice** 주사위, 주사위 모양으로 썰다

- 팬을 레인지 위에 올려놓았다.   I put the pan on the stove.
- 물이 끓을 때까지 기다렸다.   I waited until the water boiled.
- 재료들을 반죽기로 섞었다.   I combined the ingredients with a blender.
- 설탕과 달걀노른자를 섞다.   I mixed sugar and egg yolks.
- 밀가루 반죽에 버터를 넣었다.   I put the butter into the flour mixture.
- 밀가루 반죽을 평평하게 폈다.   I flattened the dough.
- 예열된 오븐에서 구웠다.   I baked it in a preheated oven.
- 가능한 한 평평하게 펴 발랐다.   I spread it as evenly as possible.
- 그 위에 여러 가지 과일을 얹었다.   I topped it with assorted fruits.
- 여러 양념을 넣어 지글지글 끓였다.   I added various seasonings and simmered.
- 고기에 기본양념을 하였다.   I seasoned the meat with basic spices.
- 국에 다진 마늘과 파로 양념했다.   I seasoned the soup with crushed garlic and green onion.
- 양념과 재료들을 잘 섞었다.   I mixed the ingredients with seasoning.
- 밥에 참기름을 넣어 섞었다.   I stirred a spoonful of sesame oil into the rice.
- 요리하다가 손가락을 베었다.   I cut my finger when I was cooking.
- 후식으로 애플파이를 만들었다.   I made an apple pie for dessert.
- 감자를 으깨었다.   I mashed up some potatoes.
- 마요네즈를 다른 재료와 섞었다.   I mixed mayonnaise with other ingredients.
- 샐러드를 버무렸다.   I tossed a salad.
- 소금으로 간을 잘 맞추는 것이 중요하다.   It is important to properly season a dish with salt.
- 나는 정성 들여 음식을 만들었다.   I put my heart into the food that I cooked.

Words & Expressions

flatten 평평하게 하다   **assorted** 어우러진, 골고루 넣은   **seasoning** 조미료, 양념   **simmer** 지글지글 끓이다   **season** 양념하다, 맛을 내다   **mash** 짓이기다   **toss** 던지다, 가볍게 버무리다   **properly** 적당히

04 맛

음식 맛이 맵다고 해서 I'm hot.이라고 하면, 이것은 음식이 맵다는 의미가 아니라 날씨나 실온이 더워서 몸이 덥다는 말입니다. 음식이 맵다고 하려면 It is hot. 또는 음식 이름을 주어로 써서 ~ is hot.이라고 합니다.

- 맛을 보았다.   I tasted the food.
- 오늘 음식은 조금 싱거웠다.   Today's dishes tasted **bland**.
- 김빠진 콜라를 마셨다.   I drank flat Coke.
- 김치가 너무 짰다.   The kimchi was too salty.
- 오렌지가 너무 시었다.   The oranges were so sour.
- 그것은 달콤해 보였으나 신맛이 났다.   It looked sweet, but tasted sour.
- 톡 쏘는 맛이 났다.   It was **tangy**.
- 단맛이 났다.   It tasted sweet.
- 달았다.   It was sugary.
- 그 복숭아는 단맛이 났다.   The peach was **luscious**.
- 혀가 얼얼했다.   My tongue burned.
- 자극적인 맛이었다.   It was **pungent**.
- 느끼했다.   It was greasy.
- 그 감은 떫은맛이 났다.   The persimmon tasted **astringent**.
- 감칠맛이 났다.   It was silky.
- 맛이 아주 부드러웠다.   It tasted so smooth.
- 그 요구르트는 아무런 맛이 가미되지 않았다.   The yogurt was **plain**.
- 국에 소금이 너무 많이 들어간 것 같았다.   There seemed to be too much salt in the soup.
- 그 음식은 오래되고 상한 것 같았다.   The food looked old and **stale**.

Words & Expressions

bland 자극성이 적은, 담백한   **tangy** 맛이 싸한, 톡 쏘는 맛이 있는   **luscious** 달콤한, 향이 좋은   **pungent** 매운, 얼얼한, 자극성의   **astringent** 맛이 떫은   **plain** 맛이나 향을 넣지 않은   **stale** 상한, 신선하지 않은

- 밥이 잘 되었다. — The rice was well cooked.
- 밥이 설익었다. — The rice was undercooked.
- 밥이 되게 되었다. — The rice was heavy.
- 밥이 질게 되었다. — The rice was mushy.
- 밥이 차지게 되었다. — The rice is sticky.
- 수프가 걸쭉했다. — The soup was thick.
- 수프가 묽었다. — The soup was thin.
- 스테이크가 너무 익었다. — The steak was overdone.
- 스테이크가 덜 익었다. — The steak was undercooked.
- 스테이크가 반 정도 익었다. — The steak was half done.
- 스테이크가 너무 질겼다. — The steak was too tough.
- 음식이 너무 익었다. — The food was overcooked.
- 소스가 샐러드와 아주 잘 어울렸다. — The dressing was perfect for the salad.
- 이 음식은 양념이 너무 많이 들어갔다. — This food is overseasoned.
- 맛이 좋았다. — It was flavorful.
- 입맛에 딱 맞았다. — It was edible.
- 보기만 해도 군침이 돌았다. — It made my mouth water just looking at it.
- 그리 나쁘진 않았다. — It was not so bad.
- 매우 훌륭했다. — It was **out of this world**.
- 아주 맛있게 먹었다. — I enjoyed the meal very much.
- 그 음식은 입에서 녹는 듯이 맛있었다. — The food melted in my mouth.
- 고추냉이가 코를 톡 쏘았다. — The horseradish stung my nose.
- 그 음식은 정말 맛있었다. — The food **tasted like heaven**.
- 더 먹고 싶었다. — I wanted to have some more.

Words & Expressions

out of this world 더할 나위 없는   **taste like heaven** 매우 맛있다

- 그 음식은 그리 맛있지 않았다.   The food didn't have much taste.
- 맛이 형편없었다.   It tasted terrible.
- 정말 맛이 없었다.   It was disgusting.
- 음식 맛이 뭔가 이상했다.   Something was wrong with the food.
- 음식이 형편없었다.   The food was awful.
- 샐러드가 신선하지 않았다.   The salad was not fresh.
- 그 음식은 맛이 갔다.   The food was stale.
- 그 음식에서 상한 냄새가 났다.   The food smelled stale.
- 그 음식은 상한 것 같았다.   The food seemed to be spoiled.
- 이 우유는 상했다.   This milk had turned sour.

Words & Expressions

disgusting 구역질나는, 정말 맛없는

05 식사 전

맛있는 음식을 먹을 때 둘이 먹다 하나가 죽어도 모를 정도로 맛있다고 말하곤 하는데, 이는 ~ is to die for를 사용하여 표현할 수 있습니다. 따라서 '둘이 먹다 하나가 죽어도 모를 정도로 스파게티가 맛있었다.'는 The spaghetti was to die for.라고 하면 됩니다.

- 아침을 못 먹었다.   I missed breakfast.
- 오늘은 점심을 건너뛰었다.   I skipped my lunch today.
- 하루 종일 아무것도 못 먹었다.   I haven't had a bite to eat all day.
- 남은 음식을 먹어야 했다.   I had to eat some leftovers.
- 똑같은 음식을 매일 먹는 것이 질린다.   I am tired of having the same food every day.
- 식욕이 돌았다.   It was appetizing.
- 군침이 돌았다.   My mouth was watering.
- 그것이 군침을 돌게 했다.   It made my mouth water.
- 그 음식을 보고 입맛을 다셨다.   I licked my lips at the sight of the food.
- 배가 꼬르륵 거렸다.   My stomach was growling.
- 나는 몹시 배가 고팠다.   I was hungry like a horse.
- 뱃가죽이 등에 붙었다.   I was so hungry that I could eat a horse.
- 배가 고파 죽을 지경이었다.   I was starving to death.
  I was dying from hunger.
- 간단히 요기를 좀 하고 싶다.   I want to grab a bite.
- 간식으로 도넛 몇 개를 먹었다.   I had a few doughnuts for a snack.
- 음식을 다른 사람들과 나누어 먹었다.   I shared my food with others.
- 수염이 대 자라도 먹어야 양반이다.   The belly has no ears.
  Even a gentleman has to eat.

Words & Expressions

be tired of ~에 질리다   lick 핥다   grab a bite 한 입 먹다, 간단히 요기하다

06 식사 후

우리는 오바이트(overeat)라고 하면 토하는 것으로 통하지만, 원래 overeat의 의미는 '과식하다'입니다. '토하다'는 vomit, throw up이라고 쓰세요.

- 적당히 먹었다. I ate properly.
- 음식을 다 먹어 치웠다. I ate up all the food.
- 배가 부를 때까지 먹었다. I ate until my stomach was full.
- 내가 좋아하는 것을 마음껏 먹었다. I helped myself to everything I liked.
- 배가 불렀다. I was full.
- 배가 가득 찼다. I was filled.
- 정말 배부르게 먹었다. I really stuffed myself.
- 충분히 먹었다. I've had enough.
- 많이 먹었다. I ate like a horse.
- 배부르게 먹었다. I ate my fill.
- 먹을 수 있는 만큼 많이 먹었다. I ate as much food as I could hold.
- 만두국을 배불리 먹었다. I feasted on dumpling soup.
- 너무 많이 먹었다. I had too much.
- 과식을 했다. I overate.
- 더 이상 먹을 수가 없었다. I couldn't eat another bite.
- 더 이상 마실 수가 없었다. I couldn't drink another drop.

Words & Expressions

help oneself to ~을 마음대로 먹다   **one's fill** 배불리, 잔뜩   **feast on** 실컷 먹다, 포식하다

07 외식

'외식하다'는 eat out이라고 합니다. '나가서 ~을 먹다'라는 표현은 go out for ~를 사용하므로 '나가서 점심 먹자.'고 표현하려면 Let's go out for lunch.라고 하면 됩니다. 또 식사를 하고 음식값을 지불하고자 하면 '내가 낼게.'의 표현으로 It's my treat., Lunch is on me., Be my guest.라고 할 수 있습니다.

- 우리는 종종 외식하는 것을 좋아한다. — We like to eat out **from time to time**.
- 일요일이면 레스토랑에서 외식을 한다. — On Sundays we eat out at a restaurant.
- 우리가 가는 단골 식당이 몇 군데 있다. — We have several favorite restaurants.
- 우리 가족은 오늘 외식을 하기로 했다. — My family planned to eat out today.
- 식사할 만한 좋은 곳을 발견했다. — We found a good place to eat.
- 그 식당은 새로 개업한 식당이다. — The restaurant is newly opened.
- 나는 그 식당 단골손님이다. — I am a regular customer of that restaurant.
- 그들은 우리를 극진하게 대접한다. — They give us red-carpet treatment.
- 그 식당의 분위기가 매우 좋다. — The **ambiance** of the restaurant is very good.
- 그 식당의 분위기는 참 편안하다. — The restaurant has a cozy atmosphere.
- 그 식당은 늦게까지 연다. — The restaurant keeps late hours.
- 그 식당은 음식을 잘한다. — The restaurant serves good meals.
- 내가 가 본 식당 중 가장 좋은 식당이었다. — That was the best restaurant I had ever been to.
- 그 식당은 비프스테이크를 전문으로 한다. — The restaurant **specializes in** beef steak.
- 나는 뷔페가 좋다. — I like the buffet.
- 서비스가 별로 좋지 않았다. — The service was not good.
- 멋진 레스토랑에 가기로 했다. — We decided to go to a nice restaurant.
- 그가 좋은 식당을 추천해 주셨다. — He recommended a good restaurant.
- 식당에 좌석을 예약했다. — I reserved a table at a restaurant.

Words & Expressions

from time to time 때때로, 종종   **ambiance** 주위 환경, 분위기   **specialize in** ~를 전문으로 하다

- 네 명이 식사할 자리를 예약했다. — I made a reservation for four people.
- 우리 일행은 4명이었다. — There were four people in my party.
- 자리가 다 차 있었다. — All the seats were occupied.
- 그 식당에는 빈자리가 없었다. — The restaurant had no **available** seat.
- 우리는 구석에 있는 테이블에 앉았다. — We sat at a table in the corner.
- 다른 자리로 옮기고 싶었다. — I wanted to move to another table.
- 냅킨을 무릎 위에 펼쳐 놓았다. — I spread the napkin over my lap.
- 웨이터를 불렀다. — I called a waiter.
- 메뉴가 무척 많았다. — There were so many choices on the menu.
- 그 식당의 특별 메뉴를 주문했다. — I ordered the restaurant's **specialty**.
- 비프스테이크를 먹어 보고 싶었다. — I wanted to try the beef steak.
- 음식에 머리카락이 들어 있었다. — There was hair in my food.
- 우리는 그릇을 깨끗이 비웠다. — We ate all the dishes up.
- 그 음식은 서비스로 주었다. — The food was **on the house**.
- 그 음식은 무료로 제공되었다. — The food was **complimentary**.
- 음식을 좀 남겼다. — I had leftovers.
- 남은 음식은 싸 달라고 했다. — I asked them to put the leftovers in a doggy bag.
- 물을 더 달라고 했다. — I asked for more water.
- 후식 먹을 자리는 남겨 두었다. — I had **room** for dessert.
- 후식으로 아이스크림을 먹었다. — I had ice cream for dessert.
- 후식으로 달콤한 과일이 나왔다. — Sweet fruit was served for dessert.
- 과일로 입가심을 했다. — I removed the **aftertaste** by eating fruit.
- 음식 가격이 비싸지도 않고 적당했다. — The price of the food was **affordable**.

Words & Expressions

available 유용한, 이용할 수 있는　**specialty** 잘하는 특기, 전문　**on the house** 식당에서 무료로 제공하는　**complimentary** 무료의, 칭찬의　**room** 공간, 여지　**aftertaste** 음식을 먹고 난 후의 뒷맛　**affordable** 값이 알맞은

• 식사비를 각자 부담했다.	We went Dutch.
• 각자 나누어 냈다.	We split the bill.
• 반반씩 부담했다.	We paid half and half.
• 계산을 서로 하겠다고 다투었다.	We fought over the check.
• 지난번에는 그가 저녁을 냈다.	He treated me to dinner last time.
• 내가 내려고 했다.	I was going to foot the bill.
	I was going to pick up the check.
• 이번엔 내가 냈다.	This was on me.
	This was my treat.
• 내가 밥값을 전부 지불했다.	I paid for everything.
• 나는 그에게 저녁 식사를 얻어먹었다.	I owed him dinner.
• 돈을 안 내려고 신발 끈을 천천히 맸다.	I tied my shoestrings slowly not to foot the bill.

Words & Expressions

go Dutch 비용을 각자 부담하다　**treat** 대접하다, 한턱내다　**foot the bill** 비용을 내다(= pick up the check)

139

08 배달 음식

배달시키는 것은 다른 사람에게 음식을 가져다 달라고 시키는 것이므로 사역동사 have를 사용하여 표현합니다. have+음식+delivered 구문으로 '~을 배달시키다'라는 말을 나타내면 되는데, 이때 목적어로 쓰인 음식과 목적보어로 쓰인 동사 deliver의 관계가 수동관계, 즉 음식이 배달되는 것이므로 동사는 과거분사 형태인 delivered로 써야 합니다.

- 나는 배달시켜 먹는 것을 좋아한다.   I like to have food delivered.
- 나는 거의 항상 배달 음식을 시켜 먹는다.   I almost always ask for delivery.
- 나는 외식하는 것보다 배달시켜 먹는 것이 더 좋다.   It is better for me to eat delivered food than to eat out.
- 음식을 배달시켜서 먹기로 했다.   I decided to have the food delivered.
- 음식을 배달시키면 참 편리하다.   It's so convenient to have food delivered.
- 중국 음식을 배달시켰다.   I had Chinese food delivered.
- 전화로 중국 음식을 주문했다.   I ordered Chinese food over the phone.
- 치킨 한 세트를 전화로 주문했다.   I ordered one order of chicken by phone.
- 양념 치킨을 배달시켰다.   I had a **seasoned** chicken delivered.
- 배달이 너무 늦었다.   The delivery was so late.
- 전화를 두 번이나 했다.   I called twice.
- 배달원이 우리 집 초인종을 눌렀다.   The delivery man rang my house's door bell.
- 배달원이 오토바이를 타고 왔다.   The delivery man came by motorcycle.
- 배달이 그렇게 빠르리라고는 생각 못했다.   I didn't expect the delivery to be that fast.
- 그는 피자를 보온기에 담아 배달했다.   He delivered the pizza in a warmer.
- 그들은 콜라 한 병을 무료로 주었다.   They gave me a bottle of coke **for nothing**.
- 배달원에게 잔돈은 팁으로 주었다.   I gave the delivery man the **change** as a tip.

Words & Expressions

seasoned 양념이 된   **for nothing** 무료로(= for free)   **change** 거스름돈, 잔돈

# CHAPTER 08
의생활

01 옷차림	142
02 액세서리	144
03 유행	145
04 옷 수선	147

01 옷차림

우리가 흔히 말하는 메이커 옷은 maker clothes라고 하지 않고 brand clothes라고 합니다. 또한 유명회사에서 만든 옷을 designer brand라고 하기도 하는데, 최근에 나온 메이커 제품이라면 the latest brand라고 표현합니다.

• 나는 최신 유행하는 옷을 좋아한다.	I like fashionable clothes.
• 나는 옷이 많다.	I have a large wardrobe.
• 나는 옷이 많지 않다.	I have a small wardrobe.
• 나는 옷을 매일 바꿔 입는다.	I change my clothes each day.
• 나는 옷에 관한 감각이 있다.	I have wonderful taste in clothes.
• 그녀는 정말 옷에 신경을 많이 쓴다.	She is such a **clotheshorse**.
• 나는 꼭 긴팔 셔츠만 입는다.	I always wear long-sleeved shirts.
• 굽이 높은 신발을 신는 것을 좋아한다.	I like to wear high-heeled shoes.
• 나는 순면으로 된 옷을 좋아한다.	I like clothes made of pure cotton.
• 그것은 순모에 손으로 짠 것이다.	It is pure wool and is handmade.
• 명품은 좋아하지 않는다.	I don't like famous brand-name items.
• 나는 옷차림에 별로 신경 쓰지 않는다.	I don't care how I dress.
• 옷에 신경 쓰지 않는다.	I don't care about my clothes.
• 캐주얼하게 옷 입는 것을 좋아한다.	I like to dress casually.
• 캐주얼한 옷을 입는 것을 좋아한다.	I like to wear casual clothes.
• 닳은 청바지 입는 것을 좋아한다.	I like to wear **worn-out** jeans.
• 나는 날씨가 더우면 반바지를 입는다.	I wear shorts on hot days.
• 난 절대 넥타이를 매지 않는다.	I never wear a tie.

Words & Expressions

clotheshorse 몸치장에 지나치게 신경 쓰는 사람   **worn-out** 기진맥진한, 닳아 해진

[보충어휘] 반소매 셔츠 **short-sleeved shirt** | 주름치마 **pleated skirt** | 플레어스커트 **flared skirt** | 바지 **pants, trousers** | 짧은 바지 **breeches** | 반바지 **shorts** | 작업 바지 **overalls** | 여자 바지 **slacks** | 쫄바지 **tight pants** | 스포츠용 상의 **blazer** | 스포츠용 점퍼 **windbreaker** | 긴 코트 **overcoat** | 소매·칼라 없는 상의 **top** | 배꼽티 **crop tops** | 홀터 톱 **halter-top**

- 그는 종종 아주 멋지게 옷을 입는다. He often dresses in style.
- 그는 유명 회사에서 만든 옷만 입는다. He only wears designer brands.
- 그녀는 멋쟁이다. She is stylish.
- 그녀는 정말 멋지게 차려입었다. She was dressed to kill.
- 나는 야한 옷을 싫어한다. I dislike loud clothes.
- 그녀는 가슴 노출이 심한 옷을 입었다. She wore a low-cut dress.
- 그 옷을 입으면 어색하다. I feel awkward in the clothes.
- 그 옷은 촌스러워 보였다. The clothes looked old-fashioned.
- 그 옷은 나에게 잘 어울린다. The clothes look good on me.
- 그것이 나에게 잘 어울린다. It becomes me.
  It suits me well.
- 그 바지는 스웨터와 잘 어울렸다. The pants matched my sweater.
- 그 목걸이는 드레스와 어울리지 않았다. The necklace didn't match the dress.
- 나는 어느 옷이나 잘 어울린다. All clothes look good on me.
- 그 옷을 입으면 예뻐 보인다. The clothes are flattering.
- 옷이 날개다. The tailor makes the man.

Words & Expressions

in style 아주 멋지게 **dressed to kill** 반할 만큼 멋지게 차려입은 **loud** 시끄러운, 야한 **low-cut** 목덜미가 깊이 파인 **awkward** 어색한, 거북한 **flattering** 아첨하는, 실물보다 예뻐 보이는

02 액세서리

액세서리 종류 중에서 남녀노소 가장 많이 하는 것은 반지가 아닐까요. '나는 순금 반지가 하나 있다.'는 I have a 24-karat gold ring., '검지에 반지를 끼고 있다.'는 I am wearing a ring on my index finger.입니다.

• 옷에 다는 브로치가 여러 가지 있다.	I have various brooches for my clothes.
• 그 목걸이는 모조품이다.	The necklace is fake.
• 그 진주가 진짜인지 알고 싶었다.	I wanted to see whether it was genuine.
• 보석상에게 진주 감정을 의뢰했다.	I had the jeweler examine the pearl.
• 멋진 디자인의 보석들 중 반지 하나를 선택했다.	I chose one ring from a nicely designed jewelry collection.
• 남자 친구와 커플링을 했다.	My boyfriend and I each wore couple rings.
• 유리구슬로 만든 팔찌를 샀다.	I bought the bracelet made of glass beads.
• 목걸이 펜던트가 마음에 들었다.	The necklace pendent **appealed to** me.
• 귀를 뚫었다.	I had my ears pierced.
• 여름에 팔찌를 하는 것은 불편하다.	Wearing a bracelet makes me uncomfortable in summer.
• 나는 어떤 목걸이도 하지 않는다.	I don't wear any necklace.
• 나는 어깨에 스카프 두르는 것을 좋아한다.	I like to use a scarf for my shoulders.
• 나는 금 액세서리를 하는 것을 좋아한다.	I like to wear gold accessories.
• 술 장식이 있는 허리띠를 했다.	I wore a **fringe** belt.
• 반지가 손가락에서 빠지지 않는다.	I can't get the ring off my finger.
• 스타킹의 올이 나갔다.	My stockings got **ripped**.
	My stockings had a **run**.

Words & Expressions

appeal to ~의 마음에 들다 **fringe** 술 장식 **ripped** 찢어진, 터진 **run** 스타킹이 세로로 풀린 줄

보충 어휘 팔찌 **bracelet** | 목걸이 **necklace** | 귀걸이 **earrings** | 브로치 **brooch, breastpin** | 선글라스 **sunglasses** | 바지 멜빵 **suspenders** | 스카프, 목도리 **scarf** | 버클 **buckle** | 허리띠 **belt, waistband** | 머리핀 **hairpin** | 머리띠 **headband** | 가발 **wig** | 나비넥타이 **bow tie** | 테 없는 모자 **cap** | 테 있는 모자 **hat** | 무릎까지 오는 양말 **knee high socks** | 스타킹 **stockings**

03 유행

헤어스타일이나 수염 등을 아주 깔끔하게 가꿀 뿐만 아니라 외모에도 신경을 많이 쓰는 사람들을 그루밍(grooming)족이라고 합니다. 다른 사람들에 비해 유난히 패션에 관심이 많고 최신 패션에 관심을 가지는 맵시꾼들은 fashion plate라고 합니다. 깔끔하고 세련된 옷차림에 매너까지 좋은 영국 신사 이미지를 가진 남성이 있다면 dandy라고 표현합니다.

• 그것이 유행이다.	It is in fashion.
• 그것이 대유행이다.	It is in **vogue**.
• 그것이 최신 유행이다.	It is a new fashion.
• 그것은 최신의 것이다.	It is up to date.
• 최신 유행하는 스타일이다.	It is the latest style.
• 그것이 요즘 유행이다.	It is the **fad** today.
• 그 패션은 매우 멋졌다.	The fashion was **out of this world**.
• 그 스타일이 유행하기 시작했다.	That style has come into fashion.
• 나는 유행에 둔감하다.	I have no sense of style.
• 유행은 반복되는 것 같다.	Fashion seems to repeat itself.
• 나는 유행에 더 민감한 편이다.	I tend to be more fashion-**conscious**.
• 나는 유행에 대한 감각이 있다.	I have an eye for fashion.
	I have a sense of style.
• 나는 패션 감각이 있다.	I have a good sense of fashion.
• 항상 유행을 따른다.	I go along with the fashion of the times.
• 유행을 따르려고 한다.	I try to follow fashion.
• 유행에 뒤떨어지지 않으려고 한다.	I try not to **get behind the times**.
• 유행에 뒤지지 않으려고 한다.	I try to **keep pace with** the current style.
• 최신 유행을 따라간다.	I keep up with the latest trends.

Words & Expressions

vogue 성행, 유행 **fad** 일시적인 유행 **out of this world** 더할 나위 없는, 매우 훌륭한 **conscious** 의식하는 **get behind the times** 유행에 뒤쳐지다 **keep pace with** ~에 뒤지지 않다

- 유행의 첨단을 걷고 있다.   I am leading the fashion.
- 짧은 머리가 유행할 것 같다.   It looks like short hair is in fashion.
- 그것은 그의 스타일에 잘 어울린다.   It is a really nice look for him.
- 요즈음은 바디 피어싱이 유행이다.   Body piercing is a recent fad.
- 유행하는 스웨터를 하나 샀다.   I bought a stylish sweater.
- 그는 유행하는 옷만 입는다.   He wears only fashionable clothes.
- 나는 쉽게 유행에 휘둘리지 않으려고 한다.   I try not to be swept up in fashion.

Words & Expressions

look (유행 등의) 스타일, 룩   **fad** 일시적 유행

04 옷 수선

원피스(one piece)는 dress, 점퍼(jumper)는 jacket, 팬티스타킹(panty stocking)은 panty hose, 츄리닝(training)은 sweat suit, 폴라 티(polar T)는 turtleneck shirts, 넥타이(necktie)는 tie, 나비넥타이(butterfly tie)는 bow tie, 타이 핀(tie pin)은 tie clip, 와이셔츠(Y-shirt)는 dress shirt라고 해야 맞는 표현입니다.

- 그것은 나에게 좀 작았다. It was a little small for me.
- 그것은 나에게 좀 컸다. It was a little big for me.
- 이 바지는 더 이상 나에게 맞지 않는다. These pants don't **fit** me anymore.
- 그 옷은 수선이 필요했다. The clothes needed to be **altered**.
- 그 옷은 수선이 불가능했다. The clothes couldn't be altered.
- 그 치마를 좀 수선해야 했다. I needed to get the skirt altered.
- 치마를 늘여야 했다. The skirt needed to be **let out**.
- 바지 주머니가 찢어졌다. The pocket ripped from my pants.
- 코트에 단추가 떨어졌다. My coat button fell off.
- 바지에 조그맣게 구멍이 났다. My pants have a little hole.
- 바지 끝단이 다 닳았었다. The bottom hem of the pants was **worn out**.
- 지퍼가 중간에서 올라가지 않는다. The zipper stuck halfway up.
- 치마 끝에 단을 댔다. I **hemmed** the bottom of the skirt.
- 드레스를 짧게 수선해야 했다. The dress needed taking in.
- 재봉사에게 바짓단을 늘여 달라고 했다. I asked the tailor to make the pants longer.
- 그에게 소매를 늘여 달라고 부탁했다. I asked him to let out the sleeves.
- 그가 소매를 적당히 늘여 주었다. He properly made the sleeves longer.
- 치마허리가 너무 컸다. The skirt was so loose at the waist.

Words & Expressions

fit (옷 등이) 꼭 맞다 **alter** 바꾸다, 고치다, 수선하다 **let out** (옷을) 늘이다, 크게 고치다 **wear out** 닳게 하다 **hem** 옷단, 에워싸다, 가장자리를 대다

147

- 치마를 재봉사에게 줄여 달라고 했다. I got the tailor to take it in.
- 내가 주머니를 꿰매었다. I sewed the pocket myself.
- 스웨터 터진 곳을 수선했다. The tear on my sweater was mended.
- 바지 구멍 난 곳에 천을 덧대었다. I patched the hole in my pants.
- 바지 무릎에 천을 덧대었다. I put a patch on the knees of the pants.
- 양말에 난 구멍을 꿰매었다. I stitched up the hole in my socks.
- 지퍼가 고장이 나서 다시 달았다. The zipper was broken, so I had it replaced.
- 코트에 단추를 달았다. I put the button on my coat.
- 재킷에 단추를 다시 달았다. I sewed the button back on my jacket.
- 그는 옷을 잘 수선했다. He did a good job altering my clothes.
- 수선을 하니 바지가 꼭 맞았다. After the alteration, the pants fit me very well.

Words & Expressions

take in 줄이다 **sew** 꿰매다, 깁다 **tear** 찢어진 곳, 터진 곳 **patch** 헝겊 조각 **alteration** 수선, 변경

CHAPTER 09
외모

01 외모	150
02 얼굴	152
03 머리	156
04 체형	158
05 화장	160
06 머리·손톱 손질	162
07 비만	165
08 다이어트	167

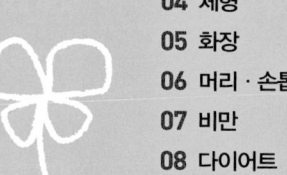
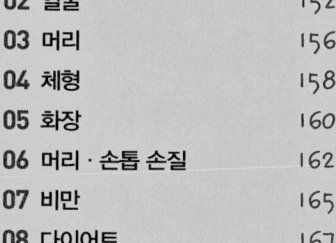

01 외모

'외모를 닮았다'고 할 경우는 resemble, look like로 표현하고, '성격이 닮았다'고 할 때는 take after로 나타냅니다. resemble은 바로 뒤에 목적어를 취하는 타동사이기 때문에 '~와 닮다'라고 해서 '~와'에 해당하는 with와 함께 쓰면 안 됩니다. 구체적으로 누구의 어느 부분을 닮았다고 할 때는 〈I have OO's 신체부위〉로 표현하는데, 예를 들어 엄마의 코를 닮았으면 I have my mom's nose.라고 하면 됩니다.

- 나는 엄마를 닮았다.   I resemble my mom.
  I look like my mom.
- 나는 엄마 성격을 닮았다.   I take after my mom.
- 나는 아빠보다 엄마를 많이 닮았다.   I resemble my mom more than my dad.
- 아빠를 전혀 닮지 않았다.   I look different from my dad.
- 코는 엄마를, 눈은 아빠를 닮았다.   I have my mom's nose and my dad's eyes.
- 나는 외가 쪽을 닮은 것 같다.   I seem to resemble my mother's family.
- 나는 나이보다 더 어려 보인다.   I look young for my age.
- 나는 내 나이보다 훨씬 어려 보인다.   I look much younger than my age.
- 그는 항상 그 모습 그대로인 것 같다.   He looks the same as always.
- 그녀는 예쁘다.   She is pretty.
- 그녀는 참 예쁘다.   She is **as pretty as a picture**.
- 그녀는 아름답다.   She is beautiful.
- 그녀는 매력적이다.   She is attractive.
- 그녀는 지적으로 보인다.   She looks intelligent.
- 그녀는 눈부시게 멋지다.   She is very gorgeous.
- 그녀는 꽤 미인이다.   She is quite a beauty.
- 그녀는 굉장한 미인이다.   She is a real **knockout**.
- 그는 참 멋지다.   He looks nice.

Words & Expressions

as pretty as a picture 매우 아름다운   **knockout** 굉장히 매력적인 미인

• 그는 잘생겼다.	He is handsome.
• 그는 훤칠하게 잘생겼다.	He is tall and handsome.
• 그는 얼굴은 조각처럼 잘생겼다.	He's got sculpted features.
• 그녀의 외모는 평범하다.	Her appearance is ordinary.
• 그녀는 수수한 외모다.	She looks plain.
• 그녀는 그저 그렇게 생겼다.	She looks homely.
• 그녀는 못생겼다.	She is ugly.
• 그녀는 밝은 얼굴이 아니다.	She has a sad face.
• 그녀의 걸음걸이는 매우 웃기다.	Her gait is very funny.
• 그녀는 외모에 관심이 많다.	She is interested in her appearance.
• 사람은 겉보기만으로는 알 수 없다.	We can't judge people by looks alone.
• 성형 수술을 받고 싶다.	I want to get cosmetic surgery.
• 코를 높이고 싶다.	I want to make my nose bigger.
• 허벅지 지방 흡입 수술을 하고 싶다.	I want to have liposuction on my thighs.
• 겉모습은 중요하지 않다.	Appearance is not important.
• 내 외모가 어떠하든 난 상관하지 않는다.	I don't care what I look like.
• 나는 이대로의 모습이 좋다.	I like it the way it is.
• 미모는 한낱 가죽 한 꺼풀일 뿐이다.	Beauty is only skin deep.

Words & Expressions

sculpted features 조각같은 이목구비　**homely** 수수한, 매력 없는　**liposuction** 지방 흡입술

02 얼굴

She has a long face.라고 하면 '그녀의 얼굴이 길다.'가 아니라 '그녀는 우울해 보인다.'는 말입니다. '그녀는 얼굴이 길다.'고 하려면 She has a longish face.라고 해야 합니다. long face는 슬프거나 우울해 보이는 얼굴, longish face는 긴 얼굴을 나타내는 말입니다.

• 나는 얼굴이 둥글다.	I have a round face.
• 내 얼굴은 달걀형이다.	My face is oval.
• 그녀는 얼굴이 사각형이다.	Her face is square.
• 그녀는 사각턱이다.	She has a square jaw.
• 그는 얼굴이 편평한 편이다.	His face is kind of flat.
• 나는 얼굴이 좀 통통하다.	My face is a little chubby.
• 나는 얼굴이 여윈 편이다.	I am thin-faced.
• 얼굴이 매우 야위었다.	I have a **meager** face.
• 내 얼굴이 매력적이라고 생각한다.	I think I have a charming face.
• 나는 양쪽 볼에 보조개가 있다.	I have dimples on my cheeks.
• 나는 웃으면 보조개가 생긴다.	I have dimples when I smile.
• 그녀는 광대뼈가 많이 튀어나왔다.	Her cheekbones are too high.
• 그녀는 동안이다.	She has a baby face.
• 그녀는 제 나이로 안 보인다.	She doesn't look her age.
• 나는 피부가 곱다.	I have **fair** skin.
• 그녀의 피부가 실크처럼 부드러워 보인다.	Her skin looks as smooth as silk.
• 나는 피부색이 좋다.	I have a fair **complexion**.
• 얼굴에 동그란 버짐이 생겼다.	I have ringworm on my face.
• 피부가 텄다.	I have chapped skin.
• 그녀의 피부는 탄력이 있다.	Her skin is elastic.

Words & Expressions

meager 빈약한, 야윈　**fair** 공정한, 살결이 희고 고운　**complexion** 피부색, 안색, 얼굴의 윤기

• 그녀의 피부는 복숭아 같다.	She has a peach-like complexion.
• 피부가 검다.	My skin is dark.
• 피부가 거무스름하다.	I have darkish skin.
• 햇볕에 그을려 까무잡잡하다.	I was tanned by the sun.
• 여드름이 난다.	Pimples are breaking out.
• 나는 주근깨가 좀 있다.	I have some freckles.
• 난 얼굴 전체에 주근깨가 있다.	I have freckles all over my face.
• 볼에 큰 흉터가 하나 있다.	I have a big scar on my cheek.
• 얼굴에 큰 점이 한 개 있다.	I have a big mole on my face.
• 목에 사마귀가 있다.	I have a protruding mole on my neck.
• 얼굴에 있는 점을 뺐다.	I had a mole on my face removed.
• 얼굴에 주름이 많다.	I have lots of wrinkles on my face.
• 주름을 없애고 싶다.	I want to get rid of the wrinkles.
• 매일 주름 방지 크림을 바른다.	I apply anti-wrinkle cream every day.
• 노화 방지 크림을 사용한다.	I use an age-defying cream.
• 피부 관리 좀 받아야겠다.	I need to get my facials.
• 보톡스 주사라도 맞아야겠다.	I should get Botox injections.
• 나는 눈이 크다.	I have large eyes.
• 나는 눈이 작다.	I have small eyes.
• 나는 쌍꺼풀이 있다.	I have double eyelids.
• 나는 한쪽만 쌍꺼풀이 있다.	Only one of my eyes has a double eyelid.
• 눈이 가깝게 몰려 있다.	My eyes are close together.
• 눈이 멀리 떨어져 있다.	My eyes are far apart from each other.
• 눈이 아래로 쳐졌다.	My eyes slant downward.

Words & Expressions

protrude 내밀다, 튀어나오다   **defying** ~을 허용하지 않는   **slant** 경사지다, 기울다

• 내 눈은 가느다랗다.	My eyes are narrow.
• 내 눈은 길게 째진 눈이다.	My eyes are like **slits**.
• 내 눈은 짝짝인 것 같다.	My eyelids look different.
• 그녀는 눈웃음을 친다.	She carries a smile in her eyes.
• 그녀는 눈이 좀 부자연스럽다.	Her eyes look unnatural.
• 그는 눈썹이 짙다.	He has thick eyebrows.
• 그녀는 속눈썹이 길다.	She has long eyelashes.
• 나는 눈가에 주름이 많다.	I have lots of wrinkles around my eyes.
• 나는 코가 납작하다.	I have a **flat** nose.
• 나는 코가 높다.	I have a big nose.
• 나는 코가 들창코이다.	I have a turned-up nose.
• 나는 매부리코이다.	I have a Roman nose.
• 내 코는 뾰족하다.	I have a pointed nose.
• 내 코는 주먹코이다.	My nose is ball-shaped.
• 나는 입술이 얇다.	My lips are thin.
• 나는 입술이 두껍다.	My lips are full.
• 윗입술이 뒤집어졌다.	My upper lip is turned up.
• 나는 입술이 잘 튼다.	My lips often crack.
• 그녀의 입술은 늘 촉촉해 보인다.	Her lips always looks glossy.
• 나는 입이 많이 돌출되었다.	My mouth protrudes too much.
• 이가 고르게 났다.	I have straight teeth.
• 이가 고르게 나질 않았다.	I have crooked teeth.
• 덧니가 있다.	I have a double tooth.

Words & Expressions

slit 긴 틈새　**flat** 평평한, 납작한, 펑크난

- 뻐드렁니가 있다. I have a slanted tooth.
- 때운 이가 여러 개 있다. I have a few fillings.
- 나는 이가 하얗다. My teeth are white.
- 나는 이가 누렇다. My teeth are yellowish.
- 사랑니가 나고 있다. My wisdom tooth is cutting through.
- 나는 의치가 하나 있다. I have a false tooth.
- 우리 할머니는 틀니를 하신다. My grandmother wears dentures.
- 내 귀는 넓고 크다. My ears are floppy.
- 귀를 뚫어서 다는 귀걸이를 했다. I wear pierced earrings.
- 우리 아빠는 콧수염이 있으시다. My dad has a mustache.
- 우리 아빠는 턱수염이 있으시다. My dad has a beard.
- 우리 삼촌은 귀밑 구레나룻이 짧게 있다. My uncle has sideburns.
- 우리 형은 턱밑 수염을 기른다. My brother has a goatee.

03 머리

귀 밑으로만 짧게 나 있는 구레나룻은 sideburns라고 하고, 귀 옆에서 아래턱선까지 이어져 난 구레나룻은 mutton chops, whiskers라고 합니다. 고양이나 메기의 긴 수염도 whisker라고 합니다. 또 우유를 먹고 나서 하얗게 콧수염처럼 생기는 것은 milk mustache라고 합니다.

- 머리색이 까맣다.   I have black hair.
- 머리색이 짙은 갈색이다.   I have dark brown hair.
- 머리색이 갈색이다.   I have brown hair.
- 머리색이 금발이다.   I have blond hair.
- 할아버지는 머리가 백발이다.   My grandfather is grey-haired.
- 머리카락이 너무 상했다.   I have **severely** damaged hair.
- 나는 머리가 길다.   I have long hair.
- 나는 머리를 길게 기르고 있다.   I let my hair grow long.
- 내 머리는 중간 길이이다.   I have medium-length hair.
- 내 머리는 어깨까지 내려온다.   I have shoulder-length hair.
- 나는 단발머리이다.   I have a bob cut.
- 나는 짧은 머리를 하고 있다.   I have short hair.
- 거의 삭발이다.   I have a buzz cut.
- 군인 머리이다.   I have a crew cut.
- 내 머리는 곱슬거리지 않는 머리이다.   My hair is straight.
- 나는 타고난 곱슬머리이다.   My hair is naturally curly.
- 나는 짙은 색의 곱슬머리이다.   I have dark curly hair.
- 나는 머리가 곱슬거리는 것이 싫다.   I hate my curly hair.
- 파마를 해서 곱슬거린다.   I have wavy hair.

Words & Expressions

severely 심하게

• 머리숱이 너무 많다.	I have thick hair.
	I am thick-haired.
• 머리가 덥수룩하다.	My hair is bushy.
• 머리가 가늘어지고 있다.	My hair is thinning.
• 머리숱이 없다.	I have thin hair.
	I am thin-haired.
• 나는 머리가 벗어졌다.	I became baldheaded.
• 전엔 머리가 더 많았다.	I used to have more hair.
• 머리가 빠져서 걱정이다.	I am worried about losing my hair.
• 대머리가 되어가고 있어 걱정이다.	I am worried about going bald.
• 그는 정수리 부분에 머리가 없다.	He has no hair on the top of his head.
• 그는 머리가 많이 빠져 뒤만 남아 있다.	He has a receding hairline.
• 그는 가발을 써야 한다.	He has to wear a wig.
• 말총머리를 했다.	My hair is in a ponytail.
• 양볼 옆으로 머리를 조금 내렸다.	I have a few strands.
• 머리를 올렸다.	I put my hair up.
• 나는 머리를 뒤로 묶었다.	I have a pigtail.
• 머리를 양옆으로 묶었다.	My hair is in pigtails.
• 머리를 땋았다.	I put my hair in braids.
• 엄마는 가끔 내 머리를 땋아 주신다.	My mom sometimes braids my hair.
• 머리를 풀었다.	I untied my hair.
• 머리가 헝클어졌다.	My hair was tangled.
• 걱정을 하느라 머리가 하얗게 셌다.	Anxiety has turned my hair gray.

Words & Expressions

bushy 머리가 덥수룩한 **baldheaded** 대머리의 **receding** 뒤편으로 물러간 **strand** (한 가닥의) 실, 머리 **tangle** 엉키다, 얽히다

04 체형

멋지고 날씬하게 마른 체형일 경우는 slim 또는 slender라고 하지만, 너무 말라서 피골이 상접한다면 skinny라고 표현합니다. 또한 thin이나 lean이라고 하면 건강이 안 좋아 여윈 모습을 경우를 나타냅니다. 날씬하면서 S라인 몸매는 모래시계 같은 몸매라 하여 hourglass figure라고 하기도 하고, curvaceous body라고도 합니다.

- 나는 키가 180센티미터이다.   I am 180 centimeters tall.
- 나는 키가 크고 여위었다.   I am tall and thin.
- 나는 키가 좀 큰 편이다.   I am kind of tall.
- 나는 키가 평균을 넘는다.   I am above average in height.
- 나는 키가 중간 정도이다.   I am of medium height.
- 나는 키가 작다.   I am short.
- 나는 키 작은 것에 대해서 콤플렉스가 있다.   I have a complex about being small.
- 우리는 키를 재 보았다.   We measured our height.
- 내가 그보다 조금 더 크다.   I am a little taller than he.
- 내가 그보다 3센티미터 더 크다.   I am taller than he is by 3 centimeters.
- 나는 그와 키가 같다.   I am as tall as he.
- 우리는 거의 키가 같다.   We are almost the same height.
- 작년보다 5센티미터가 컸다.   I have grown 5 centimeters taller than last year.
- 나는 좀 뚱뚱하다.   I am round.
- 나는 키가 작고 통통하다.   I am short and a little fat.
- 나는 땅딸막하다.   I am stocky.
- 나는 작고 뚱뚱하다.   I am stout.
- 나는 좀 토실토실하다.   I am a little plump.

Words & Expressions

kind of ~한 편인   stout 작고 뚱뚱한, 단단한

• 배가 나왔다.	I am potbellied.
	I have a big belly.
• 요즘 배가 나오고 있다.	I've been developing a gut recently.
• 나는 키에 비해 몸무게가 많이 나간다.	I am overweight for my height.
• 나는 날씬하다.	I am slender.
• 나는 말랐다.	I am skinny.
• 그는 몹시 마른 체형이다.	He is all skin and bones.
• 나는 호리호리하다	I am slim.
• 나는 몸매가 좋다.	I have a nice figure.
• 나는 근육질이다.	I am muscular.
• 그는 몸이 딱 좋다.	He is so toned.
• 그는 배에 왕(王) 자가 있다.	He has a six-pack abs.
• 그의 근육은 불룩 솟아 있다.	His muscles are bulging.
• 나는 근육이 단단하다.	My muscle is solid.
• 나는 튼튼한 체격이다.	I have a strong build.
• 나는 알맞은 체격이다.	I am built just right.
• 나는 보통 체구이다.	I am of average build.
• 나는 어깨가 넓다.	I am broad-shouldered.
• 나는 어깨가 좁다.	I am narrow-shouldered.
• 그녀는 몸짱이다.	She has a nice figure.
• 그녀는 글래머이다.	She is voluptuous.
• 그는 근육질 몸짱이다.	He is muscular.

Words & Expressions

overweight 과체중인(⇔ underweight)　**all skin and bones** 피부와 뼈뿐인, 매우 마른　**figure** 모양, 몸매, 숫자　**toned** 지방과 근육이 적당하여 보기 좋은　**six-pack abs** 잘 단련된 복근　**bulge** 불룩 솟다　**built** ~한 체격의

05 화장

화장품 관련 어휘 중에 영어 그대로 외래어로 사용하는 경우가 있는데, 올바른 영어 표현은 다음과 같습니다. 스킨(skin)은 toner, 루즈(rouge)는 lipstick, 매니큐어(manicure)는 nail polish, 선크림(sun cream)은 sunscreen, 볼 터치(touch)는 cheek shadow, 화장품 코너(corner)는 cosmetic counter입니다.

- 그녀는 화장을 짙게 하고 다닌다. She wears heavy makeup.
- 나는 화장을 얇게 한다. I only put on a little bit makeup.
- 기초화장을 하고 립스틱을 발랐다. After putting on base, I **applied** lipstick.
- 나는 기초화장만 한다. I just wear makeup-base.
- 나는 화장을 가볍게 하고 다닌다. I wear light makeup.
- 그는 내가 화장하는 것을 원하지 않는다. He doesn't want me to wear makeup.
- 화장을 짙게 하지 않으려고 한다. I try not to wear makeup heavily.
- 두껍게 분을 바른 얼굴은 싫다. I don't like a thickly **powdered** face.
- 짙게 화장했다. I wore a lot of makeup.
- 나는 화장을 안 해야 예쁜 것 같다. I think I look good without makeup.
- 화장품 가게에 들렀다. I stopped by a cosmetic shop.
- 샘플을 발라 보았다. I tried applying some samples.
- 미용에 관한 모든 것에 관심이 많다. I am interested in everything about beauty.
- 세안을 한 후 화장을 한다. I put on makeup after washing my face.
- 먼저 로션을 바른다. First, I apply lotion.
- 스킨을 화장솜에 묻혀 부드럽게 얼굴을 닦아 낸다. I gently wipe my face with toner on a cotton pad.
- 그것이 흡수될 때까지 얼굴을 톡톡 두드린다. I pat my face until it is absorbed.
- 영양 크림을 골고루 펴 바른다. I apply the moisturizer evenly.

Words & Expressions

apply 적용하다, 신청하다, 바르다   **powdered** 분을 바른

• 파운데이션을 바른 후에 분으로 마무리한다.	After the foundation cream, I finish with face powder.
• 파운데이션 색깔이 내 피부색과 잘 안 맞는다.	The color of the foundation doesn't match my skin.
• 아이브로우 펜슬로 눈썹을 그렸다.	I draw in my eyebrows with an eyebrow pencil.
• 속눈썹에 마스카라를 했다.	I put mascara on my eyelashes.
• 나는 아이라이너를 사용하지 않는다.	I don't use any eyeliner.
• 나는 눈 화장은 안 한다.	I don't wear eye makeup.
• 나는 색조 화장은 안한다.	I don't wear colored makeup.
• 눈 화장이 너무 지나친 것 같았다.	My eye makeup seemed to be so excessive.
• 분첩으로 얼굴을 톡톡 두드렸다.	I dabbed at my face with a powder puff.
• 입술에 립스틱을 발랐다.	I put lipstick on my lips.
• 뺨에 볼연지를 발랐다.	I applied blusher on cheeks.
• 화장을 거의 끝냈다.	I am almost done with my makeup.
• 오늘은 향수를 뿌렸다.	Today I put on perfume.
• 잠자기 전에는 아이 크림을 바른다.	I apply eye-cream before going to bed.
• 화장을 고쳤다.	I fixed my makeup. I retouched my face.
• 화장을 지웠다.	I took off my makeup. I removed my makeup.
• 나는 등에 문신이 있다.	I have a tattoo on my back.
• 문신을 제거했다.	I had a tattoo removed.

Words & Expressions

excessive 과도한, 지나친 **be done with** ~을 끝내다, 마치다

06 머리 · 손톱 손질

머리나 손톱 등을 손질할 때 동사 do를 사용하여 do one's hair, do one's nails라고 표현하는데 이는 자신이 자신의 것을 손질할 때 하는 말이고, 남에게 맡겨 손질을 받는 경우는 사역동사 have를 사용하여 have one's hair done 또는 get one's hair done이라고 써야 합니다. '머리를 깎았다.'는 말도 미용사에 머리를 깎게 하는 것이므로 I had my hair cut. 또는 I got my hair cut.이라고 해야 합니다.

• 머리 모양이 맘에 들지 않았다.	I didn't like my hairstyle.
• 오늘 머리가 엉망이었다.	I had a bad-hair day.
• 머리가 다 엉켰다.	My hair was so tangled.
• 머리가 이리저리 삐쳤다.	My hair is **sticking up** here and there.
• 머리 모양이 엉망이 되었다.	My hair got **messed up**.
• 머리에 기름기가 흐른다.	My hair looks greasy.
• 덥수룩한 머리가 맘에 들지 않았다.	I didn't like my bushy hair.
• 헤어 스타일을 바꾸고 싶었다.	I wanted to change my hairstyle.
• 요즘 유행하는 머리 모양으로 하고 싶다.	I want a fashionable haircut.
• 머리를 새로 하고 싶다.	I want a new **hairdo**.
• 내 머리는 손질하기가 어렵다.	My hair is hard to take care of.
• 한 달에 두 번 머리를 깎는다.	I have my hair cut twice a month.
• 앞머리는 내가 자른다.	I usually cut my **fringes** by myself.
• 머리 손질하러 미용실에 갔다.	I went to a beauty shop to get my hair done.
• 나는 ~ 미용실에서 머리를 한다.	I get my hair styled at the ~ hairdresser's.
• 미장원에서 머리를 다듬었다.	I had my hair **trimmed** at a beauty shop.
• 앞머리를 다듬었다.	I had my bangs trimmed.
• 머리를 전체적으로 조금씩 다듬었다.	I had my hair trimmed all over.

Words & Expressions

stick up 튀어나와 있다, 내밀다 **messed up** 뒤죽박죽이 된, 엉망이 된 **hairdo** 머리 치장, 머리 모양 **fringe** 앞머리 **trim** 정돈하다, 손질하다, 다듬다

• 머리를 짧게 깎았다.	I had my hair cut short.
• 미용사가 위는 그냥 두고 옆만 다듬어 주었다.	The hairdresser left the top alone and trimmed the sides.
• 머리를 너무 짧게 자르지 말라고 부탁했다.	I asked her not to cut my hair too short.
• ~처럼 머리를 해 달라고 했다.	I asked for the exact same hairstyle as ~.
• 머리를 층지게 깎았다.	I had my hair layered.
• 단발머리로 깎았다.	I had my hair bobbed.
• 어깨 길이만큼 깎았다.	I had my hair cut shoulder-length.
• 이발사가 내 머리를 짧게 잘랐다.	The barber cut my hair short.
• 상고머리를 하고 싶었다.	I wanted a crew cut.
• 스님처럼 머리를 빡빡 깎았다.	I had my hair cut closely like a monk's.
• 그는 삭발을 했다.	He shaved his head.
• 미용사가 스펀지로 머리를 털어 주었다.	The hairdresser brushed off the hair with a sponge.
• 강하게 파마를 했다.	I had a tight permanent.
• 나는 파마가 오래 간다.	My permanent lasts a long time.
• 머리를 반듯하게 폈다.	I had my hair straightened.
• 이 스타일이 나에게 잘 어울린다.	This style looks good on me.
• 새로 한 머리에 대해 불만을 토로했다.	I complained about my new hairdo.
• 내가 머리를 염색했다.	I dyed my hair.
• 다른 사람이 내 머리를 염색해 주었다.	I had my hair colored.
• 머리를 갈색으로 염색했다.	I dyed my hair brown.
• 머리가 하얀 부분만 염색했다.	I got a touch-up.
• 머리를 탈색시켰다.	I had my hair bleached.

Words & Expressions

bob 단발머리로 하다 **last** 지속되다, 계속되다 **bleach** 표백하다, 탈색시키다

• 머리를 밝은 색으로 염색하고 싶었다.	I wanted to get my hair dyed bright.
• 잦은 머리 염색이 머릿결을 망쳤다.	Frequent hair dying ruined my hair.
• 샴푸를 하고 세팅을 했다.	I had a shampoo and set.
• 머리에 젤을 발랐다.	I put gel in my hair.
• 머리를 고정시키려고 무스를 발랐다.	I used mousse to fix my hair.
• 머리를 뒤로 넘기려고 무스를 발랐다.	I used mousse in my hair to brush it back.
• 헤어스프레이를 뿌렸다.	I sprayed my hair.
• 머리를 올렸다.	I put my hair up.
• 머리를 꼬아 올렸다.	I have a twisted bun.
• 머리를 풀었다.	I let my hair down.
• 나는 매일 아침 면도를 한다.	I shave my face every morning.
• 콧수염은 남기고 면도를 한다.	I shave my face except for my moustache.
• 손톱을 깎았다.	I trimmed my fingernails.
• 발톱을 깎았다.	I trimmed my toenails.
• 손톱에 봉숭아물을 들였다.	I dyed my nails with touch-me-not petals.
• 나는 항상 매니큐어를 바르고 다닌다.	I always wear nail polish.
• 손톱을 반짝거리게 하는 매니큐어를 칠했다.	I put on fingernail polish.
• 손톱에 매니큐어를 칠했다.	I gave myself a manicure.
• 매니큐어 손질을 받았다.	I got a manicure.
• 손톱 손질을 받았다.	I got my fingernails done.
• 매니큐어를 지웠다.	I removed my fingernail polish.

Words & Expressions

except for ~를 제외하고   **petal** 꽃잎   **nail polish** 매니큐어(= manicure)

07 비만

키와 몸무게를 동시에 재는 도구에 올라서면 키에 비해 몸무게가 어떤지 알려주는 소리가 나옵니다. 과체중이면 You're overweight., 정상이면 You are normal., 저체중이면 You're underweight.라는 말을 듣겠죠.

• 나는 과체중이다.	I am overweight.
• 나는 체중 미달이다.	I am underweight.
• 나는 뚱뚱하다.	I am fat.
• 요즘 뚱뚱해지고 있다.	I've been getting fat recently.
• 요즘 체중이 불고 있다.	I am gaining weight these days.
• 요즘 살이 찌고 있다.	I've been putting on weight lately.
• 계속 살이 찌고 있다.	I keep on gaining weight.
• 체중계에 체중을 달아보았다.	I weighed myself on a scale.
• 키에 비해 몸무게가 많이 나간다.	I am overweight for my height.
• 10킬로그램 정도 늘었다.	I put on about 10 kilograms.
• 내 체중을 보고 놀랐다.	I was surprised at my weight.
• 체중이 느는 것에 매우 예민해졌다.	I got sensitive about gaining weight.
• 나는 가슴이 넓다.	I have a broad chest.
• 나는 배불뚝이다.	I have a potbelly.
• 똥배가 나왔다.	My belly is protruding.
• 배가 많이 나왔다.	My stomach sticks out.
• 바지를 입을 수가 없다.	I can't get my pants on.
• 나는 뚱뚱한 편이다.	I am kind of obese.
• 나는 비만을 치료할 필요가 있다.	I need to treat my obesity.
• 비만은 성인병의 원인이 될 수 있다.	Obesity can be a cause of adult diseases.

Words & Expressions

keep on -ing 계속 ~하다 **potbelly** 올챙이 배, 배불뚝이 **obese** 살찐, 뚱뚱한

- 배에 군살이 있다. I have love handles.
- 군살 좀 빼고 싶다. I want to lose my baby fat.
- 늘어진 군살을 없애고 싶다. I want to get rid of extra flab.
- 몸매가 엉망이다. I am out of shape.
- 허리가 날씬했으면 좋겠다. I wish to have a slim waist.
- 허리 살 좀 빼고 싶다. I want to lose the fat around my waist.
- 그녀는 다리가 날씬하다. She has slender legs.
- 몸무게를 좀 줄여야겠다. I need to reduce my weight.
- 날씬해지고 싶다. I want to slim down.
- 미니스커트 좀 입을 수 있으면 좋겠다. I wish I could wear a miniskirt.
- 균형 잡힌 몸매를 만들고자 노력한다. I try to make a well-balanced body.
- 예전 몸매로 돌아가고 싶다. I want to get back into shape.
- 지난 두 달 동안 살이 도로 쪘다. I regained weight in the past two months.
- 나는 거의 먹지 않고 마른 체형을 갖기 위해 애쓴다. I eat little and try to be skinny.
- 나는 모델처럼 보이고 싶다. I want to look like models.
- 나는 외모에 민감하다. I am sensitive about my appearance.
- 살이 찌는 것은 쉽지만 몸무게를 줄이는 일은 어렵다. It is easy to gain weight, but very difficult to lose weight.

Words & Expressions

love handles 배 주변의 군살 **baby fat** 군살 **flab** 늘어진 군살 **out of shape** 원래의 모양을 잃은 **fat** 지방, 비만, 군살 **slim down** 체중을 줄이다, 날씬해지다

08 다이어트

물만 부으면 먹을 수 있도록 만들어진 음식을 instant food, 햄버거나 포테이토칩처럼 빨리 조리되는 음식은 fast food, 칼로리는 높지만 영양가가 없고 몸에도 좋지 않은 음식은 junk food라고 합니다. instant food나 fast food는 편하고 빠르게 먹도록 만들어진 것일 뿐 그런 음식들이 다 몸에 나쁜 것은 아니죠. 햄버거나 튀김은 fast food이면서 junk food에 속할 수도 있는 음식입니다.

- 몸매 좀 가꾸려고 운동을 시작했다. I started exercising to have a nice **figure**.
- 살을 빼려고 다이어트를 하고 있는 중이다. I am going on a diet to lose weight.
- 저녁 6시 이후에는 아무것도 먹지 않는다. I don't have anything after 6 p.m.
- 잠자기 전에는 밤참을 먹지 않는다. I don't have a snack before going to bed.
- 나는 먹고 싶은 것이면 무엇이든 다 먹는다. I eat everything I want.
- 내게 필요한 것은 운동뿐인 것 같다. I think all I need is to workout.
- 규칙적인 운동이 가장 좋은 방법이다. Regular workouts are the best way.
- 유행되는 다이어트 방법을 따라하면 안 된다. We shouldn't follow fad diets.
- 매일 아침 맨손 체조를 한다. I do some **calisthenics** every morning.
- 윗몸 일으키기를 매일 50번씩 한다. I do 50 sit-ups every day.
- 하루에 10킬로미터씩 달린다. I run 10 kilometers a day.
- 다리 벌려 모아 뛰기를 10번씩 한다. I do a 10 jumping jacks.
- 에어로빅을 해 보고 싶다. I want to try aerobic dancing.
- 하루에 한 시간씩 달리기를 한다. I run for an hour every day.
- 몸매가 더 좋아졌다. My figure got better.
- 다이어트가 효과를 보이는 것 같다. My diet seems to work.
- 체중이 줄었다. I've lost weight.
- 다시 살이 찌지 않기를 바란다. I hope I won't gain it back.

Words & Expressions

figure 숫자, 모습, 몸매, 그림   **calisthenics** 미용 체조, 유연 체조

CHAPTER 10
성격

01 성격		169
02 긍정적인 성격		170
03 부정적인 성격		172
04 습관 · 버릇		174
05 좋아하기		176
06 싫어하기		178

01 성격

자신을 돌아보면서 부족한 점이 많아 '나는 극복해야 할 핸디캡이 있어'. 혹은 '나도 내 성격에 결점이 있다는 것을 알아'라고 말하곤 하죠. 영어로는 I have a handicap to overcome. 또는 I know I have a flaw in my character.라고 합니다.

- 모든 사람은 장단점이 있다. — Every person has their own strong and weak points.
- 나는 내 친구와 성격이 정반대다. — My friend's character is the opposite of mine.
- 나와 내 친구는 성격이 비슷하다. — My friend and I are similar in character.
- 나는 그와 성격이 잘 맞지 않는다. — My personality is not **compatible** with his.
- 나는 조용하고 수줍음을 잘 탄다. — I am a little quiet and shy.
- 나는 낯선 사람과 함께 있으면 불편하다. — I feel ill at ease with strangers.
- 나는 말괄량이 기질이 약간 있다. — I am a little bit of a tomboy.
- 지금은 예전만큼 예민하지 않다. — I am not as sensitive as I used to be.
- 나는 사람들 속에서 튀는 것을 좋아한다. — I like to **stand out** from others.
- 나는 빈틈없는 사람이다. — I am a shrewd person.
- 나는 완벽주의자다. — I am a perfectionist.
- 나는 개성이 좀 강하다. — I have a strong personality.
- 나는 매우 섬세하다. — I am very delicate.
- 나는 수줍음을 탄다. — I am shy.
- 나는 정말 숫기가 없다. — I am so bashful.
- 나는 현실주의자이다. — I am realistic.
- 나는 현실적이다. — I have my feet on the ground.
- 나는 좀 내성적이다. — I am kind of an introvert.

Words & Expressions

compatible 조화되는, 적합한　　**stand out** 우뚝 서다, 튀다, 두드러지다

02 긍정적인 성격

'성격'의 영어 표현으로 personality, character, nature, individuality 등이 있습니다. personality는 남에게 주는 인상/성품, character는 인격/됨됨이, nature는 타고난 천성, individuality는 개성을 나타냅니다. have a good personality는 '성격이 좋다', a man of character는 '인격자', a good-natured person은 '착한 사람'이라는 표현입니다.

• 나는 대체로 무난한 성격이다.	I generally have a neutral character.
• 나는 모든 사람들과 잘 지낸다.	I get along with everybody.
• 그는 좋은 성격을 지녔다.	He has a great personality.
• 그는 성격이 좋은 사람이다.	He is a good-natured person.
• 그는 편견이 없다.	He is open-minded.
• 그는 절대 무모하게 행동하지 않는다.	He never behaves recklessly.
• 그는 늘 침착하다.	He always stays cool-headed.
• 그는 사람에게 호감을 주는 성격이다.	He is a man with a pleasing personality.
• 난 매우 사교적이고 솔직하다.	I am very sociable and honest.
• 나는 아무에게나 말을 건다.	I talk to anyone.
• 나는 사람들과 잘 어울린다.	I get along well with others.
• 나는 매우 활달하다.	I am very jolly.
• 나는 모든 친구들에게 신망이 두텁다.	I am trusted by all my friends.
• 그녀는 매우 상냥하다.	She is so sweet.
• 그는 성품이 착하다.	He is a good-natured person.
• 그는 법 없이도 살 사람이다.	He is a person who can live without laws.
• 그는 인격자이다.	He is a man of character.
• 그는 양처럼 순한 사람이다.	He is as innocent as a lamb.
• 그는 마음씨가 참 아름답다.	He has a heart of gold.

Words & Expressions

cool-headed 차분한, 침착한   **pleasing** 즐거운, 호감이 가는   **a heart of gold** 아름다운 마음씨

- 그는 참 너그럽다. — He is as good as gold.
- 그는 친절하고 이해심이 있다. — He is kind and understanding.
- 그는 남의 말을 잘 들어준다. — He is a good listener.
- 그는 참 사려 깊은 사람이다. — He is a very thoughtful person.
- 그는 배려심이 있다. — He is caring.
- 그는 어느 것에도 절대 화를 내지 않는다. — He never gets upset about anything.
- 그는 항상 솔선수범한다. — He always takes the initiative.
- 그는 성실하다. — He is sincere.
- 그는 열심히 일하는 사람이다. — He is a hard-working person.
- 그는 마음이 따뜻하다. — He is warm-hearted.
- 그는 남을 잘 도와준다. — He is good at helping others.
- 그는 어리지만 분별력이 있다. — He is young, but he is prudent.
- 그는 책임감이 강하다. — He has a strong sense of responsibility.
- 그는 강한 의지의 사나이다. — He has strong willpower.
- 그는 친구들에게 의리가 있다. — He is really loyal to his friends.
- 그는 믿음직스럽다. — He is dependable.
- 나는 언제나 그에게 신뢰감을 갖고 있다. — I can always count on him.
- 그는 뭐든 잘해 낼 수 있는 인내심이 있다. — He has the patience to do anything well.
- 그는 빈둥거리는 법이 없다. — He never fools around.
- 그는 성격이 좀 강한 사람이다. — He is a man of strong character.

Words & Expressions

as good as gold 관대한, 친절한   **initiative** 솔선수범, 진취적인 기상   **prudent** 신중한, 조심성 있는, 분별력 있는   **loyal** 충실한, 성실한   **count on** ~를 믿다, 의지하다   **fool around** 빈둥거리며 시간을 허비하다

03 부정적인 성격

주변에 남은 생각하지 않고 자기만 생각하는 이기적인 사람들이 있는데요. '그는 언제나 자기 생각대로 한다.'는 He always gets his own way., '자기 방식대로만 하려 든다.'는 He only wants his way.라고 합니다.

• 그는 이기주의자인 것 같다.	He seems to be selfish.
• 그는 매우 자기중심적이다.	He is so egocentric.
• 그는 너무 자기만 안다.	He is too **full of himself**.
• 그는 절대 남의 말을 귀담아 듣지 않는다.	He never listens to others.
• 그는 참 뻔뻔하다.	He is really cheeky.
• 그는 정말 치사한 기회주의자다.	He is a really slimy opportunist.
• 그는 이중인격자다.	He is two-faced.
• 그는 절대 다른 사람과 나누는 법이 없다.	He never shares anything with others.
• 그는 남을 배려할 줄 모른다.	He is uncaring.
• 그는 잘 지내기 어려운 사람이다.	He is hard to get along with.
• 그는 성미가 까다롭다.	He is picky.
• 그는 꽤 까다롭다.	He is very choosy.
• 그는 까다로운 요구를 많이 한다.	He is so demanding.
• 나는 고집이 세다.	I am pushy.
• 그는 어느 것에나 불평을 잘한다.	He complains about things so often.
• 그는 감정을 드러내지 않는 사람이다.	He is an unemotional person.
• 그는 항상 무표정이다.	He always keeps a **poker face**.
• 그는 무정한 사람이다.	He is an unfeeling person.

Words & Expressions

full of oneself 자기 일만 생각하여 **poker face** 무표정한 얼굴

[보충 어휘] 거만한 **arrogant** | 겁 많은 **cowardly** | 경쟁심이 강한 **competitive** | 고집 센 **stubborn** | 교활한 **cunning** | 난폭한 **violent** | 둔감한 **insensitive** | 따지기 좋아하는 **argumentative** | 비관적인 **pessimistic** | 사나운 **fierce** | 사악한 **wicked** | 소극적인 **passive** | 싸우기 좋아하는 **quarrelsome** | 아첨하는 **flattering** | 염치없는 **impudent** | 오만한 **haughty** | 완고한 **obstinate** | 욕심이 많은 **greedy**

- 그는 날 매정하게 대한다.   He is heartless toward me.
- 그는 아주 교활한 사람이다.   He is as sly as a fox.
- 그는 늘 불만이다.   He is always full of **complaints**.
- 그는 성질이 불같다.   He is hot-tempered.
- 그는 쉽게 화를 낸다.   He gets angry easily.
- 그녀는 히스테리를 잘 부린다.   She gets hysterical easily.
- 그는 융통성이 없다.   He is not flexible.
- 그는 매우 보수적이다.   He is very conservative.
- 그는 옹고집이다.   He is headstrong.
- 그는 절대 자신을 드러내지 않는다.   He never exposes himself.
- 그는 너무 많이 뽐낸다.   He shows off too much.
- 그는 자기를 내세우는 것을 좋아한다.   He likes to look big.
- 그는 너무 건방지다.   He is too cocky.
- 그는 참 오만한 것 같다.   He seems to be very haughty.
- 그의 콧대를 좀 꺾고 싶다.   I want to **take** him **down** a bit.
- 그는 마음이 잘 변한다.   He is fickle.
- 그는 변덕쟁이다.   He is moody.
- 그는 종잡을 수 없는 사람이다.   He is unpredictable.
- 그는 남자답지 못하다.   He **lacks masculinity**.
- 그녀는 여자답지 못하다.   She lacks **femininity**.

Words & Expressions

complaint 불평, 불만   **take ~ down** 콧대를 꺾다   **lack** 부족하다   **masculinity** 남자다움   **femininity** 여자다움

04 습관 · 버릇

always와 함께 현재진행형으로 습관이나 버릇을 나타내기도 합니다. '늘 ~한다'는 뜻으로, 주로 불만이나 불평이 담긴 부정적인 면을 이야기할 때 쓰죠. He is always washing his hands.라고 하면 '그는 손을 너무 자주 씻는다.'는 부정적인 의미를 담고 있습니다.

• 나는 코 파는 습관이 있다.	I have a habit of picking my nose.
• 손톱을 물어뜯는 버릇이 있다.	I have a habit of chewing my nails.
• 긴장을 하면 항상 무언가를 물어뜯는다.	I always chew things when I'm nervous.
• 다리를 떠는 버릇이 있다.	I have a habit of shaking my leg.
• 그 꼬마는 아직도 엄지손가락을 빤다.	The boy still sucks his thumb.
• 나는 식사를 불규칙적으로 하는 습관이 있다.	I have irregular eating habits.
• 나는 식사를 빨리 하는 경향이 있다.	I tend to eat fast.
• 나는 자꾸 눈을 치켜뜬다.	I often raise my eyes.
• 나는 거짓말을 할 때 눈을 자주 깜빡인다.	I blink my eyes frequently when I lie.
• 나는 당황하면 머리를 만진다.	I touch my hair when I am embarrassed.
• 나는 습관적으로 숙제를 하지 않는다.	I don't do my homework habitually.
• 습관적으로 아침에 늦게 일어난다.	I make it a point to get up late in the morning.
• 그는 늘 10분씩 늦는다.	He is always 10 minutes late.
• 나는 큰 소리로 말한다.	I tend to shout.
• 습관적으로 그렇게 한다.	I do things habitually.
• 나는 긴장하면 우물거리며 말을 한다.	I always mumble when I am nervous.
• 나는 잠자리에서 늘 책을 읽는다.	I always read a book in bed before sleeping.
• 그 습관에 익숙해졌다.	I became accustomed to the habit.

Words & Expressions

have a habit of -ing ~하는 습관, 버릇이 있다   **suck** 핥다, 빨다   **tent to** ~하는 경향이 있다   **make it a point to+동사원형** 습관적으로 ~하다

• 내 나쁜 버릇이 부끄럽다.	I am ashamed of my bad habit.
• 그 습관이 굳어져 버렸다.	The habit is ingrained in me.
• 습관은 제2의 천성이다.	Habit is second nature.
• 세 살 적 버릇 여든까지 간다.	As the boy, so the man.
• 나의 나쁜 습관을 고쳐야겠다.	I will correct my bad habit.
• 버릇을 고치는 것은 쉬운 일이 아니다.	It is not easy to kick the habit.
• 오래된 버릇은 고치기 힘들다.	Old habits die hard.
• 일단 버릇이 들면 고치기 힘들다.	Once I get a habit, it always stays with me.
• 그 나쁜 버릇을 꼭 고칠 것이다.	I will make sure to break off the bad habit.
• 나쁜 버릇이 들지 않도록 노력하고 있다.	I am trying not to acquire bad habits.
• 아침에 일찍 일어나는 습관을 들여야겠다.	I will develop a habit of waking early.
• 책을 읽는 습관을 갖도록 해야겠다.	I will develop a reading habit.

Words & Expressions

once 일단 ~하기만 하면　**break off** (습관을) 없애다　**develop** 개발하다, (습관을) 붙이다

05 좋아하기

더할 나위 없이 좋은 것을 나타낼 때는 〈as ~ as can be〉 구문으로 표현합니다. '날씨가 더할 나위 없이 좋다.'는 The weather is as fine as can be.입니다. 과거형일 경우 can을 could로 바꾸어 쓰는데, I was as happy as could be.라고 하면 '나는 더할 나위 없이 행복했다.'는 말이 됩니다.

• 나는 그를 좋아한다.	I like him.
• 나는 그를 사랑한다.	I love him.
• 나는 그에게 애착이 간다.	I am attached to him.
• 나는 그를 사모한다.	I admire him.
• 나는 그를 존경한다.	I respect him.
• 나는 그를 우러러본다.	I look up to him.
• 나는 하나님을 숭배한다.	I worship God.
• 그는 그녀를 우상시하고 있다.	He idolizes her.
• 나는 그 가수의 열성팬이다.	I am an enthusiastic fan of the singer.
• 나는 그것을 좋아한다.	I like it.
	I am fond of it.
• 나는 그것을 매우 좋아한다.	I adore it.
• 나는 그것을 아주 좋아한다.	I am am keen on it.
• 나는 그것이 마음에 든다.	I fancy it.
• 그것이 좋아진다.	I take a fancy to it.
• 그것이 내 마음에 든다.	It appeals to me.
• 내가 가장 좋아하는 것들은 ~이다.	The things I like most are ~.
• 나는 그것에 끌린다.	I am attracted to it.
• 그것에 매혹되었다.	I was fascinated with it.

Words & Expressions

idolize 우상시하다, 심취하다　**be keen on** ~을 아주 좋아하다, 몹시 하고 싶어 하다　**appeal to** ~의 마음에 들다　**attract** 잡아끌다, 매혹시키다　**be fascinated with** ~에 홀리다

• 나는 그것에 미쳐 있다.	I am crazy for it.
• 다른 어느 것보다 그것을 더 좋아한다.	I like it better than anything else.
• 나는 저것보다 이것이 더 좋다.	I prefer this to that.
• 나는 그 일 하는 것을 좋아한다.	I like to do it.
• 나는 그것을 열망한다.	I long for it.
	I yearn for it.
	I am eager for it.
	I am anxious for it.
• 나는 그 일 하기를 몹시 갈망한다.	I long to do it.
	I yearn to do it.
	I am eager to do it.
	I am anxious to do it.
• 나는 그 일이 몹시 하고 싶어 기다릴 수가 없다.	I can't wait to do it.
• 나는 그 일에 중독되어 있다.	I am addicted to doing it.
• 나는 그것에 몰두해 있다.	I am devoted to it.
• 나는 그것에 푹 빠져 있다.	I am indulged in it.
• 나는 그것에 열중해 있다.	I am absorbed in it.

Words & Expressions

prefer A to B B보다 A를 더 좋아하다　**be indulged in** ~에 빠지다

06 싫어하기

잘난 체하는 친구들이 다른 사람을 무시하는 경향이 있죠. 상대방이 자신을 무시하는 것 같으면 이렇게 말해 보세요. Do I look like a pushover?는 '내가 물로 보여?'라는 표현입니다. pushover는 밀면 쉽게 넘어감, 즉 쉽게 꼬임에 넘어가거나 만만해 보이는 사람을 일컫는 말로, 비슷한 표현으로는 soft touch나 easy touch가 있습니다.

- 나는 그를 좋아하지 않는다. I don't like him.
- 나는 그를 싫어한다. I dislike him.
- 나는 그를 증오한다. I hate him.
- 나는 그에 대해 증오심을 가지고 있다. I have a hatred for him.
- 나는 그것에 대한 편견이 있다. I am biased against it.
- 그가 메스껍도록 싫다. He is so disgusting.
- 그는 내 취향이 아니다. He is not my type.
- 나는 그를 경멸한다. I despise him.
- 나는 그를 멸시한다. I look down on him.
- 나는 그것이라면 질색이다. I loathe it.
- 나는 역겹도록 싫다. I abominate it.
- 내가 가장 싫어하는 것은 ~이다. The things I hate most are ~.
- 그 일이 하기 싫다. I don't like to do it.
- 나는 그 일 하는 것을 싫어한다. I hate doing it.
- 그 일이 내키지 않는다. I am unwilling to do it.
- 나는 그 일을 하기가 꺼려진다. I am reluctant to do it.
- 그 일 하는 것을 피하고 싶다. I'd like to avoid doing it.
- 참을 수가 없다. I can't stand it.

Words & Expressions

loathe 몹시 싫어하다, 진절머리를 내다　**abominate** 지겨워하다, 혐오하다　**reluctant** 마음이 내키지 않는

CHAPTER 11
언행

01 예절	180
02 행동	182
03 말	184
04 조언·충고	189
05 위로	190
06 격려·축하	192
07 기원	194

01 예절

상대방을 친절하게 대하고자 순서를 양보할 때는 '먼저 가세요.', '먼저 하세요.'라고 말하죠. 이 말은 상대방이 어떤 일을 한 다음에 하겠다는 의미이므로 After you.라고 간단히 표현할 수 있습니다. 예를 들어 입구에서 건물에 들어가려는데 다른 사람과 동시에 마주치게 될 때 '먼저 가세요.'라고 말해야 할 경우 After you., Please, go first., Go ahead. 또는 Let me follow you.라고 하세요.

• 예절을 지키는 것은 중요한 일이다.	It is important to be courteous.
• 누구에게나 예의를 지키는 것이 좋다.	It is good to be polite to everyone.
• 최소한의 예의는 지켜야 한다.	We have to have basic **morals**.
• 나는 예의가 바르다.	I am polite.
• 그는 무례하다.	He is rude.
• 그는 예의가 없다.	He is impolite.
• 그는 버릇이 없다.	He misbehaves.
• 그는 예절에 좀 더 신경을 써야 한다.	He needs to work on his manners.
• 그의 무례한 행동이 싫다.	I hate his impolite behavior.
• 그는 거만하다.	He is arrogant.
• 그는 건방지다.	He is impudent.
• 그는 옳고 그름을 구분하지 못한다.	He can't **distinguish** the good **from** the bad.
• 그는 다루기 힘든 사람이다.	He is hard to control.
• 모르는 사람에게 무례한 말을 하면 안 된다.	We must not say rude things to strangers.
• 나는 식사 시간에 입에 음식을 담은 채로 말하지 않는다.	I don't speak **with my mouth full** at the table.
• 그것은 에티켓이 아니다.	It is **against** etiquette.
• 남 앞에서 트림하지 않으려 한다.	I try not to burp in front of others.

Words & Expressions

morals 도덕, 윤리, 품행 **distinguish ~ from ...** ~를 …와 구별하다, 식별하다 **with+목적어+형용사** ~가 …한 채 **against** ~에 반대하여, ~에 어긋나는

- 껌을 씹을 때 딱딱 소리를 내지 않는다. I don't crack gum when I chew it.
- 없는 사람을 욕하는 것은 나쁘다. It is bad to **speak ill of** the absent.
- 도중에 말을 가로막는 것은 무례한 일이다. It is rude to **interrupt** people while talking.
- 숙녀에게 나이를 묻는 것은 실례다. It is impolite to ask a lady her age.
- 거짓말을 하는 것이 나쁘다고 생각한다. I believe it's wrong to tell a lie.
- 그는 은혜를 모르는 사람이다. He is ungrateful.
- 인터넷에서는 네티켓을 지켜야 한다. We have to keep netiquette on the Internet.
- 그의 무례한 행동을 이해할 수 없다. I can't understand his rude behavior.
- 그는 늘 매우 버릇없이 말을 한다. He always speaks very impolitely.
- 부모님께 불손하게 하면 안 된다. We must not be unkind to our parents.
- 부모님을 공경해야 한다. We ought to respect our parents.
- 자식은 부모님께 순종해야 한다. Children should obey their parents.

Words & Expressions

speak ill of ~를 나쁘게 말하다, ~에 대해서 험담하다 **interrupt** 가로막다, 방해하다, 중단시키다

02 행동

실제로 행동이나 실천은 하지 않고 말로만 이러쿵저러쿵하는 사람을 나토(NATO)족이라고 합니다. 이는 No Action Talking Only의 약자로 '행동 없이 말만'이라는 뜻입니다.

- 정당하게 행동하는 것은 좋다.   It is good to behave fairly.
- 그렇게 불건전한 행동은 싫다.   I don't like such unsound behavior.
- 더 조심성 있게 행동할 것이다.   I will be more prudent.
- 부끄러운 행동을 하지 말아야겠다.   I won't have shameful behavior.
- 내 태도를 고쳐야겠다.   I need to mend my ways.
- 나는 분별력 있게 행동하려고 노력한다.   I try to act sensibly.
- 행동은 말보다 더 영향력이 있다.   Actions speak louder than words.
- 그는 언행이 일치한다.   He is as good as his word.
- 그는 나이에 비해 어른스럽다.   He is mature enough for his age.
- 나는 약속을 꼭 지킨다.   I always keep my promises.
- 내가 한 약속을 행동으로 옮겼다.   I converted promise into action.
- 그렇게 하기 위해 용기를 냈다.   I got the courage to do it.
- 나는 상식에 벗어난 행동을 하지 않는다.   I don't act against common sense.
- 그는 눈치가 빠르다.   He has quick wits.
     He is quick-witted.
- 그는 누구에게나 친절하다.   He is kind to everyone.
- 나는 좀 게으른 경향이 있다.   I am inclined to be lazy.
- 그는 느긋하게 늑장을 부린다.   He moves very slowly.
- 그는 늘 꾸물거린다.   He drags his feet.
- 그는 약속을 잘 지키지 않는 경향이 있다.   He tends to break his promise often.

Words & Expressions

unsound 불합리한, 불건전한   **as good as one's word** 약속을 지키는, 보증수표와 같은   **convert ~ into ...** ~를 …로 전환하다, 바꾸다   **drag one's feet** 꾸물거리다

- 그는 어린아이처럼 행동한다.　　He acts like a child.
- 나는 늘 내가 하고 싶은 대로 한다.　　I always do as I want.
- 그는 종종 지나친 행동을 한다.　　He often overly acts.
- 그의 행동이 대담해졌다.　　He became bold in action.
- 그 사람답지 않게 행동했다.　　He didn't act like himself.
- 그의 행동은 모두를 놀라게 한다.　　His behavior surprises everybody.
- 그는 사람을 귀찮게 한다.　　He behaves in an annoying way.
- 그는 칠면조처럼 뽐냈다.　　He swelled like a turkey cock.
- 그는 요령이 없다.　　He is tactless.
- 그는 눈치가 없다.　　He has no sense.

03 말

입에 발린 소리(lip service)를 자주 들으면 그게 진심인지 의구심이 들게 되지만, 그래도 기분은 좋죠. 쑥스럽게 자꾸 칭찬을 한다면 착각을 할 수도 있게 됩니다. 그런 경우 Stop flattering me. 또는 I'm flattered.라고 말하세요. '에이~ 비행기 태우지 마~ 쑥스러워!'라는 의미를 전달할 수 있는 말입니다.

• 그 말은 일리가 있는 말이었다.	That made sense to me.
• 나는 그의 말을 그대로 믿었다.	I took him at his word.
• 그가 하는 말이라면 나는 믿을 것이다.	I'll have faith in what he says.
• 그의 말이라면 믿을 수 있다.	I can rely on his word.
• 그는 자신이 한 말을 꼭 지킨다.	He never eats his words.
• 그는 항상 이치에 맞게 말한다.	He always talks sense.
• 그는 항상 솔직히 말한다.	He always speaks frankly.
• 그는 항상 진실만을 말한다.	He always tells the truth.
• 인정하기는 싫었지만 그것은 사실이었다.	I hated to admit it, but it was true.
• 나는 그의 말을 절대 의심하지 않는다.	I never doubt his word.
• 나는 남의 칭찬을 잘한다.	I speak well of others.
• 나는 내가 한 말은 꼭 지킨다.	I always keep my word.
• 나는 천성적으로 아부를 하지 못한다.	Flattery is foreign to my nature.
• 나는 남의 험담을 하지 않으려고 한다.	I don't speak ill of others.
• 침묵을 지키며 있었다.	I kept silent.
• 나는 아무 말도 하지 않았다.	I didn't say a word.
• 나는 말주변이 없다.	I am a poor speaker.
• 그는 나에게 잠자코 있으라고 했다.	He asked me to sit tight.
• 나는 당황하면 말을 더듬는다.	When I get embarrassed, I stutter.

Words & Expressions

make sense 뜻이 통하다, 이치에 닿다　**talk sense** 이치에 닿는 말을 하다　**speak well of** ~을 칭찬하다(↔ speak ill of)　**foreign to** ~에 맞지 않는　**sit tight** 잠자코 있다

• 더듬거리며 사과를 했다.	I stammered out the apology.
• 언제든지 말조심해야 한다.	We should watch our mouth at all times.
• 그는 말을 참 잘한다.	He is a good talker.
	He is a smooth talker.
• 그는 말을 논리 정연하게 한다.	He is very **articulate**.
• 그는 절대 빙빙 돌려 이야기하지 않는다.	He never **beats around the bush**.
• 비밀을 아무에게나 말하지 마라.	Don't **spill the beans** to anyone.
• 비밀을 지킬 것이다.	I'll keep it a secret.
• 입을 꼭 다물고 말하지 않을 것이다.	My lips are **sealed**.
• 절대로 비밀을 누설하지 않을 것이다.	I won't reveal the secret.
• 그것을 비밀로 해 주기로 했다.	I decided to keep it under my hat.
• 그에게 사실대로 말하는 것이 좋겠다.	I had better give it to him straight.
• 비밀이 누설되었다.	The secret is revealed.
• 다른 사람에게 들었다.	A little bird told me.
• 낮말은 새가 듣고 밤말은 쥐가 듣는다.	Walls have ears.
• 남의 사적인 일에 대해 말하지 마라.	Don't talk about others' private business.
• 그는 항상 잡다한 이야기를 끊임없이 한다.	He never stops **gossiping**.
• 그는 말을 못 알아듣는 척했다.	He played **dumb**.
• 그의 말은 사실이 아닌 것 같다.	His words sound untrue.
• 그는 소문을 잘 퍼뜨린다.	He likes to spread rumors.
• 그 소문은 일사천리로 퍼졌다.	The rumors spread like a wildfire.
• 소문이 눈덩이처럼 커져 갔다.	The rumor snowballed.
• 소문에 의하면 그가 한국을 떠났다고 한다.	Rumor has it that he left Korea.

Words & Expressions

articulate 똑똑하게 발음하는, 분명하게 말하는　**beat around the bush** 돌려 말하다　**spill the beans** 비밀을 털어놓다　**seal** 봉하다, 입을 막다, 비밀을 엄수하다　**gossip** 잡담하다, 수군거리다　**dumb** 벙어리의, 말을 하지 않는

- 소문은 정말 빠르다. — Rumors really fly.
- 그는 항상 모든 것에 불평이다. — He always complains about everything.
- 그는 항상 잘 둘러댄다. — He always has an excuse.
- 그는 나를 오해하고 있다. — He is taking me wrong.
- 이 오해를 풀어야 한다. — I need to resolve this misunderstanding.
- 그와 속을 터놓고 이야기하고 싶다. — I want to have a heart-to-heart talk with him.
- 그는 농담을 잘한다. — He makes jokes well.
- 그의 농담은 썰렁했다. — His joke was corny.
- 그의 농담은 진부했다. — His joke was so old.
- 때때로 나는 농담을 잘 이해하지 못한다. — Sometimes I don't get jokes.
- 나는 가끔 농담을 심각하게 받아들인다. — I take jokes seriously at times.
- 농담을 받아넘기는 방법을 좀 배워야겠다. — I need to learn how to take a joke.
- 그저 농담으로 말했다. — I said it just for fun.
- 그건 농담할 일이 아니었다. — It was no joking matter.
- 그는 항상 날 무시한다. — He always puts me down.
- 그는 시비를 잘 건다. — He is very quarrelsome.
- 나는 그와 사소한 시비가 붙었다. — I squabbled with him.
- 사소한 시비가 큰 싸움이 되었다. — The squabble turned into a big fight.
- 그는 이유 없이 트집을 잡았다. — He picked on me for nothing.
- 아무리 말해도 소용이 없었다. — It was no good talking.
- 그는 내가 하지 않은 말을 했다고 했다. — He put words into my mouth.
- 나는 그가 잘못 말했다고 인정하기를 바랐다. — I wanted him to eat his words.
- 그는 종종 지나간 과거의 일을 이야기한다. — He often talks about bygone days.

Words & Expressions

take ~ wrong ~를 오해하다   at times 가끔, 때때로   squabble 사소한 일로 말다툼하다   put words into one's mouth 남이 하지 않은 말을 했다고 하다   eat one's words 잘못 말했다고 인정하다   bygone 과거의, 지나간

• 나는 남을 험담하지 않는다.	I don't talk about others **behind their backs**.
• 그는 남의 일에 간섭을 잘한다.	He is so nosy.
• 그는 참견하는 것을 좋아한다.	He likes to **meddle**.
• 그의 말이 귀에 거슬렸다.	His words were **offensive** to the ears.
• 그가 내게 욕을 했다.	He verbally abused me.
• 그는 잘 빈정댄다.	He is very **sarcastic**.
• 그는 직선적으로 말을 한다.	He is a straight talker.
• 그는 생각 없이 이야기한다.	He doesn't think before he speaks.
• 나에게 상처를 주는 말을 했다.	He **stung** me with words.
• 그의 말에는 가시가 있었다.	His words stung.
• 그는 입이 거칠다.	He has a foul mouth.
• 그는 욕쟁이다.	He has a dirty mouth.
• 그의 욕설이 나를 불편하게 만들었다.	His abuse made me feel uneasy.
• 말이 안 나올 정도로 충격을 받았다.	I was shocked speechless.
• 그의 악담으로 기분이 무척 상했다.	His **cursing** offended me very much.
• 그는 허풍이 심하다.	He **brags** a lot.
• 그는 말뿐이다.	He is all talk.
• 그녀는 큰소리를 쳤다.	She had a big mouth.
• 그녀는 입이 가볍다.	She is a **blabber**-mouth.
• 그는 마치 다 아는 듯 말을 한다.	He talks **as if** he knew everything.
• 그는 자신에 대해 항상 떠벌린다.	He is always advertising himself.
• 그녀는 수다쟁이이다.	She is so talkative.
• 그녀는 말이 많다.	She talks a lot.

Words & Expressions

behind one's back 본인이 없는 데서, 몰래　**meddle** 쓸데없이 참견하다, 간섭하다　**offensive** 불쾌한, 마음에 걸리는　**sarcastic** 빈정거리는, 비꼬는　**stung** sting(찌르다)의 과거형　**cursing** 저주, 악담　**brag** 자랑하다, 허풍떨다　**blabber** 비밀을 잘 이야기하는 사람　**as if** 마치 ~인 것처럼

• 그녀는 참 수다스럽다.	She is so chatty.
• 그는 거짓말을 참 잘 한다.	He tells lies so often.
• 그는 대단한 거짓말쟁이다.	He is a great liar.
• 그가 하는 말 대부분이 사실이 아니다.	Most of what he says is not true.
• 말문이 막혔다.	I was struck dumb.
• 어찌할 바를 몰라 할 말을 잃었다.	I was at a loss for words.
• 그가 한 거짓말이 들통 났다.	His lie came to light.
• 그는 절대 거짓말을 하지 않는다.	He never tells a lie.
• 진실은 드러나기 마련이다.	The truth will come out.
• 그는 항상 입에 발린 소리를 한다.	He always gives lip service.
• 그는 아첨꾼이다.	He is a flatterer.
	He is an apple polisher.
• 그는 누구에게나 아첨을 한다.	He flatters everyone.
• 그것은 감언이설일 뿐이었다.	It was just sweet talk.
• 그의 감언이설에 속았다.	I was taken in by his sweet talk.
• 말하기는 쉬우나 행하기는 어렵다.	Easy to say, hard to do.

Words & Expressions

at a loss 난처하여, 어쩔 줄 몰라   **lip service** 입에 발린 소리   **flatter** 입에 발린 말을 하다, 아첨하다   **take in** 속이다

04 조언 · 충고

아침에 일어나 커피 향을 즐기며 커피를 마시며 잠을 깨는 사람들이 많죠. '일어나 커피 향을 맡아라.'라는 Wake up and smell the coffee.는 잠이 덜 깬 듯 멍하게 앉아 집중을 못하는 사람에게 '정신 차려라.'의 의미로 쓰이는 말입니다. 환한 대낮에 누군가 자신에게 It's time for you to wake up and smell the coffee.라고 한다면 정말 정신을 바짝 차려야 합니다.

- 그것에 대한 조언이 필요했다.   I needed a few pieces of advice about it.
- 누구에게 조언을 부탁해야 할지 몰랐다.   I didn't know who to go to for advice.
- 형에게 모든 상황을 다 얘기했다.   I told my brother everything about the situation.
- 그는 늘 도움이 되는 말을 해 준다.   He always gives me some helpful words.
- 그의 조언을 따르지 않을 수 없었다.   I could not help following his advice.
- 그의 조언으로 마음이 편안해졌다.   His advice made me comfortable.
- 그는 무엇이든 제대로 잘 하라고 항상 조언한다.   He always advises me to do everything well.
- 그는 나에게 조심하라고 조언했다.   He advised me to be careful.
- 너무 뛰지 말라는 말을 들었다.   I was asked not to run too much.
- 그의 충고에 진심으로 감사드린다.   I am wholeheartedly thankful for his advice.
- 나는 그의 충고를 기꺼이 따랐다.   I followed his advice with delight.
- 다시는 그러지 않겠다고 약속했다.   I promised not to do that again.
- 그는 나에게 서둘지 말라고 충고했다.   He advised me not to be so impatient.
- 그는 나에게 그 책을 읽지 말라고 충고했다.   He advised me not to read the book.
- 그 충고는 별 도움이 되지 않았다.   The advice was not helpful.
- 그에게 몇 마디 충고를 해 주었다.   I gave him a few pieces of advice.
- 그녀에게 똑바로 행동하라고 말했다.   I persuaded her to behave herself.
- 그에게 말썽 좀 피우지 말라고 충고했다.   I advised him not to get into trouble.
- 그는 내 충고를 들으려 하지 않았다.   He refused to follow my advice.

05 위로

아무리 침묵이 금이라고 해도 해야 할 말을 하지 않고는 지낼 수 없습니다. 말을 할 때는 혀가 움직이죠. 그래서 아무 말도 하지 않고 있을 경우 hold one's tongue이라고 표현하기도 하는데, 이는 '입을 꽉 다물다', '침묵하다'라는 뜻입니다. 또한 I'm tongue-tied.라고 하면 혀가 묶여 있다는 말이므로, '아무 말 못하겠다.'라는 뜻이 됩니다.

• 그의 삼촌이 돌아가셔서 그를 위로했다.	I consoled him at his uncle's death.
• 슬픔에 빠져 있는 그를 위로했다.	I consoled him in his sorrow.
• 그에게 위로의 말을 전했다.	I expressed my **sympathy** to him.
• 그에게 애도의 뜻을 표했다.	I presented my **condolences** to him.
• 무어라 위로의 말을 해야 할지!	My deepest sympathies!
• 살다 보면 그럴 수도 있다.	Those things will happen.
• 그게 세상의 끝은 아니다.	This is not the end of the world.
• 세월이 약이다.	Time **heals** all wounds.
• 하늘이 무너져도 솟아날 구멍이 있다.	There is always a way.
• 쥐구멍에도 볕 들 날이 있다.	Every dog has his day.
	Every cloud has a silver lining.
• 그런다고 세상이 끝나는 것은 아니다.	It is not the end of the world.
• 내일의 태양은 또다시 떠오른다.	Tomorrow is another day.
• 양지가 음지되고 음지가 양지된다.	Life is full of ups and downs.
• 폭풍이 지나면 무지개가 뜬다.	There is always a rainbow after the storm.
• 뜻이 있는 곳에 길이 있다.	Where there is a **will**, there is a way.
• 최후에 웃는 자가 진정 웃는 자다.	He laughs best who laughs last.
• 고생 끝에 낙이 온다.	No sweet without sweat.
• 그가 나의 기분을 돋워 주었다.	He cheered me up.
• 귀가 솔깃한 이야기였다.	It was an ear-catching story.

Words & Expressions

sympathy 동정, 위문, 문상 **condolence** 애도 **heal** 고치다, 낫게 하다 **will** 뜻, 의지

• 그의 말로 나는 기운을 되찾게 되었다.	His words encouraged me.
• 그는 내가 기운을 내도록 해 주었다.	He made me keep my chin up.
• 우울할 땐 여행이 내 유일한 위안이 된다.	Traveling is my only consolation when I feel down.
• 운동을 하면서 스스로 위안을 삼았다.	I consoled myself by exercising.
• 그 일은 잘 될 것이다.	It will turn out alright.
• 모든 일이 잘 될 거라고 생각한다.	I think everything will work out fine.
• 그건 그리 심각한 일이 아니었다.	It wasn't such a serious thing.
• 그것은 전혀 중요하지 않은 일이다.	It makes no matter.
• 그것은 생사가 걸린 문제가 아니다.	It isn't a matter of life and death.
• 밝은 면을 보고 좋게 생각할 것이다.	I will look on the bright side.
• 우린 모두 같은 처지에 있다.	We all are in the same boat.
• 누군가가 나를 위로해 주었으면 좋겠다.	I want someone to cheer me up.
• 내게 필요한 것은 따뜻한 위로의 말이다.	I need warm words of consolation.
• 그가 내게 위로의 말을 해 주었다.	He gave me some words of comfort.
• 그의 말이 아직도 내 귓가에 맴돈다.	His words still ring in my ears.

Words & Expressions

keep one's chin up 기운을 내다 **turn out** 결과가 ~이 되다 **work out** 결국 ~이 되다 **be in the same boat** 운명[처지]를 같이하다

06 격려 · 축하

make it은 어떤 일을 성공적으로 해냈을 때 쓰는 표현이기도 하지만, '(약속 시간이나 예정 시간에 맞추어) 도착하다'라는 의미도 있습니다. 그래서 I can't make it in time.이라고 하면 '제시간에 맞추어서 갈 수가 없다.'라는 말이 됩니다.

- 그가 나를 격려해 주었다. — He encouraged me.
- 그는 나에게 따뜻한 말을 해 주었다. — He gave me warm words.
- 그는 나에게 최선을 다하라고 격려해 주었다. — He encouraged me to try my best.
- 그는 내게 용기를 내라고 격려해 주었다. — He encouraged me to cheer up.
- 그의 격려가 항상 고맙다. — I am always thankful for his encouragement.
- 그는 내가 최선을 다하도록 격려해 주었다. — He encouraged me to do my best.
- 그는 내게 행운을 빌어 주었다. — He wished me luck.
  He kept his fingers crossed for me.
- 그는 내가 의기소침하지 않도록 격려해 주셨다. — He encouraged me to lighten up.
- 어려움을 극복할 수 있도록 그가 도와주었다. — He helped me get over the difficulty.
- 그 덕분에 어려움들을 극복할 수 있었다. — I could overcome the difficulties thanks to him.
- 성실한 사람이라는 칭찬을 받았다. — I was praised for being a sincere person.
- 그는 내게 계속 잘해 나가라고 말했다. — He told me to keep up the good work.
- 모든 일이 잘될 것이다. — Everything will be all right.
- 너는 틀림없이 잘 해낼 것이다. — I bet you can make it.
- 나는 무엇이든 할 수 있으리라 확신한다. — I am sure I can do anything.
- 괜찮다. 일어날 수 있는 일이다. — That's okay. These things happen.

Words & Expressions

keep one's finger crossed for ~의 행운을 빌다   make it 성공하다, 해내다

- 그는 내가 긍정적으로 생각하도록 해 주었다. He made me think positively.
- 우리는 서로에게 축하의 인사를 했다. We gave congratulations to one another.
- 축하합니다! Congratulations!
- 졸업을 축하한다! Congratulations on your graduation!
- 승진을 축하합니다! Congratulations on your promotion!
- 합격을 축하한다! Congratulations on passing your exam!
- 승리를 축하한다! Congratulations on your win!
- 그 대회에서 우승한 것을 축하한다! Congratulations on winning the contest!
- 네가 해낸 일이 자랑스럽다! I am proud of your accomplishment!
- 참으로 대단하구나! You're out of this world!
- 잘했어! You did a good job!
- 정말 잘했구나! That's fantastic!
- 이 경사를 기념하자! Let's celebrate this occasion!
- 결혼기념일, 축하합니다! Happy wedding anniversary!
- 50세 생신을 축하드립니다. I wish you a happy 50th birthday.
- 100일째 만남을 축하해! Congratulations on your 100th day!

07 기원

노력해서 얻은 행운이 정말 값진 행운이겠지만, 때로는 예기치 않았던 행운, 즉 '횡재'를 만나기도 하는데, 이것을 windfall이라고 합니다. 이 말은 11세기 영국을 통치하던 William이 자신과 귀족의 숲을 보호하고자 가난한 소작농들의 채벌을 금지했지만 바람에 의해 쓰러진 나무는 사용할 수 있게 했는데, 그렇게 쓰러진 나무들이 소작농들에게는 절실히 필요했던 행운이었다는 이야기에서 유래되었습니다.

• 모든 일을 이루시길 바랍니다.	I hope all of your wishes come true.
• 즐거운 명절 보내세요!	Happy holidays!
• 즐거운 여행 되세요!	Have a great trip!
• 시험 잘 보길!	Good luck on your test!
• 최선을 다하길!	I wish you all the best!
• 새해에 행운이 깃들기를 소망합니다!	Wishing you good luck for the new year!
• 행복하길 빕니다!	May you be happy!
• 앞날에 행운이 함께하길!	Good luck on your future!
• 행운을 빕니다!	Good luck to you!
• 당신에게도 행운이 있기를!	Same to you!
• 신의 은총이 있기를!	God bless you!
• 한국에서 행운을 빌겠습니다!	Good luck from Korea!
• 결혼에 행운이 함께하길!	Best wishes on your wedding!
• 쾌유를 빕니다.	I hope you'll get over your sickness.
• 건강하세요!	Stay healthy!
• 건강하길 빕니다.	I wish you good health.
• 만수무강하십시오!	Live a long healthy life!
• 당신을 위해 기도하겠습니다.	I'll keep you in my prayers.
• 당신의 건강을 위해 하나님께 기도합니다.	I pray to God for your health.
• 두 분이 행복하시길 바랍니다!	May you both be happy!

CHAPTER 12
건강

01 건강	196	
02 건강 검진	198	
03 발병	200	
04 발열	201	
05 두통		202
06 감기		203
07 복통		205
08 피부		208
09 근육통		211
10 골절		212
11 치아 관리		214
12 시력		217
13 눈병		219
14 귓병		221
15 응급 치료		222
16 진찰		223
17 병원 치료		224
18 약		226

01 건강

> I am in the pink.는 매우 건강하다는 것을 나타내는 말입니다. 또한, I am as fit as a fiddle. 즉, '나는 바이올린처럼 건강하다.'라는 의미인데, 이는 아름다운 음색과 균형 잡힌 몸매를 가진 바이올린을 건강한 사람에 비유한 것입니다. 또한 I am sound as bell.도 청명한 종소리처럼 몸 상태가 좋다는 것에 비유된 말입니다.

- 건강이 가장 중요하다. Health is the most precious of all.
- 건강보다 더 소중한 것은 없다. Nothing is more precious than health.
- 행복하려면 건강이 필수적이다. Health is essential to happiness.
- 건강은 소중한 재산이다. Health is a precious possession.
- 나는 건강을 최우선시한다. I set health before anything else.
- 나는 건강을 가장 중요하게 여긴다. I consider health the most important.
- 나는 건강하다. I am healthy.
- 건강 상태가 좋다. I am in good health.
- 나는 기운이 좋다. I have a lot of energy.
- 나는 강하다. I am strong.
- 나는 체력이 좋다. I am athletic.
- 그는 그 나이치고는 건강이 좋다. He is in excellent condition for his age.
- 머리부터 발끝까지 건강하다. I am healthy from head to toe.
- 나는 잘 아프지 않는다. I don't often get sick.
- 건강한 신체에 건전한 정신이 깃든다. Sound mind, sound body.
- 나는 요즘 건강이 좋지 않다. I haven't been feeling well recently.
- 나는 보기보다 몸이 약하다. I am not as healthy as I look.
- 기력이 예전 같지 않다. I feel my age.
- 건강 걱정이 많이 된다. I am very worried about my health.
- 내 건강 상태가 걱정스럽다. I am anxious about my health.
- 나는 자주 앓는다. I always get sick.

늘 피로하다.	I feel tired all the time.
항상 몸이 개운치 않다.	I always feel lousy.
나는 과로로 인해 건강이 나빠졌다.	My body is shot because of overwork.
좀 쉴 시간이 필요하다.	I need some time to relax.
의사의 진찰을 받기로 했다.	I decided to **consult** the doctor.
그는 간에 문제가 있다.	He has something wrong with his liver.
그는 당뇨병으로 고생이다.	He suffers from diabetes.
나는 그의 건강이 걱정된다.	I am concerned about his health.
그는 담배를 무지하게 많이 핀다.	He smokes like a chimney.
그가 담배를 끊을 수 있었으면 좋겠다.	I wish he could stop smoking.
그는 담배를 줄이기 시작했다.	He started to cut down on his smoking.
간접흡연은 건강에 매우 해롭다.	**Second-hand** smoke is very harmful.
그는 두 달 전에 담배를 끊었다.	He stopped smoking two months ago.
환절기에 건강관리를 잘 해야 한다.	We need to take care of our health when the seasons change.
충분한 휴식을 취해야 한다.	We had better get enough rest.
병은 초기에 치료해야 한다.	Disease should be treated at the start.
하루 세 끼를 골고루 먹어야 한다.	We have to eat three balanced meals a day.
나는 매일 비타민제를 복용한다.	I take vitamin tablets every day.
나는 건강이 작년보다 좋아졌다.	I am healthier now than I was last year.
나는 운동을 거의 하지 않는다.	I hardly ever exercise.
하루에 1시간씩 운동을 하기로 했다.	I decided to work out for an hour every day.
규칙적으로 스트레스를 풀어야 한다.	We need to **relieve** stress regularly.

Words & Expressions

consult 상담하다, 진찰받다 **second-hand** 간접의 **relieve** 경감시키다, 덜어주다

02 건강 검진

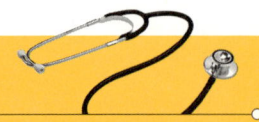

우리말로 '컨디션이 좋지 않다.'는 말은 '건강 상태가 좋지 않다'는 말이므로 I am in bad shape.나 I'm feeling under the weather.라고 해야 합니다.

• 건강 검진을 받고 싶었다.	I wanted to get a medical checkup.
• 그가 능력 있는 의사를 추천해 주셨다.	He recommended a great doctor.
• 피 검사를 위해 12시간 동안 단식해야 했다.	I had to fast for 12 hours for blood tests.
• 문진표를 작성했다.	I filled out the medical checkup questionnaire.
• 저울에 올라서자 간호사가 체중을 쟀다.	When I stood on the scale, the nurse measured my weight.
• 내가 약간 과체중이라고 했다.	She told me that I was a little overweight.
• 간호사가 혈압을 쟀다.	The nurse took my blood pressure.
• 간호사가 혈액 검사를 했다.	The nurse did some blood tests.
• 간호사가 맥박을 쟀다.	The nurse took my pulse.
• 소변을 컵에 담아 간호사에게 주었다.	I gave the nurse my urine in the cup.
• 엑스레이를 찍었다.	I had my X-ray taken.
• 내시경으로 위 검사를 받았다.	I had my stomach examined by an endoscope.
• 의사가 나에게 건강에 관한 질문을 했다.	The doctor asked me some questions about my health.

Words & Expressions

fast 단식하다 **questionnaire** 질문표, 질문서 **pulse** 파동, 진동, 맥박 **have+목적어+과거분사** ~에게 …하게 하다 **endoscope** 내시경

보충 어휘 | 당뇨병 **diabetes** | 고혈압 **hypertension** | 저혈압 **hypotension** | 뇌졸중 **stroke** | 간염 **hepatitis** | 심부전증 **heart failure** | 폐렴 **pneumonia** | 결핵 **tuberculosis** | 백혈병 **leukemia** | 위궤양 **ulcers** | 관절염 **arthritis** | 소아마비 **polio** | 홍역 **measles** | 천연두 **smallpox** | 수두 **chickenpox** | 천식 **asthma** | 빈혈 **anemia** | 일사병 **sunstroke** | 꾀병 **feigned illness**

- 그는 청진기로 심장 소리를 들으며 나를 검진했다.
  He examined me by listening to my heart with a stethoscope.
- 오늘 검사 결과를 받았다.
  I received the test results today.
- 예상했던 결과가 나와서 기분이 좋았다.
  I was glad to see the test results were as I expected.
- 내가 생각했던 것보다 더 건강하다.
  I am healthier than I had thought.
- 나는 건강에 문제에 몇 가지 있었다.
  I had several health problems.
- 의사는 ~로 진단했다.
  The doctor diagnosed it as ~.
- 의사는 내가 ~라고 진단했다.
  The doctor's diagnosis was that I had ~.
- 나는 검사를 더 받아야 했다.
  I had to undergo further tests.
- 심장에는 문제가 없다고 하셨다.
  He told me that my heart had no problems.
- 그는 내게 운동을 시작하라고 하셨다.
  He advised me to start exercising.
- 그는 내게 단 음식을 줄이라고 했다.
  He advised me to eat less sweets.
- 그의 지시에 잘 따르기로 했다.
  I decided to follow his instructions well.

Words & Expressions

stethoscope 청진기 **diagnose ~ as ...** ~를 ...로 진단하다 **undergo** (수술, 검사 등을) 받다, 겪다, 경험하다

03 발병

병원 건물에 간다는 의미만 표현하려면 go to the hospital이라고 하지만, 진찰이나 치료를 받기 위해서 병원에 간다고 할 때는 go (to) see a doctor, go to a clinic, visit the doctor 등으로 씁니다. 치과에 간다고 할 때에는 go to the dentist라고 합니다.

• 몸이 별로 좋지 않았다.	I didn't feel very well.
• 몸이 찌뿌드드했다.	I was under the weather.
• 몸 상태가 좋지 않았다.	I felt terrible.
• 몸이 매우 아팠다.	I felt so sick.
• 통증이 심했다.	I had severe pain.
• 그 증상이 계속되었다.	The symptom persisted.
• 그렇게 심한 것은 아니었다.	It wasn't so serious.
• 나는 꾀병을 부렸다.	I faked an illness.
• 나는 아픈 체했다.	I pretended to be sick.
• 그는 내가 정말 아픈 것이라고 믿었다.	He believed that I was really sick.
• 병원에 가야 했다.	I needed to go see a doctor.
• 아파서 못 간다고 전화를 했다.	I called in sick.
• 병가 중이었다.	I was on sick leave.
• 아파서 결석을 했다.	I was absent because of my illness.
• 병원에 가려고 휴가를 냈다.	I went on leave to see a doctor.
• 1주일 동안 아파서 누워 있었다.	I have been ill in bed for a week.
• 부모님께서 나를 데리고 병원에 갔다.	My parents took me to the hospital.
• 내가 아파서 가족들이 걱정을 많이 했다.	My family was worrying about my sickness.

Words & Expressions

under the weather 몸 상태가 좋지 않은 **persist** 고집하다, 지속되다 **fake** 속이다, ~인 것처럼 가장하다 **pretend to**+동사원형 ~인 체하다 **call in sick** 전화로 병결을 알리다 **go on leave** 휴가를 얻다

04 발열

열 기운이 조금 있었다고 하려면 I had a touch of fever.라고 하면 됩니다. 여기서 touch는 어떤 질병 일어날 것 같은 기미나 가벼운 증세를 나타내는 말입니다. 만약 감기 기운이 있으면 I have a touch of a cold.라고 표현하면 됩니다.

• 열이 났다.	I have a fever.
• 몸에 열이 있다.	I feel feverish.
• 체온이 매우 높았다.	The temperature was very high.
• 체온이 정상보다 3도나 높았다.	The temperature was 3 degrees above normal.
• 체온이 비정상이었다.	My temperature was abnormal.
• 질병의 첫 징후는 고열이라고 한다.	The first symptom of the disease is said to be a high temperature.
• 체온을 쟀다.	I took my temperature.
• 체온계의 눈금을 보고 놀랐다.	I was surprised when I read the thermometer.
• 엄마는 젖은 수건을 내 이마에 올려주셨다.	Mom put a wet towel on my forehead.
• 미지근한 물로 샤워를 했다.	I took a shower by using lukewarm water.
• 열이 내리도록 약을 먹었다.	I took medicine to reduce my fever.
• 열이 서서히 내렸다.	The fever has gone down slowly.
• 열이 내렸다.	The fever was gone.
• 몸이 추웠다.	I felt chilly.
• 오한이 났다.	I had a chill.
• 한기가 들었다.	I caught a chill.
• 오한으로 떨렸다.	I shivered from the chill.

Words & Expressions

abnormal 비정상적인, 병적인　**lukewarm** 미온의, 미지근한　**reduce** 줄이다, 떨어트리다

05 두통

My head hurts.라고 하면 머리에 상처가 나서 아프다는 말입니다. 두통이 있다는 표현은 I have a headache.이라고 합니다. 두통(headache), 복통(stomachache), 치통(toothache), 요통(backache), 귀통증(earache), 인후통(sore throat) 등의 병명으로 아프다는 표현을 할 경우 동사 have를 사용하여 나타내죠.

• 머리가 아팠다.	I had a headache.
• 머리가 조금 아팠다.	I had a slight headache.
• 두통이 심했다.	I had a terrible headache.
• 만성적인 편두통이 있다.	I have chronic migraines.
• 편두통으로 괴로웠다.	I suffered from migraines.
• 하루 종일 머리가 계속 아팠다.	I had a constant headache all day long.
• 머리가 욱신욱신 쑤셨다.	My head throbbed.
• 머리가 깨질 듯 아팠다.	I had a splitting headache.
• 머리가 무거웠다.	My head felt heavy.
• 날씨 탓인지 머리가 무거웠다.	My head felt heavy, probably because of the weather.
• 뒷골이 당겼다.	I had a stiff neck.
• 어지러웠다.	I felt faint.
• 머리가 갑자기 뱅뱅 도는 것 같았다.	I suddenly felt as if my head were spinning.
• 눈이 핑핑 돌았다.	My head swims.
• 현기증이 난다.	My brain reels.
• 나는 가끔 어지러움을 느낀다.	Often I feel dizzy.
• 그 문제 때문에 머리가 어지럽다.	My head spins because of the problem.

Words & Expressions

chronic 만성적인, 상습적인 **migraine** 편두통 **throb** 욱신욱신 아프다, 두근거리다 **splitting** 쪼개는, 갈라지는 **stiff** 뻣뻣한, 당기는, 경직된 **spin** 회전하다, 뱅뱅 돌다 **reel** 어질어질하다, 현기증이 나다

06 감기

I am likely to catch a cold.와 I am liable to catch a cold.는 의미가 다릅니다. 〈be likely to+동사원형〉은 '~할 것 같다', 〈be liable to+동사원형〉은 '~하기 쉽다'라는 표현입니다. 그러므로 I am likely to catch a cold.는 '감기에 걸릴 것 같다.'는 말이고, I am liable to catch a cold.는 '나는 감기에 잘 걸린다.'는 말입니다.

- 나는 유행하는 모든 감기에 잘 걸린다. I easily catch every cold that goes around.
- 감기에 걸릴 것 같았다. I was likely to catch a cold.
- 감기 기운이 있었다. I had a slight cold.
- 감기가 오는 것 같았다. I felt a cold coming on.
- 감기에 걸렸다. I had a cold.
- 독감에 걸렸다. I have the flu.
- 감기에 걸려 오한이 났다. I had a cold and the chills.
- 감기 때문에 춥고 떨렸다. I felt chilly and shivered because of my cold.
- 감기에 걸려서 누워 있었다. I was in bed with a cold.
- 코감기에 걸린 것 같았다. I seemed to have a head cold.
- 코감기에 걸렸다. I've got the sniffles.
- 콧물이 났다. I had a runny nose.
  My nose was running.
- 하루 종일 콧물을 훌쩍거렸다. I sniffled all day.
- 재채기를 했다. I sneezed.
- 재채기가 계속 나왔다. I couldn't stop sneezing.
- 하루 종일 코를 풀었다. I blew my nose all day long.
- 코가 헐었다. My nose has gotten sore.
- 코가 막혔다. My nose was stuffy.

Words & Expressions

head cold 코감기 **sniffle** 코감기, 코를 훌쩍이다

• 코가 꽉 막혔다.	My nose was stuffed up.
• 나는 비염이 있다.	I have an inflamed nose.
• 숨쉬기가 매우 어려웠다.	I had a lot of trouble breathing.
• 목이 아팠다.	My throat hurt.
	I had a sore throat.
• 편도선이 부어서 매우 아팠다.	My tonsils were swollen and painful.
• 뭘 삼키기가 어려웠다.	I had trouble swallowing.
• 음식을 삼킬 때 목이 아팠다.	My throat hurt when I swallowed food.
• 감기로 목이 쉬었다.	My voice got hoarse from a cold.
• 말을 할 때마다 목이 아팠다.	My throat hurt whenever I talked.
• 목 아픈 데 먹는 알약을 먹었다.	I took throat lozenges.
• 기침이 계속 나왔다.	I coughed constantly.
• 기침이 심할 땐 숨이 막히는 것 같다.	I choked when I coughed hard.
• 감기가 악화되어 폐렴이 되었다.	My cold developed into pneumonia.
• 주사를 맞았다.	I got a shot.
• 약을 먹고 누워서 좀 쉬어야겠다.	I need to take some medicine and rest in bed.
• 좀 쉬고 나니 한결 좋아졌다.	After some rest, I felt better.
• 감기가 나아지고 있다.	My cold is getting better.
• 감기가 나았다.	I got over my cold.
• 감기에서 회복되었다.	I recovered from my cold.
• 예방 접종을 받았어야 했다.	I should have gotten the vaccination.

Words & Expressions

inflamed 염증이 있는 **tonsil** 편도선 **swollen** 부어오른 **hoarse** 목이 쉰 **lozenge** 마름모 모양의 목 보호 약 **develop into** ~로 발전되다 **pneumonia** 폐렴 **get over** 회복하다

07 복통

상한 음식을 먹거나 과식을 해서 배가 아픈 경우는 stomachache, 사촌이 땅을 사서 배가 아픈 경우는 be green with envy, 소화불량(indigestion)이나 스트레스 또는 음주로 인해 속이 쓰린 경우 sour stomach 또는 upset stomach 등으로 표현합니다. '빈속에 커피를 너무 많이 마시면 속이 쓰리다.'는 I get a sour stomach when I have too much coffee on a empty stomach.라고 하면 됩니다.

• 나는 위에 문제가 있다.	I have trouble with my stomach.
• 나는 위가 약하다.	I have a weak stomach.
• 나는 소화를 잘 시키지 못한다.	I have poor digestion.
• 나는 위염이 있다.	I have inflammation in my stomach.
• 나는 위경련이 자주 생긴다.	I often have stomach cramps.
• 위궤양이 또 도지는 것 같았다.	My **ulcers** seemed to be **acting up** again.
• 속이 쓰렸다.	I had a **biting pain** in my stomach.
• 위궤양 때문에 통증이 심해졌다.	My ulcers caused me terrible pain.
• 소화 불량이다.	I have indigestion.
• 만성 소화 불량이다.	I have chronic indigestion.
• 소화 불량으로 통증이 있었다.	I felt pain from indigestion.
• 통증이 심했다.	I felt a severe pain.
• 속이 안 좋았다.	My stomach didn't feel well.
• 뱃속이 영 불편했다.	I felt discomfort in my stomach.
• 식사 후에, 배에 통증이 있었다.	After my meal, I felt a pain in my stomach.
• 배가 계속 아팠다.	I felt pain continuously in my stomach.
• 헛배가 불렀다.	My **abdomen** felt swollen.
• 배에 가스가 찼다.	I have gas in my stomach.
• 배가 거북했다.	My stomach felt heavy.

Words & Expressions

ulcer 종기, 궤양　**act up** 재발하다　**biting pain** 극심한 통증　**abdomen** 배, 복부

• 트림이 자꾸 났다.	I belched again and again.
• 배가 더부룩했다.	I felt bloated.
• 위가 쑤시는 것처럼 아팠다.	My stomach twinged.
• 위가 쥐어짜는 것 같았다.	I had a squeezing pain in my stomach.
• 통증을 참을 수가 없었다.	I couldn't stand the pain.
• 통증을 덜기 위해 약을 먹었다.	I took some medicine to ease the pain.
• 그것을 먹지 말았어야 했다.	I shouldn't have eaten it.
• 속이 메스꺼웠다.	I felt nauseous.
• 구역질이 났다.	I felt nauseated.
• 뱃속이 느글거렸다.	I felt sick to my stomach.
• 토할 것 같았다.	I felt like vomiting.
• 넘어올 것 같았다.	I felt like throwing up.
• 토했다.	I vomited.
• 먹은 것을 다 토했다.	I threw up all that I had eaten.
• 엄마가 등을 두드려 주셨다.	My mom pounded my back with her fist.
• 엄마가 바늘로 손가락을 따 주셨다.	My mom ran a needle into my finger.
• 소화제를 먹었다.	I took antacids.
• 설사가 났다.	I had diarrhea.
• 묽은 변이 나왔다.	I had watery stool.
• 정상적인 변이 아니었다.	I had abnormal stool.
• 설사를 심하게 했다.	I had terrible diarrhea.
• 배가 계속 살살 아팠다.	I felt a slight and constant pain in my stomach.
• 설사기가 있었다.	I had a touch of diarrhea.

Words & Expressions

bloated 부푼, 더부룩한　**twinge** 쑤시듯이 아프다　**nauseous** 메스꺼운, 구역질나는　**vomit** 토하다, 게우다　**throw up** 토하다
antacid 제산제, 소화제　**stool** 대변　**touch** 기미, 접촉

• 설사를 멈추게 하려고 약을 먹었다.	I took medicine to stop my diarrhea.
• 변비와 설사가 번갈아 반복된다.	I have constipation and diarrhea **alternately**.
• 변비가 있다.	I am **constipated**.
• 변비가 심하다.	My bowels don't move at all.
• 일주일 동안 변비에 걸려 있다.	I've been constipated for a week.
• 며칠 동안 변을 못 봤다.	I've had no bowel movement for a few days.
• 변비약을 먹었다.	I took a **laxative**.
• 변비로 아침마다 고생이다.	I suffer from constipation every morning.
• 관장을 했다.	I had an **enema**.
• 배꼽 주변이 몹시 아팠다.	It hurt badly around the navel.
• 바닥을 뒹굴 정도로 많이 아팠다.	It hurt badly enough to make me roll on the floor.
• 다리를 펼 수가 없었다.	I couldn't extend my legs.
• 의사가 배를 눌러 보았다.	The doctor pressed on my stomach.
• 오른쪽 아랫배가 매우 아팠다.	I felt terrible pain on the right lower side of my stomach.
• 그는 내가 맹장염이라고 진단했다.	The doctor diagnosed my case as appendicitis.
• 수술을 받아야만 했다.	I had to **undergo** an operation.
• 의사가 마취를 했다.	The doctor put me under **anesthesia**.
• 의사가 맹장을 제거했다.	The doctor removed my appendix.
• 수술은 성공적이었다.	The operation was successful.

Words & Expressions

alternately 번갈아, 교대로 **constipated** 변비에 걸린 **laxative** 변을 나오게 하는 완하제 **enema** 관장제, 관장기
undergo 경험하다, 받다 **anesthesia** 마취

08 피부

청춘의 상징 여드름은 acne 또는 pimple이라고 합니다. acne는 여드름이 나는 질병으로 셀 수 없는 명사이고, pimple은 여드름 하나하나를 나타내는 말로 셀 수 있는 명사입니다. 그래서 acne로 '여드름이 있다.'는 말을 쓰려면 I have acne.라고 해야 하고, pimple로 표현하려면 I have pimples.라고 합니다. 그리고 pimple은 '여드름'이고 dimple은 '보조개'이니 혼동하지 마세요.

- 얼굴에 여드름이 있다.   I have acne.
  I have pimples.
- 나는 여드름이 심하다.   I have severe acne.
- 얼굴이 여드름투성이다.   My face is covered with pimples.
- 나는 팔과 등에도 여드름이 있다.   I even have pimples on my arms and back.
- 여드름을 짰다.   I **popped** my pimples.
- 턱에 난 여드름 하나를 쥐어짰다.   I squeezed a pimple on my chin.
- 여드름 치료를 받아야 할 것 같다.   I think I need acne treatment.
- 이마에 뾰루지가 났다.   I have a rash on my forehead.
- 볼에 종기가 났다.   I have a **boil** on my cheek.
- 피부과에 가 봐야겠다.   I need to go see a dermatologist.
- 피부병에 걸렸다.   I have a skin disease.
- 땀띠가 났다.   I have a heat **rash**.
- 온몸에 두드러기가 났다.   I have **hives** all over my body.
- 피부가 따끔거리고 열이 난다.   My skin feels burned.
- 온몸에 발진이 생겼다.   I have a rash all over my body.
- 온몸이 가려웠다.   I itched all over.
- 손에 습진이 생겼다.   I have **eczema** on my hand.
- 피부가 벗겨진다.   My skin is peeling.

Words & Expressions

pop 펑 터트리다   **boil** 부스럼, 종기   **rash** 발진   **hive** 두드러기   **eczema** 습진

- 손가락에 가시가 박혔다.
- 핀으로 가시를 빼냈다.
- 목에 생선 가시가 걸렸다.
- 입 주변이 헐었다.
- 입술이 갈라졌다.
- 입술이 텄다.
- 바비큐를 하다가 데었다.
- 데어서 물집이 생겼다.
- 나는 다리에 화상 흉터가 있다.
- 새 신발을 신었더니 발뒤꿈치가 까졌다.
- 운동화가 꼭 끼어 발뒤꿈치가 아팠다.
- 발뒤꿈치에 물집이 생겼다.
- 물집이 터졌다.
- 발에 티눈이 생겼다.
- 티눈을 빼고 싶다.
- 발에 사마귀가 났다.
- 발바닥에 굳은살이 박였다.
- 무좀이 있다.
- 나는 멍이 잘 든다.
- 온몸이 시퍼렇게 멍들었다.
- 머리에 혹이 생겼다.

I've got a splinter in my finger.
I pulled the splinter out with a pin.
I had a fishbone stuck in my throat.
I have a cold sore in my mouth.
My lips are cracked.
My lips are chapped.
While I was barbecuing, I burned myself.
I have a blister from a burn.
I have a scar from a burn on my leg.
My new shoes made blisters on my heels.
The sneakers pinched my heels.
I got a blister on my heel.
The blister popped.
I have a corn on my foot.
I want to have the corn removed.
I have a wart on my foot.
I have a callus on the sole of my foot.
I have athlete's foot.
I get bruised very easily.
I was black and blue all over.
I had a bump.
I had swelling.

Words & Expressions

splinter (나무의) 가시, 쪼개진 조각　**cold sore** 입가의 발진　**chap** 트다　**burn oneself** 데다　**blister** 물집, 수포　**sneakers** 운동화　**pinch** 꼬집다, 꽉 끼다　**corn** (발에 생기는) 티눈, 못　**wart** 혹, 사마귀　**callus** 피부가 굳은 것, 못　**athlete's foot** 무좀　**bump** 혹, 충돌　**swelling** 혹, 팽창

- 실수로 송곳에 찔렸다. I stabbed myself with an ice pick by mistake.
- 칼에 베였다. I've got a cut from a knife.
- 종이에 베였다. I got a paper cut.
- 무릎에 생채기가 났다. I skinned my knee.
- 무릎이 까졌다. I scraped my knee.
- 무릎 살갗이 벗겨졌다. My knee was chafed.
- 무릎에 찰과상을 입었다. I had a scratch on my knee.
- 상처가 부었다. The wound was swollen.
- 무릎에 날카로운 통증을 느꼈다. I felt a sharp pain in my knee.
- 통증이 점점 심해졌다. The pain was getting worse.
- 지속되는 통증을 참을 수 없었다. I couldn't endure the persistent pain.
- 상처를 소독했다. I disinfected the wound.
- 연고를 발랐다. I applied some ointment to it.
- 의사가 상처를 꿰매었다. The doctor sewed up the wound.
- 상처에 다섯 바늘을 꿰맸다. The doctor used 5 stitches on the wound.
- 의사가 꿰맨 실을 풀었다. The doctor removed the stitches.
- 상처에 딱지가 생겼다. My wound has scabbed over.
- 상처가 곪았다. The wound festered.
- 상처에 염증이 생겼다. The wound was inflamed.
- 상처가 감염되었다. The wound got infected.

Words & Expressions

chafe 쓸려서 벗겨지다   **scab over** 껍질로 덮이다   **fester** 곪다, 짓무르다

09 근육통

'나 아파서 집에서 쉬고 있어.'라고 하려면 I am on sick leave.라고 하면 됩니다. leave는 '떠나다', '남겨두다' 등의 의미를 가지는 동사이지만, 명사로 쓰여 '(공식적으로 받는) 휴가'의 뜻을 나타냅니다. 아파서 받는 휴가는 sick leave, 한 달에 하루 받을 수 있는 휴가는 monthly leave, 출산 후 받는 휴가는 maternity leave라고 합니다.

• 근육이 쑤셨다.	I had sore muscles.
• 근육통이 있었다.	My muscles ached.
• 온몸이 쑤셨다.	I was really sore.
• 온몸이 다 아팠다.	My body ached all over.
• 등이 매우 뻐근했다.	My back became really stiff.
• 무릎이 부어오르고 아팠다.	My knees were swollen and painful.
• 무릎이 저렸다.	My knees felt numb.
• 관절염에 걸린 것 같다.	I seem to be developing arthritis.
• 다리를 펼 수가 없었다.	I couldn't stretch my legs.
• 과도한 운동이 관절에 무리를 준다.	The excessive workouts strain joints.
• 팔꿈치가 빠졌다.	My elbows were out of joint.
• 관절이 탈구되었다.	I had a dislocated joint.
• 팔걸이 붕대를 하고 있었다.	My arm was in a sling.
• 오른쪽 팔꿈치가 아팠다.	I've got a sore right elbow.
• 허리 디스크인 것 같다.	I seem to have a herniated disc.
• 허리 통증으로 걷는 것이 불편했다.	I had trouble walking because of a bad back.
• 깨고 나니 목을 돌릴 수가 없었다.	I woke up with a crick in my neck.
• 아마도 잠을 잘못 잔 것이 틀림없다.	I must have slept wrong.

Words & Expressions

numb 마비된, 감각이 없어진, 둔한　**strain** 너무 써서 상하게 하다, 무리를 주다　**dislocated** 삔, 탈구된　**sling** 새총, 팔걸이 붕대
herniated disc 추간판탈출증, 허리 디스크　**crick** 갑자기 목이 경직되어 돌아가지 않음

10 골절

다리가 부러졌을 때 하는 깁스는 '석고'라는 독일어 gyps입니다. 영어로는 이를 cast로 나타냅니다. '깁스를 하다'는 put on a cast, '깁스를 풀다'는 take off a cast, '깁스를 하고 있다'는 be in a cast 또는 have ~ in a cast로 표현합니다. 그래서 다리에 깁스를 하고 있다면 My leg is in a cast. 또는 I have my leg in a cast.라고 하면 됩니다.

- 넘어졌다. I fell down.
- 곤두박질쳤다. I fell upside down.
- 앞으로 넘어졌다. I fell forward.
- 뒤로 넘어졌다. I fell on my back.
- 엉덩방아를 찧다. I fell on my buttocks.
- 쾅당 넘어졌다. I fell like a log.
- 돌에 걸려 넘어졌다. I fell over a stone.
- 계단에서 발을 헛디뎠다. I missed a step on the stairs.
- 계단을 내려가다가 헛디뎌서 넘어졌다. I tripped and fell while walking down the stairs.
- 계단에서 굴러 떨어졌다. I tumbled down the stairs.
- 누군가에 밀려서 넘어졌다. I was pushed down by someone.
- 빙판에서 미끄러져 넘어졌다. I slipped and fell on the ice.
- 너무 창피해서 얼굴이 빨개졌다. I felt so embarrassed that I blushed.
- 어깨를 다쳤다. I hurt my shoulder.
- 척추가 부러졌다. My spine was broken.
- 삔 발목이 크게 부어올랐다. My sprained ankle swelled so big.
- 발목에 얼음찜질을 했다. I applied an ice pack to my ankle.
- 부기가 가라앉았다. The swelling subsided.

Words & Expressions

trip 발이 걸려 넘어지다, 헛디디다 **tumble down** 넘어지다, 굴러 떨어지다 **spine** 등뼈, 척추 **subside** 가라앉다, 부기가 빠지다

- 부기가 금방 빠졌다. The swelling has gone down fast.
- 걷는 데는 별 문제가 없다. I don't have much trouble walking.
- 무릎의 인대가 늘어났다. The ligament in my knee was strained.
- 인대가 끊어졌다. My ligament is cut.
- 아킬레스건을 다쳤다. I injured my Achilles' tendon.
- 절뚝이며 걸었다. I walked with a limp.
- 심각한 부상이었다. It was a very serious injury.
- 축구를 하다가 다리를 다쳤다. I hurt my leg playing soccer.
- 다리가 부러졌다. I broke my leg.
  My leg was broken.
- 골절상을 입었다. I suffered a fracture.
- 다리 엑스레이를 찍었다. I had an X-ray of my leg taken.
- 다리가 세 군데 부러졌다. My leg was broken in three places.
- 수술을 받아야 했다. I had to have surgery.
- 다리에 깁스를 했다. My leg is in a cast.
  I have my leg in a cast.
- 목발로 다니고 있다. I am on crutches.
- 목발이 있어야 걸을 수가 있었다. I was able to walk on crutches.
- 목발을 짚고 돌아다니기가 어려웠다. It was difficult for me to walk around on crutches.
- 빨리 깁스를 풀고 싶다. I want to have my cast removed soon.
- 아무런 도움 없이 자유롭게 걷고 싶다. I want to walk freely without any aid.

Words & Expressions

ligament 인대 **limp** 절뚝거림 **fracture** 골절, 좌상 **crutch** 목발, 버팀목

11 치아 관리

치아 관리를 잘 해야 입 냄새가 나지 않죠. 입 냄새는 mouth smell이라고 하지 않고, bad breath 또는 foul breath라고 합니다. 아침에 일어나서 나는 입 냄새는 morning breath입니다. '그는 입 냄새가 심하다.'고 하려면 He has bad breath.라고 하면 됩니다.

• 양치를 하면 잇몸에서 피가 난다.	When I brush my teeth, my gums bleed.
• 잇몸에 종기가 생겼다.	I got an abscess on my gums.
• 잇몸이 부어올랐다.	My gums are swollen and often bleed.
• 입안에 염증이 생겼다.	I have inflammation in my mouth.
• 입안이 헐었다.	I have a small canker sore in my mouth.
• 혓바늘이 났다.	I have a rough tongue.
• 혀에 발진이 생겼다.	I had a cold sore on my tongue.
• 혀에 구강용 연고를 발랐다.	I put some oral ointment on my tongue.
• 입에서 고약한 냄새가 났다.	My mouth was stinky.
• 가끔 입 냄새가 난다.	Sometimes I have bad breath.
• 치석을 제거했다.	I had plaque removed from my teeth.
• 나는 요즈음 치아에 문제가 있다.	I have trouble with my teeth these days.
• 흔들리던 이 하나가 빠졌다.	I lost my baby tooth which had been loose.
• 충치 때운 것이 없어졌다.	My cavity filling disappeared.
• 이 하나가 부러졌다.	One of my teeth was chipped.
• 이 하나가 흔들렸다.	One of my teeth was loose.
• 이가 예민해졌다.	My teeth became sensitive.
• 찬 것에 이가 민감하다.	I have teeth sensitivity in response to cold.

Words & Expressions

abscess 종기, 농양 **canker** 구강궤양, 입안의 짓무름 **ointment** 연고, 고약 **stinky** 고약한 냄새가 나는, 악취가 나는 **cavity** 구멍, 충치 **filling** 때운 것, 채움, 충전 **chip** 작게 쪼개다 **in response to** ~에 반응하여

• 이가 누렇게 변했다.	My teeth have turned brown.
• 어금니 하나에 충치가 있었다.	I had a cavity in one of my molars.
• 단것을 좋아하기 때문일 것이다.	It may be because I like sweets.
• 단것을 좀 멀리해야겠다.	I need to keep away from all sweets.
• 충치가 생겼다.	I have tooth decay.
• 충치가 하나 있다.	I have a decayed tooth.
• 심한 치통이 있었다.	I had a terrible toothache.
• 이가 욱신욱신 쑤신다.	I have a throbbing toothache.
• 이가 아파서 귀까지 아팠다.	My toothache is also hurting my ears.
• 그 치아를 뽑아 버리고 싶었다.	I wanted to pull out the tooth.
• 제대로 씹지도 못했다.	I couldn't chew properly.
• 진통제를 먹었다.	I took a painkiller.
• 치과에 가는 것이 두려웠다.	I was afraid of going to the dentist's.
• 치과에 가는 것이 정말 싫었다.	I really hated seeing the dentist.
• 치과 예약을 했다.	I made a dental appointment.
• 치과에 갔다.	I went to see a dentist.
• 이를 치료받았다.	I had my teeth treated.
• 스케일링을 했다.	I had my teeth scaled.
• 이를 심어 넣었다.	I had a tooth implanted.
• 이 하나를 덧씌웠다.	I had a tooth recapped.
• 불소 도포를 했다.	I got fluoridized.
• 교정을 해야 한다.	I have to have my teeth corrected.
• 이에 교정기를 하고 있는 게 싫다.	I hate having braces in my mouth.

Words & Expressions

decayed 썩은　**implant** 심다, 끼워 넣다　**recap** 덧씌우다, 모자를 씌우다　**fluoridize** 불소 처리하다, 불소 도포하다　**brace** 치아 교정기, 버팀대

- 이를 반듯하게 하기 위해 교정기를 끼고 있다. I am wearing braces to straighten my teeth.
- 2년 동안 치아 교정기를 하고 있어야 했다. I had to wear my braces for two years.
- 치아 교정기를 풀었다. I had my braces removed.
- 이가 고르게 되었다. I've got straight teeth.
- 지금은 보정기를 하고 있다. I now wear a **retainer**.
- 6개월마다 치과에 간다. I visit a dental clinic every six months.
- 양치 후에 치실을 사용한다. I **floss** my teeth after brushing.
- 양치질은 위아래로 한다. I move my toothbrush up and down.
- 양치질을 할 수 없을 때는 물로 입을 헹군다. When I can't brush my teeth, I gargle with water.
- 매 식사 후에는 구강 청정제를 이용한다. I use mouthwash after each meal.

Words & Expressions

retainer 고정시키는 것, 보정기 **floss** 치실로 치아를 깨끗이 하다

12 시력

깜깜하거나 안개가 짙게 끼어서 앞이 잘 안 보이는 경우에는 I can't see well.이라고 할 수 있지만, 시력이 나빠서 잘 안 보일 때는 '올바르게, 적절하게'라는 뜻인 properly를 사용하여 I can't see properly.라고 해야 합니다.

• 먼 곳이 잘 안 보인다.	I have trouble seeing at a distance.
• 시력이 떨어지고 있다.	My eyesight is getting worse.
• 시력이 나빠지기 시작했다.	I am starting to have weak vision.
• 눈이 침침하다.	My eyes are blurry.
• 사물이 흐릿하게 보인다.	Things look blurry.
• 사물이 일그러져 보인다.	Things look distorted.
• 칠판 글씨가 잘 안 보인다.	I can't read the letters on the blackboard accurately.
• 나는 밤눈이 밝다.	I have the eyes of a cat.
• 나는 밤눈이 어둡다.	I have night blindness.
• 시력 검사를 했다.	I had my eyes examined.
• 내 시력은 1.0 / 1.0 이다.	I have 1.0 / 1.0 vision.
• 나는 시력이 좋다.	I have good vision.
	I have good eyesight.
• 나는 시력이 정상이다.	I have perfect vision.
• 나는 색을 잘 구별하지 못한다.	I can't distinguish colors.
• 그는 눈이 멀었다.	He is blind.
• 라식 수술을 받고 싶다.	I want to get LASIC surgery.
• 비타민 A가 시력에 좋다고 한다.	It is said that vitamin A enhances eyesight.
• 정기적으로 시력 검사를 받는다.	I get my eyes checked regularly.
• 안경 없이는 잘 보지 못한다.	I can't see straight without my glasses.

Words & Expressions

blurry 흐릿한, 또렷하지 않은 **distorted** 일그러진, 비뚤어진 **accurately** 정확하게 **enhance** 높이다, 강화하다

• 안경 없이는 책을 읽을 수 없다.	I can't read books without my glasses.
• 안경을 안 쓰면 사물이 겹쳐 보인다.	I see double without glasses.
• 안경을 쓰면 머리가 아프다.	When I wear my glasses, I have a headache.
• 안경 도수가 안 맞는 것 같다.	I think my glasses aren't right for me.
• 안경을 바꿔야 했다.	I needed to change my glasses.
• 안경 도수를 더 높여야 했다.	I had to make my eyeglasses stronger.
• 안경을 망가뜨렸다.	I broke my glasses.
• 안경테가 휘어졌다.	The frame of my glasses got bent.
• 안경테가 부러졌다.	The frame of my glasses is broken.
• 금테 안경을 샀다.	I bought gold-==rimmed== glasses.
• 무테안경으로 선택했다.	I chose ==rimless== glasses.
• 안경알에 흠집이 많이 났다.	My glasses were scratched.
• 안경알을 바꾸었다.	I had the lenses of my glasses replaced.
• 안경에 김이 서리면 정말 귀찮다.	It is annoying when my glasses get ==fogged up==.
• 더 잘 보이게 안경을 닦았다.	I cleaned my glasses in order to see better.
• 나는 콘택트렌즈를 낀다.	I wear contact lenses.
• 나는 일회용 렌즈를 사용한다.	I use ==disposable== contact lenses.
• 색깔이 있는 렌즈를 꼈다.	I put on colored contact lenses.
• 나는 렌즈를 끼면 눈이 아프다.	When I wear my contacts, they hurt my eyes.
• 자기 전에 렌즈를 뺐다.	I took out my contact lenses before going to bed.
• 렌즈 닦는 일이 싫다.	I hate cleaning my contact lenses.
• 렌즈 빼는 것을 잊었다.	I forgot to take out my contact lenses.

Words & Expressions

rimmed ~의 테로 된   **rimless** 테가 없는   **fog up** (수증기 등으로) 김이 서리다, 서리게 하다   **disposable** 사용 후 버리는, 일회용의

13 눈병

봄이면 꽃가루 때문에 눈병이 나는 것은 꽃가루에 대해 알레르기가 있어서 그런 경우가 많죠. 우리가 말하는 알레르기는 allergy를 독일식으로 발음한 것이고, 영어로는 [ǽlərdʒi]라고 발음해야 합니다. '꽃가루에 알레르기가 있다.'라고 하려면 I am allergic to pollen. 또는 I have an allergy to pollen.이라고 하면 됩니다.

• 오른쪽 눈에 다래끼가 났다.	I have a sty in my right eye.
• 눈병이 났다.	I have eye trouble.
	I have an eye problem.
• 눈이 피로해진 것 같다.	My eyes seem to get tired.
• 요즈음 눈이 예민해졌다.	My eyes became sensitive lately.
• 사물이 두 개로 보인다.	I have double vision.
• 아무런 이유 없이 눈물이 났다.	My eyes were watery for no reason.
• 눈이 충혈되었다.	My eyes have turned red.
	My eyes were bloodshot.
• 눈이 아팠다.	My eyes hurt.
• 눈에 뭐가 들어간 것 같았다.	I felt as if there were something in my eyes.
• 눈이 가려웠다.	My eyes itched.
	My eyes were itchy.
• 눈이 부었다.	My eyes were puffy.
• 눈이 따끔거렸다.	My eyes felt scratchy.
• 눈을 비볐다.	I rubbed my eyes.
• 속눈썹이 눈을 찔렀다.	My eyelashes got stuck in my eyes.
• 눈에 모래가 낀 것 같았다.	It felt like there was sand in my eyes.
• 눈을 빠르게 깜빡거렸다.	I blinked my eyes fast.
• 안과에 갔다.	I went to an ophthalmic clinic.

Words & Expressions

bloodshot 충혈이 된 **puffy** 부풀어 오른 **scratchy** 따끔거리는, 긁히는 **ophthalmic** 눈의, 안과의

• 유행성 결막염에 걸렸다.	I've got pinkeye.
• 눈을 치료받았다.	I had my eyes treated.
• 의사 선생님께서 눈을 비비지 말라고 하셨다.	The doctor told me not to rub my eyes.
• 다른 사람과 수건을 같이 쓰지 말라고 하셨다.	He told me not to share a towel with anybody.
• 눈에 안약을 넣었다.	I put some eye drops into my eyes.
• 눈에 안연고를 발랐다.	I applied eye ointment to my eyes.
• 오른쪽 눈에 안대를 했다.	I wore an eye patch over my right eye.

Words & Expressions

eye drop 떨어뜨려 넣는 안약   **ointment** 연고

14 귓병

다치거나 상처가 나서 아픈 통증은 pain이라 하고, 두통, 치통, 복통, 귀통증 등 몸의 일부에서 계속 무지근하게 느끼는 통증은 ache라고 합니다. 그래서 두통은 head pain이 아니라 headache로, 귀의 통증은 earache라고 표현합니다.

• 귀가 아팠다.	I had an earache.
• 귀에 염증이 생겼다.	I've got ear infections.
• 귀를 자주 파서 그런 것 같았다.	I thought it was because I often picked my ears.
• 귀가 울린다.	I have a ringing in my ears.
• 윙윙거리는 소리가 난다.	My ears hum.
• 가끔 환청이 들린다.	I sometimes have auditory hallucinations.
• 귀가 막힌 느낌이 든다.	My ears feel plugged up.
• 뭔가가 귀에 들어간 것 같다.	I feel something in my ear.
• 고막이 터질 뻔했다.	I almost split my eardrums.
• 나는 작은 소리는 잘 들리지 않는다.	My hearing is poor.
• 가끔 잘 안 들리지 않을 때가 있다.	Sometimes I have trouble hearing.
• 오른쪽 귀가 안 들리지 않는다.	I am deaf in my right ear.
• 보청기를 껴야 할 것 같다.	I need to wear a hearing aid.
• 그는 귀가 좀 어둡다.	He has poor hearing.
• 그는 귀가 안 들린다.	He is deaf.

Words & Expressions

hum 윙윙거리다   **hallucination** 환각, 환청   **plug up** 틀어막다   **deaf** 귀가 안 들리는, 귀먹은

15 응급 치료

응급 상황이 생기면 누구나 당황하게 됩니다. 서두르지 않고 침착하고 차분하게 일을 처리하는 것이 필요하죠. '급한 상황에서 당황하지 말고 침착하라.'라고 하려면 Don't panic!이라고 하세요. 그리고 흥분한 사람에게 진정하라고 할 때는 Calm down., 화가 나서 흥분되어 있는 사람에게 냉정을 찾으라고 할 때는 Keep your cool!이라고 하면 됩니다.

나는 위독한 상태였다.	I was in **critical** condition.
기절을 했다.	I **fainted**.
의식이 없었다.	I had lost **consciousness**.
심장이 뛰지 않고 맥박도 없었다.	My heart wasn't beating, and I had no pulse.
나는 혼수상태였다.	I was in a **coma**.
응급 처치가 필요했다.	I needed to receive **first aid**.
응급 치료를 받았다.	I received immediate attention.
의사가 여러 번 가슴을 눌렀다.	The doctor pressed on my chest several times.
그는 나에게 인공호흡을 했다.	He gave me mouth-to-mouth **resuscitation**.
다시 살아났다.	I was revived.
고비를 넘겼다.	I was over the crisis.
거의 죽음의 문턱까지 갔다 왔다.	I was almost at death's door.
기절했다가 의식이 돌아왔다.	I came back to consciousness.
적절한 응급 처치를 받았기 때문이다.	It was because I had properly received first aid.
이제는 위험에서 벗어났다.	I am now out of danger.
병원에서 치료를 잘 받았다.	I was well treated at the hospital.
병원에서 금방 회복이 되었다.	I recovered quickly in the hospital.

Words & Expressions

critical 비판적인, 위기의, 위독한　　**faint** 실신하다, 기절하다　　**consciousness** 자각, 의식　　**coma** 혼수상태　　**first aid** 응급 처치
resuscitation 부활, 소생

16 진찰

'식사를 하다'는 동사 have를 써서 have breakfast/lunch/dinner라고 하고 음료를 마실 때는 drink, 음식을 먹을 때는 동사 eat을 사용합니다. '약을 먹다'는 동사 take를 사용합니다.

• 진료 예약을 위해 전화를 했다.	I called for an appointment.
• 예약이 가능한 시간이 언제인지 물었다.	I asked when he was available.
• 진료 예약을 했다.	I made an appointment to see the doctor.
• 5시에 진료 예약이 있다.	I have a 5 o'clock appointment to see the doctor.
• 내 증상을 자세히 설명했다.	I described my **symptoms in detail**.
• 의사는 내게 병력이 있는지 물었다.	The doctor asked me whether I had my medical history.
• 그는 나의 체온과 혈압을 쟀다.	He checked my temperature and blood pressure.
• 진찰대에서 진찰을 받았다.	I was examined on the **stretcher**.
• 의사가 배를 누르며 진단했다.	The doctor pressed my stomach to diagnose my sickness.
• 누르면 아픈 부위가 있었다.	I had pain on the area he pressed.
• 그는 청진기로 내 심장 소리를 들었다.	He listened to my heart beat with a **stethoscope**.
• 그는 내게 언제부터 아팠는지 물었다.	He asked me when my pain had started.
• 그는 내게 약을 처방해 주었다.	He prescribed some medicine for me.
• 그는 나에게 당분간 좀 쉬라고 말했다.	He told me to take it easy **for the time being**.
• 그는 내게 과로하지 말라고 했다.	He told me not to **overdo** it.

Words & Expressions

symptom 증세, 증상 **in detail** 자세히 **stretcher** 들것, 진찰대 **stethoscope** 청진기 **for the time being** 당분간
overdo 지나치게 하다, 과로하다

보충어휘 안과 의사 **eye doctor, ophthalmologist** | 피부과 의사 **dermatologist** | 신경과 의사 **neurologist** | 정신과 의사 **psychiatrist** | 성형외과 의사 **plastic surgeon** | 방사선과 의사 **radiologist** | 치과 의사 **dentist**

17 병원 치료

'병원 건물에 간다'는 의미만 표현하려면 go to the hospital이라고 하지만, 진찰이나 치료를 받기 위해서 병원에 간다고 할 때는 go (to) see a doctor, go to a clinic, visit the doctor 등과 같이 씁니다.

증세가 점점 나빠지고 있다.	I am getting **worse and worse**.
전화로 왕진을 불렀다.	I **called for** a doctor over the phone.
특수 치료가 필요했다.	I needed a special remedy.
입원 치료가 필요했다.	I required hospital treatment.
병원에 입원을 해야 했다.	I needed to be hospitalized.
병원에서 치료를 받게 되었다.	I got to be treated at the hospital.
입원 절차를 밟았다.	I checked into the hospital.
입원 수속을 밟았다.	I applied for admission to the hospital.
병원에 입원했다.	I was **admitted** at the hospital.
나는 병원에 입원해 있다.	I am in the hospital.
종합병원으로 옮겼다.	I transferred to a general hospital.
의사가 나의 당뇨병을 치료했다.	The doctor treated me for my diabetes.
약물 치료를 하고 있다.	I am on **medication**.
나는 항생제 치료를 계속해야 했다.	I needed to continue taking **antibiotics**.
방사선 치료를 받았다.	I received radiation treatment.
링거 주사를 맞았다.	I was given an **intravenous** drip.
지금 수술에서 회복 중이다.	I'm recovering from my operation.

Words & Expressions

비교급+and+비교급 점점 더 ~한 | **call for** 요구하다, 청하다 | **admit** 수용하다 | **medication** 약물 치료 | **antibiotics** 항생물질 | **intravenous** 정맥의

보충어휘 진찰실 **consultation room** | 응급실 **emergency room** | 수술실 **operating room** | 중환자실 **intensive care unit** | 분만실 **delivery room** | 병동 **ward** | 청진기 **stethoscope** | 내시경 **endoscope** | 위 내시경 **gastroscope** | 산소 호흡기 **oxygen breathing apparatus** | 인공호흡기 **artificial respirator** | 체온계 **thermometer** | 주사기 **syringe** | 들것 **stretcher**

• 2주 동안 병원에 입원해 있었다.	I was hospitalized for a couple of weeks.
• 친구들이 병문안을 왔다.	My friends visited me at the hospital.
• 그들은 내게 쾌유를 비는 카드를 주었다.	They gave me a get-well card.
• 곧 건강해졌으면 좋겠다.	I hope I will get well soon.
• 상태가 좋아지기를 바라고 있다.	I am hoping my condition will improve.
• 증세가 점점 좋아지고 있다.	I am getting better and better.
• 상태가 눈에 띄게 좋아졌다.	My condition has **markedly** improved.
• 병이 나았다.	I was cured of a disease.
• 완쾌되었다.	I recovered completely.
• 병을 앓고 나서 다시 건강을 찾았다.	I regained my health after the illness.
• 진료비를 냈다.	I paid the doctor's fee.
• 병원에서 퇴원했다.	I left the hospital.
• 한의원에 갔다.	I went to a clinic for **oriental** medicine.
• 한의사가 맥박을 쟀다.	The oriental medical doctor checked my pulse.
• 침을 맞았다.	I had **acupuncture** done.
• 감기에 걸리면 갈근탕을 먹는다.	When I have a cold, I take KalgunTang.
• 나는 일 년에 두 번 한약을 먹는다.	I take oriental herbal medicine twice a year.
• 엄마가 나를 위해 한약을 달이셨다.	My mom boiled down medical herbs for me.
• 한약은 너무 써서 싫다.	The Chinese medicine is so bitter that I don't like it.
• 요즘 나는 보약을 먹고 있다.	I'm taking some **restorative** medicine these days.

Words & Expressions

markedly 현저하게, 눈에 띄게   **oriental** 동양의, 동양식의   **acupuncture** 침술, 침 요법   **restorative** 건강을 회복시키는

18 약

어디든 아프면 약을 먹어야 하는데, 약을 먹는다고 할 때는 동사 eat이나 have를 쓰지 않고 take로 표현합니다. 어떤 구체적인 먹을거리를 먹을 때는 eat이나 have, 음료를 마실 때는 drink, 벌컥벌컥 마시면 gulp, 홀짝 마시면 sip, 꿀꺽 삼키면 swallow, 게걸스럽게 먹는 것은 devour라고 하고, 약이나 식사를 걸렀을 경우는 skip을 사용하세요.

• 처방전을 가지고 약국에 갔다.	I went to the pharmacy with the **prescription**.
• 약사가 처방전대로 약을 지어 주었다.	The pharmacist **filled the prescription**.
• 고통을 덜어줄 약이 필요했다.	I needed some medicine to relieve my pain.
• 처방전 없이 약을 살 수 없었다.	I couldn't buy any medicine without a prescription.
• 처방전 없이 살 수 있는 약을 몇 가지 샀다.	I bought some **over-the-counter** medicine.
• 소독약, 붕대, 밴드를 샀다.	I bought a **disinfectant**, a bandage and band-aids.
• 약사가 복용법을 설명해 주었다.	The pharmacist explained the **dosage**.
• 그 약은 씹어 먹으라고 했다.	He told me to chew the medicine.
• 나는 가루약을 먹는 것이 싫다.	I don't like to take powdered medicine.
• 6시간마다 약을 먹었다.	I took the medicine every 6 hours.
• 그 약은 공복에 먹어야 했다.	I had to take the medicine on an empty stomach.
• 약이 매우 쓴맛이 났다.	The medicine tasted very bitter.
• 복용량을 좀 줄여야겠다.	I need to reduce the dosage.
• 그 약을 먹으니 졸렸다.	The medicine made me **drowsy**.
• 그 약은 졸음을 일으킨다.	The medicine causes drowsiness.
• 약을 먹고 좀 나아졌다.	After taking medicine, I felt better.

Words & Expressions

prescription 처방전 **fill the prescription** 처방전대로 조제하다 **over-the-counter** 의사의 처방 없이 살 수 있는 **disinfectant** 소독약, 살균제 **dosage** 복용법 **drowsy** 졸리게 하는, 졸린

- 그 약을 먹으니 몸이 좀 나아졌다. — The medicine made me feel better.
- 그 약은 효과가 좋은 것 같았다. — The effect of the medicine seemed to be good.
- 그 약은 효과가 좋았다. — The medicine was effective.
- 그 약은 효능이 좋았다. — The effect of the medicine was good.
- 그 약을 먹자마자 효력이 나타났다. — The medicine **worked on** me instantly.
- 그 약은 즉시 약효를 나타냈다. — The medicine showed its effect immediately.
- 그 약은 신기하게 잘 들었다. — The medicine worked like magic.
- 타이레놀 한 알이 내 두통을 말끔히 씻어 주었다. — One Tylenol cleared up my headache.
- 아스피린을 먹은 후 통증이 약해졌다. — After taking an aspirin, the pain decreased.
- 약의 부작용이 있었다. — There were **side effects** of the medicine.
- 그 약은 아무런 효과가 없었다. — The medicine had no effect.
- 나는 종종 민간요법을 사용한다. — I often use home remedies.
- 나는 웃음이 약이라고 생각한다. — I think laughter is the best medicine.

Words & Expressions

work on ~에 효험이 있다, 작용하다　**side effect** 부작용

CHAPTER 13
학교생활

01 학교   229
02 수업   231
03 공부   236
04 시험   237
05 성적   240
06 선생님   242
07 영어   243
08 숙제   245
09 학원   247
10 방학   248
11 대학 입시   250
12 대학 생활   252

01 학교

go to work(일하러 가다), go to church(예배 보러 가다, 교회에 다니다), go to bed(잠자리에 들다)처럼 장소 앞에 관사를 쓰지 않는 경우가 있는데, 그 장소 자체에 간 사실을 이야기하는 것보다는 그곳에 간 목적을 나타내는 표현입니다.

• 나는 고등학교에 다닌다.	I go to high school.
	I attend high school.
• 나는 ~ 중학교 학생이다.	I am a ~ junior high school student.
• 나는 사립 학교에 다니고 있다.	I am attending a **private** school.
• 나는 고등학교 2학년 2반 2번이다.	I am in high school, 2nd grade, class 2, number 2.
• 올해 학교에 입학했다.	I entered school this year.
• ~학교로 전학을 갔다.	I transferred to ~ school.
• 우리 집은 학교에서 꽤 멀다.	My school is quite far from my house.
• 엄마가 차로 학교에 데려다 주신다.	My mom drives me to my school.
• ~에서 다른 버스로 갈아타야 한다.	I have to transfer to another bus at ~.
• 우리 학교는 집에서 그리 멀지 않다.	My school is not that far from my house.
• 우리는 매시간 10분씩 쉰다.	We have a 10-minute break every hour.
• 4교시가 끝나고 점심시간이 있다.	We have lunch break after fourth period.
• 저녁 7시에 학교에서 돌아온다.	I come home from school at 7 in the evening.
• 오늘 학교에서 재미있었다.	I had fun at school today.
• 학교에서의 틀에 박힌 일상이 지겹다.	I am tired of the same school **routines**.
• 내일은 학교에 가지 않는다.	I have no school tomorrow.
• 학교에서는 교복을 입어야 한다.	I have to wear a school uniform at school.

Words & Expressions

private 사립의(⇔ public 공립의) **routine** 일상, 틀에 박힌 일과

보충어휘 | 유치원 **kindergarten** | 초등학교 **elementary school, primary school** | 중학교 **junior high school, middle school** | 고등학교 **high school** | 상업고교 **commercial high school** | 공업고교 **technical high school** | 농업고교 **agricultural high school** | 대안학교 **alternative school** | 전문대학 **junior college** | 종합대학 **university**

- 교복 재킷에 명찰을 단다. I have my name tag on my school jacket.
- 머리를 짧게 해야 한다. I have to keep my hair short.
- 염색이 허용되지 않는다. I am not allowed to dye my hair.
- 머리 염색은 교칙에 어긋난다. Dying hair is against school rules.
- 학교 건물 안에서는 슬리퍼를 신는다. We wear mules in the school building.
- 나는 항상 교칙을 지키려고 노력한다. I always try to obey school rules.
- 가끔 학교 규칙을 어긴다. I sometimes break school rules.
- 교칙을 어기면 벌점을 받는다. If we violate school rules, we get black marks.
- 늦잠을 자서 지각을 했다. I was late for school because I overslept.
- 지각을 하지 말라는 주의를 받았다. I was warned not to be late.
- 이제부터 시간을 잘 지킬 것이다. I will be punctual from now on.
- 학교를 조퇴했다. I left school early.
- 학교가 끝나기 전에 집에 왔다. I went home before school was over.
- 수업 시간을 빼먹었다. I skipped class.
  I played hooky.
- 학교에 결석했다. I was absent from school.
- 학교를 그만두고 싶다. I want to drop out.
- 정학당했다. I got suspended from school.
- 퇴학당했다. I was expelled from school.
- 학교를 졸업했다. I graduated from school.

Words & Expressions

against ~에 어긋나는, 거스르는　**mules** 뒤축 없는 슬리퍼　**black mark** 벌점　**suspended** 정지된, 정학당한　**expel** 쫓아내다, 몰아내다, 퇴학시키다

02 수업

보충 학습을 위해 선생님께서 작성하여 주시는 복사물을 우리는 흔히 '프린트'라고 합니다. 원어민은 '프린트'라고 하면 무슨 말인지 이해를 못하죠. '프린트'라고 하지 않고 handouts 또는 printouts라고 해야 합니다.

• 선생님께서 출석을 부르셨다.	The teacher called the roll.
• 큰 소리로 대답했다.	I answered the roll loudly.
• 모든 학생이 출석했다.	All the students were present.
• 결석생이 없었다.	There were no students absent.
• 수학 수업은 매우 흥미로웠다.	The math class was very interesting.
• 영어를 제외하고는 모든 과목이 다 싫다.	I dislike all subjects except English.
• 과학 시간에 화학 실험을 했다.	We did a Chemistry experiment in science class.
• 사회 시간에 종교적인 문제점에 대해 공부했다.	In the social study class, we studied religious problems.
• 체육 선생님께서 줄넘기를 가르쳐 주셨다.	My P.E. teacher taught us how to skip.
• 미술 시간에 만들기를 했다.	We **crafted** things in art class.
• 미술 시간에 찰흙으로 동물들을 만들었다.	I made animals of clay in art class.
• 나는 뭘 만드는 데 소질이 없다.	I am poor at making things.
• 오늘 갑자기 쪽지 시험을 봤다.	We had a **pop quiz** today.
• 선생님의 침이 내 얼굴에 튀었다.	The teacher's **spit** spattered on my face.
• 5명씩 조를 짜서 토론을 했다.	We formed groups of five and had a discussion.

Words & Expressions

craft ~를 정교하게 만들다　**pop quiz** 예고 없이 보는 시험　**spit** 뱉다, 침

보충어휘 | 문학 **literature** | 윤리 **ethics** | 한문 **Chinese character** | 물리 **physics** | 지리 **geography** | 가정 **home economics** | 기술 **manual training** | 체육 **physical education** | 도덕 **moral education** | 영어 독해 **English reading comprehension** | 지구과학 **earth science** | 세계사 **world history** | 철학 **philosophy** | 심리학 **psychology** | 경제 **economics**

• 조별로 문제 해결 방법을 토론했다.	We discussed how to solve the problem.
• 나는 토론에 적극적으로 참여했다.	I actively took part in the discussion.
• 우리는 정말 열띤 토론을 벌였다.	We had a really **animated** discussion.
• 나는 그 문제의 중요성을 강조했다.	I **emphasized** the importance of the problem.
• 아무도 내 의견을 귀담아듣지 않는 것 같았다.	I thought no one listened to my opinion.
• 그들은 내 생각에 동의하지 않았다.	They disagreed with my thoughts.
• 그것에 대한 의견을 더 듣고 싶었다.	I wanted to get a few more opinions about that.
• 그들의 의견에 열심히 귀를 기울였다.	I **was all ears to** their opinions.
• 내 생각을 조리 있게 설명했다.	I explained my thoughts **articulately**.
• 나는 그의 제안에 찬성했다.	I agreed on his proposal.
• 우리는 만장일치로 그의 아이디어에 동의했다.	We **unanimously** agreed on his idea.
• 나는 그것에 전적으로 찬성했다.	I was all for that.
• 나는 그의 의견에 반대했다.	I objected to his opinion.
	I was against his opinion.
	I disagreed with his opinion.
• 발표할 것을 준비하고 있다.	I am preparing my presentation.
• 조사해야 할 자료가 많았다.	There were many materials to look into.
• 드디어 발표할 준비가 끝났다.	Finally I finished preparing the presentation.
• 전체 학급 앞에서 발표를 했다.	I gave a presentation in front of the whole class.
• 모두의 시선이 나에게 집중되었다.	All the eyes were focused on me.
• 웃음거리가 될까 봐 걱정이 되었다.	I was afraid of making a fool of myself.

Words & Expressions

animated 생기 있는, 활기에 넘치는   **emphasize** 역설하다, 강조하다   **be all ears to** ~에 귀를 기울이다   **articulately** 또박또박 명확하게, 조리 있게   **unanimously** 만장일치로, 이의 없이

- 긴장되었지만 잘 해냈다. — I was very nervous, but I did well.
- 너무 초조해서 손이 떨렸다. — I was so nervous that my hands trembled.
- 내 능력 밖이었다. — It was above my head.
- 의미를 파악할 수가 없었다. — I couldn't catch the meaning.
- 그 수업을 따라갈 수가 없었다. — I couldn't catch up with the class.
- 수업 중에 친구들에게 장난을 쳤다. — I **played a trick on** my friends during class.
- 수업 시간에 짝꿍과 이야기를 했다. — I talked to my partner in class.
- 선생님의 말씀에 주의를 기울이지 않았다. — I didn't pay attention to the teacher.
- 책을 보는 척하면서 만화책을 읽었다. — I read a comic book while pretending to read the textbook.
- 머리가 아파서 양호실에 갔다. — I had a headache, so I went to the school nurse's office.
- 수업 시간에 주의가 산만했다. — I got **distracted** in class.
- 나는 선생님의 지시를 따르지 않았다. — I didn't follow the teacher's instructions.
- 수업 시간 내내 졸았다. — I dozed through my class.
- 졸음을 쫓으려고 애썼다. — I tried to shake off my sleepiness.
- 지루해 죽을 뻔했다. — I was bored to death.
- 우리 선생님은 늘 학생을 칭찬하신다. — My teacher always speaks well of the students.
- 선생님께 칭찬을 들었다. — I was praised by the teacher.
- 그는 나에 대해 극찬을 하셨다. — He **spoke highly of** me.
- 그는 나를 칭찬해 주셨다. — He paid me a compliment.
- 내가 시간을 잘 지킨다고 칭찬해 주셨다. — He praised my **punctuality**.
- 칭찬의 말을 들으니 기분이 좋았다. — It felt good to hear words of praise.

Words & Expressions

play a trick on ~를 속이다, ~에게 장난치다   **distract** 흩뜨리다, 혼란스럽게 하다   **speak highly of** ~를 극구 칭찬하다
punctuality 시간 엄수, 정확함

• 칭찬을 받자 나는 기분이 우쭐해졌다.	When I was praised, I felt proud.
• 선생님께 꾸중을 들었다.	I was scolded by the teacher.
• 거짓말을 해서 꾸중을 들었다.	I was scolded for having lied.
• 꾸중을 들어서 부끄러운 생각이 들었다.	I felt ashamed that I had been scolded.
• 선생님은 문제 학생을 매로 때리신다.	My teacher gives troublemakers the stick.
• 그는 회초리로 손바닥을 때리셨다.	He hit me on the palm with a stick.
• 나는 선생님께 종아리를 맞았다.	I was **whipped** on the calves by the teacher.
• 나는 선생님과 문제가 많다.	I have many problems with my teacher.
• 수업 중에 떠들어서 벌을 받았다.	I was punished for talking in class.
• 선생님께서 우리에게 질문을 하나 하셨다.	My teacher asked us a question.
• 질문에 대한 답을 알고 있었다.	I had the right answer to the question.
• 자신 있게 그 질문에 대답했다.	I answered the question with confidence.
• 내 대답은 모든 점에서 정확했다.	My answer was accurate in every detail.
• 정답을 말해서 칭찬을 받았다.	I was praised for the right answer.
• 그는 다른 학생들보다 월등히 뛰어나다.	He is much better than the other students.
• 그는 걸어 다니는 백과사전이다.	He is a walking encyclopedia.
• 그는 성취동기가 강하다.	He is highly motivated.
• 그는 정말 열심히 공부하는 학생이다.	He is a really hardworking student.
• 그는 뭐든지 아는 체한다.	He is a real **know-it-all**.
• 그는 모든 것을 아는 듯이 말한다.	He talks as though he knew all about it.
• 그는 학교에서 자주 문제를 일으킨다.	He is a troublemaker at school.
• 그는 항상 수업 시간에 늦는다.	He is always late for class.
• 그는 밥 먹듯이 결석을 한다.	He doesn't appear at school so often.
• 그는 가끔 수업을 빼먹는다.	He skips class **once in a while**.

Words & Expressions

whip 채찍질하다, 매로 때리다 **know-it-all** 아는 체하는 사람 **once in a while** 가끔, 때때로

- 그는 오후 수업을 땡땡이쳤다. He cut the afternoon classes.
- 그는 기분이 나쁘면 친구들을 때린다. When he feels bad, he hits his friends.
- 그는 수업 시간에 큰 소리로 떠든다. He talks loudly during class.
- 그는 복도를 뛰어다닌다. He runs in the hallway.
- 그는 선생님들의 지시를 무시한다. He disregards the teachers' instructions.
- 그는 자주 학교를 빠진다. He is absent from school often.
- 그는 절대 숙제를 하지 않는다. He never does his homework.
- 그는 자기 하고 싶은 대로 한다. He does what he likes.
- 그의 행동은 참 거칠다. He runs wild.
- 그는 무엇이든지 제멋대로이다. He does everything his own way.
- 그는 항상 문제를 일으킨다. He is always getting into trouble.
- 그는 선생님께 자주 말대꾸를 한다. He often talks back to the teachers.
- 그는 타고난 반항아인 것 같다. He seems to be a born rebel.

Words & Expressions

run wild 행동이 거칠다, 난폭하다   **talk back** 말대꾸하다   **born** 선천적인, 타고난   **rebel** 반항아, 반역자

03 공부

study가 '공부하다'라는 뜻이라고 해서 공부를 잘한다는 표현을 study well이라고 하면 안 됩니다. study well이라고 하면 좋은 자세로 열심히 공부를 잘한다는 말이죠. 학습 내용을 잘 받아들여 성적이 좋다는 의미의 '공부를 잘한다.'는 말은 I do well in school.이라고 합니다. 반대로 공부를 못하는 경우는 I do poorly in school.이라고 합니다.

- 나는 학교에서 공부를 잘한다. I do well in school.
- 나는 학교에서 공부를 못한다. I do poorly in school.
- 공부를 게을리했다. I neglected my studies.
- 수학 공부를 하려고 책을 폈다. I opened the book to study math.
- 숙제 내준 문제들을 풀었다. I worked on the take-home test.
- 영어를 복습했다. I brushed up on English.
- 가끔 예습을 한다. I preread my lessons once in a while.
- 공부를 열심히 해야겠다고 다짐했다. I made a decision to study hard.
- 많은 내용을 외우려고 노력했다. I tried to learn a lot of information by heart.
- 각 과목 공부를 철저히 하는 것이 중요하다. It is important to master each subject.
- 아는 것이 힘이다. Knowledge is power.
- 공든 탑이 무너지랴. Hard work is never wasted.
- 엄마는 공부에 대해 계속 잔소리를 하신다. Mom keeps nagging me about studying.
- 엄마의 끊임없는 잔소리에 짜증난다. I am irritated by mom's constant nagging.
- 엄마의 설교를 더 이상 듣고 싶지 않다. I don't want her lecture any longer.
- 나를 그냥 혼자 내버려 뒀으면 좋겠다. I want her to leave me alone.
- 엄마는 나에게 할 수 있는 한 열심히 공부하라고 말씀하셨다. Mom asked me to study as hard as I could.
- 엄마를 실망시키지 않도록 열심히 공부할 것이다. I will work hard so as not to let her down.

Words & Expressions

brush up 공부를 다시 하다, 복습하다   **lecture** 강의, 설교, 훈계   **let down** 실망시키다

04 시험

시험을 본다고 할 때, '보다'라고 해서 무조건 see를 쓰지 않습니다. 시험을 보는 것은 시험지만 쳐다보는 것이 아니라 문제를 푸는 것까지 포함된 의미이므로 '시험을 치르다'라는 표현을 써야겠지요. '시험을 보다', '시험을 치르다'는 동사 take나 have를 사용해서 take/have an exam이라고 합니다.

• 우리는 1년에 네 번 시험을 치른다.	We have examinations four times a year.
• 학기마다 중간 및 기말시험을 치른다.	Each semester, we have midterm and final exams.
• 다음 주에 중간고사가 시작된다.	The midterm exams begin next week.
• 시험이 바로 코앞이다.	Exams are around the corner.
• 중간고사가 다가온다.	Midterms are coming up.
• 시험 준비로 매우 바빴다.	I was very busy preparing for the test.
• 시험 전에 배운 것을 복습했다.	Before the exam, I reviewed what we learned.
• 시험을 위해 평소보다 더 열심히 공부했다.	I studied for the exam harder than usual.
• 쉬지도 않고 열심히 공부했다.	I studied hard without any break.
• 시험에 대비해서 벼락치기 공부를 했다.	I **crammed** for the examination.
• 막판에 가서 공부를 시작했다.	I began to study at the last minute.
• 하루 온종일 놀지도 않고 공부만 했다.	I spent all day studying without playing.
• 많은 것들을 외웠다.	I memorized many things.
• 시험은 내게 많은 스트레스를 준다.	The exams stress me out.
• 시험 때문에 스트레스를 많이 받았다.	I was stressed a lot because of the exams.
• 자고 싶은 생각이 간절했다.	I was **dying to go** to bed.
• 공부에 집중이 잘 안 됐다.	I had trouble **concentrating on** studying.
• 열심히 공부하는 척했다.	I pretended to study hard.

Words & Expressions

cram 벼락치기로 공부하다　**dying to**+동사원형 매우 ~하고 싶어 하는　**concentrate on** ~에 집중하다

• 무슨 공부를 해야 할지 모르겠다.	I don't know what to study.
• 오늘 성취도 평가가 있었다.	Today we had achievement tests.
• 모의고사를 보았다.	We had a **mock** test.
• 시험 치기 전에 매우 긴장되었다.	I was very nervous before the exams.
• 어제부터 긴장해 있었다.	I have been very nervous since yesterday.
• 긴장을 풀기 위해 노력했다.	I tried to stay relaxed.
• 가슴이 두근거렸다.	My heart was pounding.
• 오늘은 내게 중요한 날이었다.	Today was **crucial** for me.
• 시험에서 커닝을 했다.	I **cheated** on an exam.
• 답을 모르는 문제가 많았다.	I had many questions that I didn't know the answers to.
• 시험 중에 이야기하면 안 된다.	We are not allowed to talk during the exams.
• 답을 찍어야 했다.	I had to **guess** on questions.
• 되는대로 답을 선택했다.	I chose the answers **at random**.
• 운이 좋게도 그 답이 맞았다.	Luckily, the answer was right.
• 그 문제가 시험에 나왔다.	The question was asked in the exam.
• 예상했던 것보다 시험이 쉬웠다.	The exam was easier than I expected.
• 시험이 내가 예상했던 것과 달랐다.	The exam was different from what I expected.
• 빈칸 채우기 문제가 몇 개 나왔다.	There were a few fill-in-the-blank questions on the test.
• 대부분의 문제는 선다형 문제였다.	Most questions were **multiple-choice**.
• 함정이 있는 문제를 틀렸다.	I missed the **tricky** question.
• 몇 문제는 내 능력 밖이었다.	Some questions were beyond my ability.

Words & Expressions

mock 모의의, 가짜의 **crucial** 중요한, 결정적인 **cheat** 커닝하다, 속이다, 사기 치다 **guess** 추측하다, 추정하다 **at random** 임의로, 되는대로 **multiple-choice** 선다형의 **tricky** 속이는, 교묘한

• 그 문제는 너무 어려워서 풀 수가 없었다.	The question was too difficult for me to solve.
• 문제를 푸는 동안 최선을 다했다.	I did my best while answering the questions.
• 시간 가는 줄 몰랐는데 시간이 다 됐다.	Before I knew it, the time was up.
• 시간 안에 문제를 다 풀지 못했다.	I couldn't finish my exam on time.
• 서둘러 답안을 작성했다.	I filled out the answer sheet in a hurry.
• 몇 문제를 놓쳤다.	I missed some questions.
• 오늘이 시험 마지막 날이었다.	Today was the last day of exams.
• 시험이 끝나니 홀가분했다.	After the exams, I felt free.
• 시험을 잘 봤다.	I did well on the exam.
• 시험에 합격했다니 운이 좋았다.	I lucked out to pass the test.
• 시험을 망쳤다.	I blew the exam.
	I messed up on the exam.
• 수학 시험을 망쳤다.	I failed my math test.
• 수학 시험에서 낙제했다.	I flunked my math exam.
• 수학 과목에서 재시험을 치뤄야 한다.	I have to take a make-up test in mathematics.
• 다음에는 최선을 다해 더 잘할 것이다.	I'll do my best to do better next time.
• 오늘 시험 결과가 나왔다.	The exam results came out today.
• 다음 주에 성적표를 받게 될 것이다.	I will get my report card next week.

Words & Expressions

mess up 엉망으로 만들다, 망치다   **flunk** 실패하다, 낙제하다

05 성적

1등 성적표를 받았다면 기분은 최고일 것입니다. It couldn't be better. 즉, '더할 나위 없이 좋다.'는 말이죠. 꼴찌 성적표를 받고 나서의 기분은 최악이겠군요. It couldn't be worse. 이는 더 이상 나빠질 수 없을 정도로 최악의 상태라는 표현입니다. 어떤 표현을 하고 싶은가요? '최고야'를 외칠 수 있도록 정진하세요.

• 성적이 좋았다.	I made good grades in my studies.
• 나는 학급에서 성적이 제일 좋다.	I am first in my class.
• 내가 일등을 했다.	I rank highest in my class.
• 내가 우리 반에서 일등이다.	I am at the top of my class.
• 100점 만점에 90점을 맞았다.	I got 90 points out of 100.
• 과학 시험에서 만점을 받았다.	I got a perfect score on my science test.
• 영어 성적이 좋았다.	I did well in English.
• 영어에서 좋은 점수를 받았다.	I got a good grade in English.
• 한 문제만 틀렸다.	I missed just one question.
• 학급에서 2등을 했다.	I am second in my class.
• 나는 우등생이다.	I have honors in my class.
• 성적 우수 장학금을 받았다.	I got an academic scholarship.
• 내 성적은 그저 그렇다.	I have fair grades.
• 나는 학교 성적이 중간 이상은 된다.	My school grades are above average.
• 나는 평균 성적이다.	I have average grades.
• 나는 우리 반에서 성적이 중간쯤이다.	I rank in the middle of my class.
• 내 성적은 평균에 못 미친다.	I am below average.
• 학교에서 공부를 잘 못한다.	I am doing poorly in school.
• 학교에서 성적이 좋지 않다.	I am getting poor grades in school.
• 나는 영어 성적이 나빴다.	I didn't do well in English.

Words & Expressions

honor 우등, 우승, 명예 **fair** (성적이) 나쁘지 않은, 보통인 **rank** 정렬시키다, 서열이 ~이다

- 영어에서 나쁜 점수를 받았다.   I got a poor grade in English.
- 영어에서 50점밖에 못 맞았다.   I only got a 50 in English.
- 생각했던 것만큼 잘하지 못했다.   I didn't do as well as I expected.
- 물리와 지리는 엉망이었다.   I did terribly in physics and geography.
- 나는 우리 반 아이들보다 훨씬 뒤떨어진다.   I am far behind my classmates.
- 나는 우리 반에서 꼴찌다.   I got the worst grade in my class.
- 성적표를 부모님께 보여 드리지 않았다.   I didn't show my report card to my parents.
- 다른 아이와 비교되는 것이 정말 싫다.   I really hate to be compared with others.
- 나는 기억력이 나쁜 것 같다.   I think I have a bad memory.
- 성적을 올려야만 한다.   I need to improve my grades.
- 행복은 성적순이 아니다.   Happiness doesn't always depend on the rank of the grades.
- 이번 학기에 성적이 올랐다.   My grades have improved this semester.
- 성적이 점점 더 좋아지고 있다.   My grades are improving.
- 성적이 오른 것에 만족한다.   I am satisfied with my improved grades.

06 선생님

선생님이나 부모님의 말씀은 그냥 듣는 게 아니라 귀 기울여 들어야 하죠. 그냥 들려오는 소리를 듣게 되는 것은 hear, 귀를 기울여 잘 들으려고 하는 것은 listen to를 써야 합니다.

• 우리 수학 선생님은 정말 훌륭하시다.	My math teacher is excellent.
• 나는 실력 있는 선생님이 더 좋다.	I prefer a competent teacher.
• 우리 영어 선생님은 친절하고 다정하시다.	My English teacher is kind and tender
• 그분은 내가 본받고 싶은 분이다.	He is my role model.
• 많은 학생들이 그분을 존경한다.	Plenty of students look up to him.
• 그 선생님은 유머 감각이 있으시다.	The teacher has his sense of humor.
• 그 선생님은 아주 좋으신 분이다.	He is as good a teacher as can be.
• 그 선생님은 꽤 진보적이시다.	The teacher is quite progressive.
• 우리 담임 선생님은 매우 관대하시다.	My homeroom teacher is very generous.
• 그는 일찍 끝내 주시지 않는다.	He doesn't let us go early.
• 그 선생님은 항상 우리를 짜증나게 한다.	The teacher always annoys us.
• 그 선생님은 우리에게 자주 벌을 주신다.	The teacher often punishes us.
• 그들이 내게 해 준 것에 대해 진심으로 감사드린다.	I really appreciate what they have done for me.
• 지금의 나는 선생님들 덕분이다.	I owe what I am to my teachers.
• 선생님들께 어떻게 감사의 표시를 해야 할지 모르겠다.	I don't know how to express my gratitude to my teachers.

Words & Expressions

look up to ~을 존경하다(⇔ look down on) **as ~ as can be** 더할 나위 없이 ~한

[보충 어휘] 교직원 **school staff** | 교장 **principal** | 교감 **vice-principal** | 부장교사 **head teacher** | 담임교사 **homeroom teacher** | 양호교사 **school nurse** | 사서교사 **librarian** | 상담교사 **school counselor** | 진로상담교사 **guidance counselor** | 임시교사 **substitute teacher** | 과학보조 **science assistant** | 영양사 **dietitian** | 조리사 **cook** | 학교 수위 **school guard**

07 영어

아무리 영어공부를 해도 영어가 어렵다고요? 그렇다고 좌절하면 안 되죠. '좌절 금지'를 이모티콘으로 No OTL로 나타내는데, 이는 OTL의 모습이 엎드려서 고개를 떨구고 좌절하는 모습과 비슷해서라고 합니다. 하지만 OTL은 영어로 Out Of Lunch의 약어로 '부주의한', '몰상식한'의 의미이기 때문에 외국인들은 No OTL을 우리가 생각하는 '좌절 금지'로 이해하지 못할 수도 있습니다.

- 어디에서나 영어가 필수인 것 같다. — English seems to be **required** everywhere.
- 나는 5년 넘게 영어를 공부하고 있다. — I have been studying English for more than 5 years.
- 알파벳만 봐도 현기증이 난다. — My head is **swimming** just looking at the alphabet.
- 외국인이 하는 말을 알아들을 수가 없다. — I can't understand what foreigners say to me.
- 영어 때문에 가끔 좌절한다. — Sometimes I am frustrated because of English.
- 영어라면 누구에게도 뒤지고 싶지 않다. — I want to be **second to none** in English.
- 내 의견을 영어로 잘 표현하지 못한다. — I can't express my opinion well in English.
- 그는 영어를 원어민처럼 말한다. — He sounds like a native speaker.
- 나는 정말 영어를 유창하게 말하고 싶다. — I wish I could speak English fluently.
- 영어를 완전히 정복하고 싶다. — I want to master English completely.
- 영어 공부는 하루아침에 되는 것이 아니다. — Learning English **takes time**.
- 연습을 해야만 완벽해진다. — Practice makes perfect.
- 듣기를 위해서 TV 영어 프로그램을 본다. — For listening, I watch English programs on TV.
- 자막 없이 영어로 된 영화를 본다. — I watch English movies without **subtitles**.

Words & Expressions

require ~를 필요로 하다, 요구하다   **swimming** 현기증이 나는   **second to none** 어느 누구에게도 뒤지지 않는   **take time** 시간이 걸리다   **subtitle** 부제, 자막

- 항상 영어 테이프를 듣는다.
- 몇 단어는 영어 발음이 잘 안 된다.
- 녹음기를 가지고 발음을 연습한다.
- 영어를 소리 내어 연습한다.
- 내 발음을 확인하기 위해 녹음을 한다.
- 부정확한 발음을 교정해야겠다.

- 나는 어휘력이 부족하다.
- 어휘력을 좀 늘려야 한다.
- 매일 새로운 단어를 암기한다.
- 나는 영작 훈련이 필요하다.
- 영어로 이메일이나 일기를 쓴다.
- 영어로 글을 더 잘 쓰기 위해 더 자주 연습해야겠다.
- 나는 매일 영어 에세이를 읽는다.
- 실수할까봐 두려워도 영어로 말하려고 한다.
- 원어민과 대화할 수 있는 기회가 있었으면 좋겠다.
- 원어민처럼 영어로 말을 잘하고 싶다.

I always listen to my tapes in English.
I can't pronounce some words well.
I practice pronunciation with a recorder.
I practice making the sounds of English.
I record myself to check my pronunciation.
I need to correct my incorrect pronunciation.

I have a **limited** vocabulary of English.
I need to increase my vocabulary.
I memorize new words every day.
I need the **discipline** of writing in English.
I write e-mails or keep a diary in English.
I need to practice it more often to write in English better.
I read English essays every day.
I try to speak English even when I am afraid of making mistakes.
I wish to have opportunities to talk with nativespeakers.
I wish to speak almost as well as a native speaker.

Words & Expressions

limited 제한된, 많지 않은 **discipline** 훈련, 단련

08 숙제

숙제는 homework 또는 assignment라고 하지만, 대학에서 학기마다 제출해야 하는 보고서를 리포트라고도 하죠. 그런 리포트를 영어로는 report라고 하지 않고 paper라고 하는데, 주로 학기말에 제출하는 경우가 많아서 term paper라고 합니다. report는 조사나 연구 결과를 쓴 보고서나 논문을 가리키는 말입니다.

• 선생님께서 숙제를 너무 많이 내주셨다.	The teacher **assigned** us too much homework.
• 숙제가 많아서 부담이 된다.	A lot of homework **burdens** me.
• 숙제를 먼저 하는 게 좋겠다.	I had better do my homework first.
• 오늘 숙제는 ~에 관한 글을 쓰는 것이다.	Today's homework is to write an essay about ~ .
• 숙제는 ~에 대해 조사하는 것이다.	The homework is to research ~ .
• 최근에 읽은 책의 독후감을 써야 한다.	I have to write a book review on what I recently read.
• 숙제를 끝내야만 TV를 볼 수 있다.	Only after finishing my homework, I can watch TV.
• 기쁘게도 오늘은 숙제가 없다.	To my joy, I have no homework today.
• 인터넷에서 자료를 찾아보았다.	I **looked up** the information on the Internet.
• 그것에 대해 좀 더 조사를 해야 했다.	I needed to do more research on it.
• 나는 자료 수집하는 일을 담당했다.	I **was in charge of** collecting the information.
• 우리는 서로 협력했다.	We cooperated with each other.
• 친구들이 숙제를 도와주었다.	My friends helped me with the homework.
• 숙제 제출 기한은 내일까지이다.	The homework is **due** tomorrow.

Words & Expressions

assign 할당하다, 부여하다, 주다 **burden** ~에게 짐을 지우다, 부담을 주다 **look up** 찾아보다, 조사하다, 알아보다 **be in charge of** ~을 담당하다, 책임지다 **due** ~하기로 되어 있는, 기한이 ~인

- 오늘 밤까지 숙제를 끝내야 한다. I have to finish my homework by tonight.
- 형이 나의 숙제를 도와주었다. My brother helped me with my homework.
- 하마터면 오늘 숙제를 잊을 뻔했다. I almost forgot today's homework.
- 숙제를 끝내는 데 하루 종일 걸렸다. It took me a whole day to finish the homework.
- 숙제를 하는 데 많은 시간과 노력이 필요했다. It took a lot of time and effort to finish the homework.
- 나 혼자서 모두 다 해냈다. I did it all **by myself**.
- 다 마치고 나니 내 자신이 대견스러웠다. After finishing, I felt great about myself.
- 숙제를 까먹고 안 가져왔다. I forgot to bring my homework.
- 숙제를 제출할 수가 없었다. I couldn't hand it in.
- 배가 아파서 숙제를 하지 못했다. I couldn't do my homework because I had a stomachache.
- 숙제를 내일로 미루었다. I **put off** my homework until tomorrow.
- 때때로 숙제를 하고 싶지 않을 때가 있다. Sometimes I don't feel like doing my homework.
- 숙제를 다 끝내지 못해 걱정이다. I am worried about my unfinished homework.
- 숙제를 미리 하지 않은 것이 후회된다. I regret not doing my homework in advance.

Words & Expressions

by oneself 혼자서, 혼자 힘으로   **put off** 미루다, 연기하다

09 학원

학원이나 과외에 의존하지 않고 학생들이 모여서 하는 스터디 그룹은 영어로도 study group이라고 합니다. '스터디 그룹에서 ~를 공부했다'고 하려면 〈meet one's 과목 study group〉으로 표현합니다. 영어를 공부했다면 I met my English study group.이라고 하면 됩니다.

• 방과 후 나는 영어 학원에 다닌다.	After school, I go to an English academy.
• 나는 학원에 다니고 싶지 않다.	I don't want to go to the academy.
• 부모님께서 억지로 학원에 다니게 하신다.	My parents force me to go to the academy.
• 학원에 오갈 때 학원 셔틀버스를 이용한다.	I use the academy shuttle bus there and back.
• 학원에서 매일 두 시간씩 공부를 한다.	I study at the academy for two hours every day.
• 학원에 다니기 때문에 놀거나 쉴 시간이 별로 없다.	I don't have enough time to play or rest because I go to the academy.
• 나는 수학 과외 선생님이 있다.	I have a math private tutor.
• 그는 일주일에 두 번 오신다.	The tutor visits me at home twice a week.
• 과외 선생님과 공부하는 것이 도움이 된다.	It's helpful for me to study with a tutor.
• 과외 선생님은 연습 문제를 내주신다.	The tutor gives me exercises.
• 공부할 부분을 미리 예습한다.	I preview the learning points in advance.
• 성적이 많이 향상되었다.	I improved my grade a lot.
• 나에게는 과외가 도움이 되지 않는다.	Studying with my tutor isn't helpful to me.
• 나는 과외 선생님에게 너무 의존한다.	I depend on my tutor too much.

10 방학

방학이면 동생도 보살피고 애완동물도 돌보아야겠죠. '~을 돌보다'라는 말은 take care of, care for, look after 등으로 나타냅니다. take after는 '~를 닮다'의 의미이므로 돌본다는 표현인 look after와 혼동하지 않도록 하세요.

• 기다리고 기다리던 방학이 되었다.	The long-awaited vacation has come.
• 드디어 긴 방학이 시작되었다.	Finally, we get to have a long vacation.
• 오늘 방학을 했다.	Today we started our vacation.
• 오늘 학교가 방학에 들어갔다.	The school began its vacation today.
• 오늘이 방학의 첫날이다.	Today is the first day of vacation.
• 이번 방학엔 보충 수업이 없다.	I have no supplementary classes during this vacation.
• 방학 계획을 잘 세워야 하겠다.	I will make good vacation plans.
• 이번 방학엔 영어 공부를 열심히 할 것이다.	I will study English hard during this vacation.
• 책을 10권 이상 읽기로 했다.	I decided to read more than 10 books.
• 이번 방학엔 스키를 배울 것이다.	I will learn how to ski during this vacation.
• 멀리 계신 친척집을 방문할 것이다.	I'll visit my relatives living far away.
• 가 보지 못했던 곳을 여행할 것이다.	I will travel to the places where I have never been.
• 다양한 종류의 책들을 많이 읽었다.	I read various kinds of books.
• 엄마가 청소하시는 것을 도왔다.	I helped my mom clean the house.
• 방학을 그저 허송세월로 보냈다.	I spent the vacation doing nothing.
• 매일 늦잠을 자서 꾸중을 들었다.	I was scolded because I got up late every day.
• 이렇게 게으른 생활은 끝내야 한다.	I have to stop such a lazy lifestyle.
• TV를 보느라 많은 시간을 보냈다.	I spent a lot of time watching TV.
• 방학 내내 동생과 싸웠다.	I fought with my brother during the vacation.

• 방학을 헛되이 보냈다.	I spent the vacation **in vain**.
• 방학 숙제가 너무 많았다.	I had so many vacation tasks.
• 방학 과제를 다 못했다.	I have not done all my vacation tasks.
• 방학이 하루 남았다.	I've got one vacation day left.
• 방학을 헛되이 보낸 것 같아 후회된다.	I **regret wasting** my vacation.
• 좀 더 부지런했어야 했다.	I should have been more diligent.
• 방학을 잘 보냈다.	I had a good vacation.
• 방학을 정말 재미있게 보냈다.	I had great fun during the vacation.
• 이번 방학은 정말 보람찬 방학이었다.	This vacation was really meaningful.
• 방학 동안에 좋은 경험을 많이 했다.	I had many good experiences during the vacation.
• 개학이 몹시 기다려진다.	I can't wait for school to start.
• 내일이 개학이다.	School begins after the vacation tomorrow.
• 친구들과 선생님들이 보고 싶다.	I miss my friends and teachers.
• 다른 친구들은 어떻게 지낼까 궁금하다.	I wonder how my friends are doing.
• 오늘이 개학날이었다.	Today was the first day of school after the vacation.
• 친구들과 선생님들을 다시 봐서 반가웠다.	I was so glad to see my friends and teachers again.
• 그들과 방학 생활에 관한 이야기를 나누었다.	I talked about our vacation with them.

Words & Expressions

in vain 헛되이, 무익하게   **regret -ing** ~한 것을 후회하다

11 대학 입시

대학뿐 아니라 어느 학교를 입학하든지 시험을 봐야 하는데요. '시험을 본다'고 할 때, '보다'라고 해서 동사 see를 쓰지 않습니다. 따라서 동사 take나 have를 사용해서 take/have an exam이라고 합니다.

나는 입시 준비를 하고 있다.	I am preparing for an entrance examination.
올해 입시를 치르게 될 것이다.	I will take an entrance examination this year.
공부에 열중할 것이다.	I will **devote myself to** my studies.
나는 꼭 그 대학에 가고 싶다.	I yearn to enter the university.
내 점수로 그 대학에 충분히 갈 수 있다.	My grades are enough to get into the university.
무엇을 전공해야 할지 선생님과 상의했다.	I discussed what to major in with my teacher.
내 적성에 맞는 전공을 찾고 있다.	I am looking for the major that will suit my aptitude.
대학에서 의학을 전공하고 싶다.	I want to major in medical science at university.
나는 의과 대학에 진학할 예정이다.	I am going on to medical college.
세 개의 대학에 지원을 했다.	I applied to three universities.
그 대학에 지원했다.	I applied for admission to the university.
두 군데 대학에 합격했다.	I got accepted by two universities.
한 대학에 합격되었다.	I **got admitted to** a university.

Words & Expressions

devote oneself to ~에 전념하다, 몰두하다 **get admitted to** ~에 입학을 허락받다, ~에 합격되다

보충 어휘 ｜ 단과대학 **college** ｜ 종합대학교 **university** ｜ 부서/학과 **department** ｜ 학장 **dean** ｜ 조교 **assistant** ｜ 전임강사 **instructor** ｜ 조교수 **assistant professor** ｜ 부교수 **associate professor** ｜ 교수 **professor** ｜ 학점 **credit unit** ｜ 학점 외 과목 **non-credit courses** ｜ 이수단위 **credit hours** ｜ 평점 **grade point average(GPA)** ｜ 학생증 **student identification card(I. D.)** ｜ 학위논문 **thesis**

• 대학 입시에 합격했다.	I passed an entrance examination for a university.
• 그는 나의 합격을 축하해 주었다.	He congratulated me on my success in the exam.
• 교환 학생으로 ~ 대학에 다닌다.	I attend ~ university on an exchange scholarship.
• 나는 대입에 실패했다.	I failed the university entrance exam.
• 열심히 노력했으나 실패하고 말았다.	I tried hard only to fail.
• 내가 시험에 떨어졌다니 믿을 수가 없다.	I can't believe my failure on the exam.
• 다시 한번 시도해 볼 자신감이 없다.	I have no confidence to try once more.
• 재수를 하기로 했다.	I decided to try the entrance exam again next year.
• 나는 재수 중이다.	I am studying to prepare for the second university entrance exam.

Words & Expressions

only to+동사원형 (결과적으로) ~가 되다

12 대학 생활

선배를 senior, 후배를 junior라고 하지 않습니다. 나보다 학년이 높은 학교 선배라면 She/He is an upperclassman., 학년이 낮은 선배라면 She/He is an underclassman.이라고 합니다. 그리고 직장에서의 선배는 She/He is in a higher position., 직장 후배는 She/He is in a lower position.이라고 하면 됩니다.

- 나는 ~ 대학교 신입생이다. I am a freshman at ~ University.
- 그는 ~ 대학교 2학년에 재학 중이다. He is attending ~ University as a sophomore.
- 나는 3학년이다. I am a junior.
- 나는 4학년이다. I am a senior.
- 선배들이 신입생 환영파티를 열어 주었다. The older students threw a reception party for freshmen.
- 신입생을 위한 오리엔테이션에 참석했다. I attended orientation for first-year students.
- 나는 영문학을 전공한다. I major in English Literature.
- 내 전공은 영문학이다. My major is English Literature.
- 부전공은 불문학이다. My minor is French Literature.
- 일문학과로 편입했다. I was enrolled in the Japanese Literature Department.
- 학생증을 발급받았다. I had a student identification card issued.
- 그 과목은 이미 신청이 마감되었다. The class was already closed.
- 몇 과목은 필수 과목이었다. Some subjects were required.
- ~ 강의를 수강 신청했다. I signed up for ~ class.
- 예비 필수 과목을 수강해야 한다. I need to take prerequisite subjects.
- 이번 학기에 15학점을 수강한다. I take 15 credit hours this semester.
- 졸업을 하려면 ~ 학점을 들어야 한다. I need to have ~ credits to graduate.

Words & Expressions

enroll 등록하다, 학적에 올리다   **identification card** 신분증   **issue** 발행하다, 발급하다   **sign up for** ~을 신청하다, 등록하다
prerequisite 미리 필요한   **credit** 이수 단위, 학점

• 이번 학기 시간표를 짰다.	I made a schedule for this semester.
• 그 교수님의 강의는 매우 지루했다.	I was bored with the professor's lectures.
• 그 강의는 정말 재미없었다.	The lecture was very dull.
• 그는 항상 영어로 강의를 하신다.	He always gives lectures in English.
• 나는 항상 강의에 집중하려고 노력한다.	I always try to focus on the lecture.
• 그 강의를 이해하기가 어려웠다.	It was hard for me to understand the lecture.
• 내가 수강한 강의가 너무 어려웠다.	The course I took was above me.
• 나는 절대 수업을 빼먹지 않는다.	I never cut class.
• 수업 시간에 필기를 많이 했다.	I took a lot of notes in class.
• 그 수업을 일주일에 한 번씩 청강했다.	I sat in on the class once a week.
• 나는 성적에 신경을 많이 썼다.	I kept an eye on my grades.
• 그 교수님은 학점을 잘 주셨다.	The professor was generous in grading.
• 역사 과목에서 A를 받았다.	I got an A in history.
• 그 교수님은 학점을 잘 안 주신다.	The professor is a tough grader.
• 제출해야 할 보고서가 많다.	I have a lot of papers to hand in.
• 봐야 할 참고 문헌이 너무 많다.	There are so many reference books that I have to read.
• 환경에 관한 에세이를 써야 한다.	I have to write an essay on the environment.
• 2주일 이내로 보고서를 제출해야 한다.	I have to submit the paper within two weeks.
• 보고서를 끝내려면 아직 멀었다.	I am far from completing the paper.
• 하루 종일 긴 보고서를 작성했다.	I prepared a lengthy paper all day long.

Words & Expressions

sit in on ~를 견학하다, 청강하다   **keep an eye on** ~에 유의하다   **hand in** 제출하다(= submit)   **reference** 참고, 참조
lengthy 긴, 장황한

• 정말 열심히 보고서를 썼다.	I worked on the paper really hard.
• 보고서가 거의 완성 되고 있다.	The paper is close to completion.
• 보고서로 스트레스를 많이 받았다.	The paper stressed me out.
• 인터넷 자료를 이용해서 보고서를 썼다.	I wrote the paper by using information from the Internet.
• 친구의 보고서를 베끼고 싶었다.	I wanted to copy my friend's paper.
• 많은 문장들을 표절했다.	I **plagiarized** many sentences.
• 친구의 보고서를 베껴 썼다가 걸렸다.	I was caught plagiarizing my friend's paper.
• 보고서 마감일은 ~까지이다.	The paper is due on ~.
• 프로젝트를 연구하고 있다.	I am working on my project.
• 동아리 회원들과의 MT에 참여했다.	I took part in Membership Training with club members.
• 나는 장학생이다.	I am a student on scholarship.
• 나는 4년 전액 장학금을 받는다.	I get a four-year, full-ride scholarship.
• 이번에는 성적이 많이 올랐다.	My marks improved much this time.
• 내 평점이 장학금을 받을 만큼 좋았다.	My **GPA** was high enough to get a scholarship.
• 장학금을 신청했다.	I applied for a scholarship.
• 이번 학기에는 장학금을 탈 수 있다.	I can get a scholarship this semester.
• 이번 장학금은 전액 장학금이다.	This scholarship is a full-ride.
• 전액 장학금을 받았다.	I received a full scholarship.
• 부분 장학금을 받았다.	I received a **partial** scholarship.
• 등록금을 면제받았다.	I am **exempt** from paying **tuition**.
• 나는 장학금으로 공부를 하고 있다.	I am studying on a scholarship.

Words & Expressions

plagiarize (남의 글을) 표절하다   **GPA** 평점, 평균점(= Grade Point Average)   **partial** 부분적인, 일부분의   **exempt** 면제된
tuition 수업료(= tuition fee)

• 학비 대출을 신청했다.	I applied for a student loan.
• 어렵게 아르바이트 자리를 구했다.	I got a part-time job with difficulty.
• 나는 아르바이트를 해서 학비를 번다.	I earn my tuition by working part-time.
• 고등학생에게 영어를 가르치는 과외를 한다.	I tutor a high school student in English.
• 식당에서 접시 닦는 일을 한다.	I wash dishes at a restaurant.
• 시간당 ~를 받는다.	I get ~ per hour.
• 1주일에 한 번 돈을 받는다.	I am paid weekly.
• 아르바이트로 항상 바쁘다.	I am always busy with my part-time job.
• 밤에 녹초가 되어 집에 들어온다.	I come back home **exhausted** at night.
• 돈 받는 날에 친구들에게 저녁을 샀다.	I treated my friends to dinner on my payday.
• 나는 학교 기숙사에서 지낸다.	I stay in the campus dormitory.
• 기숙사에는 모든 가구가 설치되어 있다.	The dormitory is **furnished**.
• 룸메이트와 아파트에서 함께 지낸다.	I share an apartment with my roommate.
• 원룸형 아파트에서 자취를 한다.	I cook my own meals in my studio apartment.
• 보증금 ~에 월세가 …이다.	The monthly rent is ... with a **security deposit** of ~.
• ~ 대학에 대한 정보를 수집했다.	I collected some information about ~ university.
• 아이비리그 대학 중 한 대학에 지원했다.	I applied to one of the Ivy league universities.
• 입학에 필요한 것들이 많았다.	There were a lot of requirements for admission.
• 그 프로그램 과정의 지원서를 작성했다.	I filled out the application form for the program.

Words & Expressions

exhausted 기운 빠진, 지쳐 버린, 녹초가 된   **furnished** 갖추어진(= equipped)   **security deposit** 보증금

- 교수님께 추천서를 써 달라고 부탁드렸다. I asked the professor to write me a letter of recommendation.

- 그 학교로부터 입학 허가서를 받았다. I got a letter of acceptance from the university.

- 나는 ~ 대학에 합격했다. I got accepted to ~ University.

- 외국 학생을 위한 안내 책자를 읽었다. I read a brochure for international students.

- 드디어 그 대학에 등록했다. I was finally enrolled in the university.

- 3년 정도 ~에서 머무를 예정이다. I am going to stay in ~.

- 1년 동안 어학연수를 받을 것이다. I will take a language course for one year.

- 비용이 많이 들 것이라고 예상했다. I expected it to cost a lot of money.

- 학비가 너무 비쌌다. The tuition fee was very expensive.

- 부모님께서 해외유학 비용을 책임져 주셨다. My parents covered the expenses for my overseas education.

- 나는 ~에 아는 사람이 하나도 없다. I have no acquaintances in ~.

- 학교를 그만둘까 생각 중이다. I am thinking of dropping out of school.

- 가족이 그립다. I miss my family.

Words & Expressions

acquaintance 아는 사람, 아는 사이

CHAPTER 14
학교 행사

01 입학 258
02 체육 대회 259
03 학교 축제 261
04 동아리 263
05 캠핑 264
06 소풍 266
07 수학여행 268
08 졸업식 269

01 입학

새로운 학교에 입학을 하면 떨리는 학생도, 가슴이 벅찬 학생도 있겠죠. '약간 긴장이 됐다'는 I am a little nervous.로, '가슴이 매우 벅차올랐다'는 표현은 I felt very emotional.이라고 할 수 있습니다.

• 올해 나는 중학교에 입학한다.	I enter middle school this year.
• 입학식에 참석했다.	I attended the entrance ceremony.
• 새 교복을 입고 학교에 갔다.	I went to school in my new school uniform.
• 훌륭한 학생이 될 것을 선서했다.	We **swore** that we would be good students.
• 오늘은 새로운 학교생활의 시작이다.	Today is the beginning of the new school year.
• 신입생들을 위한 오리엔테이션이 있었다.	There was an orientation for freshmen.
• 선생님들께서 교칙을 알려 주셨다.	The teachers let us know the school rules.
• 아는 사람들을 만나니 반가웠다.	I was glad to meet some familiar people.
• 담임 선생님이 누가 될지 궁금했다.	I wondered who would be my homeroom teacher.
• 우리 담임 선생님이 발표되었다.	My homeroom teacher was announced.
• 내가 공부하게 될 교실에 가 보았다.	I went to my class room where I would study.
• 선생님께서 새 교과서를 나누어 주셨다.	The teachers **distributed** new textbooks.
• 학용품도 새것을 쓰게 될 것이다.	I will use new **school supplies**.
• 우리는 서로를 소개했다.	We introduced ourselves to one another.
• 친구들과 잘 지내고 싶다고 말했다.	I said that I wanted to get along with them.
• 그들은 나에게 학교생활을 잘하라고 하셨다.	They advised me to have a good school life.

Words & Expressions

swore swear(맹세하다)의 과거형　**distribute** 분배하다, 나누어 주다　**school supplies** 학용품

보충어휘 입학식 entrance ceremony | 졸업식 graduation ceremony | 교내활동 in-school activities | 방과 후 활동 after-school activities | 교육과정 외 활동 extra-curricular activity | 정규수업 regular class | 보충수업 supplemental class | 보강수업 make-up class | 소풍 school trip | 견학 field trip | 수학여행 school excursion | 봉사활동 volunteer work

02 체육 대회

학교 체육 대회에서는 다양한 종목의 경기를 펼치는데요. 축구는 soccer, 배구는 volleyball, 농구는 basketball, 씨름은 Korean wrestling, 달리기는 race, 릴레이는 relay race, 줄다리기는 tug of war라고 합니다.

• 오늘은 우리 학교 체육 대회 날이다.	Today is sports day at school.
• 체육 대회가 5월 6일에 열렸다.	The **athletic competitions** are held on the sixth of May.
• 우리는 여러 경기에 참가했다.	We took part in several games.
• 비가 와서 경기가 연기되었다.	Because of the rain, the game **was postponed**.
• 경주를 위해 달리기 연습을 열심히 했다.	I practiced hard for the race.
• 우리 팀 세 명은 일등으로 달리고 있었다.	My three teammates were **in the lead**.
• 내가 마지막 주자였다.	I was the last runner.
• 나는 경주에서 전속력으로 뛰었다.	I ran at full speed in the race.
• 죽을힘을 다해 달렸다.	I made a run for my life.
• 경쟁자를 따라잡았다.	I **caught up with** my rival.
• 내가 달리기의 테이프를 끊었다.	I broke the finish tape.
• 달리기에서 일등을 했다.	I was first in a running race.
• 달리기에서 꼴찌로 들어왔다.	I was last in the race.
• 달리기에서는 그를 당할 자가 없었다.	He was the best runner.
• 그는 신호에 앞서 먼저 뛰었다.	He jumped the gun.
• 그는 발이 무척 빨랐다.	He ran like a deer.
• 팽팽한 경기가 많았다.	There were many **close** games.

Words & Expressions

athletic 운동의, 체육의, 경기의   **competition** 경쟁, 시합   **be postponed** 연기되다   **in the lead** 선두에, 앞장서   **catch up with** 따라잡다   **close** (시합 등의) 우열을 가릴 수 없는

• 우리는 그 경기를 포기했다.	We **threw out** the game.
• 줄다리기에서 우승했다.	We won tug of war.
• 800미터 릴레이 경기가 가장 흥미로웠다.	The 800-meter relay was the most exciting.
• 내가 농구에서 최고 득점을 했다.	I scored the most points in basketball.
• 우리 반이 이길 거라고 확신했다.	I felt confident that my class would win.
• 열심히 싸웠지만 끝내지고 말았다.	We played well, but we lost the game **in the end**.
• 우리 팀을 열심히 응원했다.	We **rooted for** our team.
• 드디어 경기가 끝났다.	Finally, the game was over.
• 우리 반이 모든 경기를 이겼다.	My class won all the games.
• 우리 반은 2등을 했다.	My class won the second prize.
• 우리 반은 단합상을 탔다.	My class won the prize for good team spirit.

Words & Expressions

throw out 내던지다   **in the end** 결국은, 마침내   **root for** ~를 응원하다

03 학교 축제

축제를 통해 자신의 재능을 마음껏 뽐낼 수 있죠. 멋진 공연으로 칭찬도 많이 받겠군요. 사람을 기분 좋게 하는 '칭찬하다'의 의미를 나타내는 동사로는 praise, compliment, speak well of ~, speak highly of ~, applaud 등이 있습니다. '칭찬은 고래도 춤추게 한다.'고 하는데, 이는 Whales dance when praised.라고 할 수 있겠네요.

• 우리 학교는 10월에 축제가 있다.	We have a festival at my school in October.
• 조별로 학교 축제에 대해 논의했다.	We discussed the school festival in groups.
• 각 동아리들이 다양한 행사를 준비했다.	Each school club prepared for various events.
• 학교 축제의 전야제가 있었다.	We celebrated the eve of my school festival.
• 행사 중에 가장행렬이 있었다.	Among the events, there was a **costume** parade.
• 나는 여자로 분장했다.	I **made up** myself as a woman.
• 나는 공주 옷을 입었다.	I was dressed in a princess costume.
• 시화전이 있었다.	There was an **exhibition** of **illustrated** poems.
• 운동장에서는 바자회가 열렸다.	The bazaar **was held on** the sports field.
• 싼 가격에 물건을 몇 개 샀다.	I got some stuffs at a cheap price.
• 친구들과 여기저기 돌아다녔다.	I hung around with my friends.
• 여러 행사에 참여했다.	I took part in the several events.
• 강당에서 학생들의 발표회가 있었다.	There were students' presentations in the hall.
• 나는 무대 공포증이 있다.	I have stage fright.
• 우리는 무대에서 연극을 했다.	We performed a play on stage.

Words & Expressions

costume 의상, 복장　**make up** 화장하다, 분장하다　**exhibition** 전람회, 전시회　**illustrated** 삽화를 넣은　**be held on** 열리다, 개최되다

• 나는 ~의 역할을 했다.	I played the part of ~.
• 한 달 동안 연극 연습을 했다.	We have practiced for the play for a month.
• 대본도 완벽하게 외웠다.	I memorized the play script completely.
• 어젯밤에는 연극 예행연습을 했다.	We rehearsed the play last night.
• 무대로 나가기 전에 긴장되었다.	I was nervous before going out on the stage.
• 대본을 빠르게 훑어보았다.	I skimmed through the script.
• 무대 커튼이 올라가자 당황했다.	When the stage curtain went up, I got embarrassed.
• 커튼 뒤에서 친구가 작은 목소리로 대사를 읽어 주었다.	A friend behind the curtain read my dialogue in a low voice.
• 그럭저럭 내 역할을 할 수 있었다.	I could manage to play my role.
• 성공적으로 연극을 잘 마쳤다.	We performed the play successfully.
• 장기 자랑을 위해 특이한 것들을 준비했다.	I prepared unusual things for the talent show.
• 나는 무대에서 색소폰을 연주했다.	I played the saxophone on the stage.
• 나는 태권도 시범을 보였다.	I showed my Taekwondo skills.
• 나는 선생님들의 말투를 흉내 냈다.	I imitated the teachers' way of speaking.
• 댄스 경연 대회가 있었다.	There was a dance contest.
• 강당에서 댄스파티가 열렸다.	We held a big dance in the hall.
• 나는 음악에 맞춰 열심히 춤을 추었다.	I danced fervently to the music.
• 무대 위에서 내 춤 실력을 뽐냈다.	I displayed my dancing skills on the stage.

Words & Expressions

manage to+동사원형 그럭저럭 ~하다   **fervently** 열심히, 격렬하게

04 동아리

우리는 보통 동아리를 써클(circle)이라고 하는데, 이에 대한 올바른 영어표현은 club입니다. circle은 동일한 이해관계나 직업을 가진 사람들의 집단을 나타내는 말로, business circle(실업계)에서처럼 '~계', '집단'의 의미를 나타내고, club은 공식적으로 조직되어 정기적으로 만나는 '동아리'를 나타내는 말입니다.

• 우리 학교는 다양한 동아리가 있다.	There are various clubs at my school.
• 나는 어느 동아리에도 속해 있지 않다.	I don't belong to any clubs.
• 컴퓨터 동아리를 만들었다.	We formed a computer club.
• 나는 그 동아리에 가입하고 싶었다.	I wanted to get into the club.
• 나는 컴퓨터 동아리에 가입했다.	I joined the computer club.
• 영화를 좋아해서 영화 동아리에 가입했다.	As I liked movies, I joined a movie club.
• 영어에 관심이 많아서 영어 회화 동아리에 가입했다.	I was interested in English, so I joined an English conversation club.
• 나는 축구부에 있다.	I am in a soccer club.
• 나는 합창부에 속해 있다.	I belong to a chorus club.
• 나는 독서 동아리의 회원이다.	I am a member of a reading club.
• 우리 동아리는 일주일에 한 번 모임을 갖는다.	My club has a meeting once a week.
• 우리 동아리의 회비는 한 달에 ~이다.	The club dues of my club are ~ a month.
• 친구들에게 우리 동아리에 가입할 것을 권유했다.	I asked my friends to join my club.
• 동아리 회원들이 돈을 각출해서 행사를 준비했다.	The club members combined some money together and prepared for the events.
• 나는 동아리 친구들과 사이가 안 좋다.	I don't get along with the club members.
• 나는 동아리에서 탈퇴할 것이다.	I will withdraw from the club.

Words & Expressions

form 형성하다, 구성하다　**due** 요금, 수수료, 회비　**withdraw** 탈퇴하다, 철회하다

05 캠핑

마음이 설레서 가슴이 콩닥거리는 것을 flutter를 사용하여 My heart flutters.라고 하는데, flutter는 나비가 팔랑거리며 날아가는 것, 꽃잎이 살랑살랑 떨어지는 것을 나타내는 표현입니다. '그녀를 볼 때마다 설렌다.'고 하려면 My heart flutters whenever I see her.라고 하면 됩니다.

• 보이 스카우트 캠핑을 갈 것이다.	I am going to a boy scout camp.
• 어젯밤에 짐을 꾸렸다.	I packed up last night.
• 필요한 물건이 무엇인지 잘 몰랐다.	I didn't know what I would need.
• 침낭을 가져가야 했다.	I needed to bring an overnight bag.
• 여분의 옷을 배낭에 챙겼다.	I put spare clothes in the backpack.
• 형이 내가 짐 꾸리는 것을 도와주었다.	My brother helped me **pack**.
• 빠뜨린 것이 있는지 점검했다.	I checked for what I had missed.
• 많이 설렌다.	My heart **flutters**.
• 이번 캠핑이 기대가 된다.	I am looking forward to this camp.
• 너무 흥분되어 잠이 안 온다.	I am so excited that I can't fall asleep.
• 이른 아침에 모임 장소로 갔다.	I went to the meeting place in the early morning.
• 모두들 들떠 있었다.	Everyone was excited.
• 우리 동아리는 부산으로 캠핑을 갔다.	My club went to camp in Pusan.
• 숲 속에서 야영을 했다.	We camped out in the woods.
• 해변에서 캠핑을 했다.	We set up camp on the beach.
• 이번 캠핑은 3일간 계속되었다.	The camping lasted for 3 days.
• 이것이 내 첫 야영이었다.	This was my first-time camping out.
• 야영지에 도착하자마자 텐트를 쳤다.	**On arriving** at the campsite, we pitched tents.

Words & Expressions

pack 싸다, 꾸리다 **flutter** 조마조마하다, 두근거리다, 설레다 **On -ing** ~하자마자

- 극기 훈련을 받았다. — We received training in self-control.
- 각종 재미있는 이벤트가 있었다. — There were various interesting events.
- 캠프에서 많은 친구들을 사귀었다. — I made many friends while camping.
- 우리 모두는 캠프파이어 둘레에 모였다. — We all gathered around the campfire.
- 캠프파이어를 가운데에 두고 동그랗게 둘러섰다. — We stood in a circle with the campfire in the center.
- 캠프파이어에 불을 붙였다. — Someone lit the flame in the campfire.
- 우리는 환호성을 질렀다. — We cheered.
- 불꽃놀이를 했다. — We **set off** fireworks.
- 장기 자랑을 했다. — We had a talent show.
- 나는 장기 자랑 대회에서 인기가 좋았다. — I was very popular in the talent show contest.
- 밤늦게까지 친구들과 이야기를 나누었다. — I **stayed up** late talking with my friends.
- 잠들기 전에 가족들이 보고 싶었다. — I missed my family before falling asleep.
- 다음날 아침에 캠프장에서 철수했다. — The next morning, we struck camp.
- 정말 재미있는 캠핑이었다. — It was a really interesting camp.
- 너무 흥미롭고 유익한 캠프였다. — It was a very exciting and helpful camp.

Words & Expressions

set off 폭발시키다, 발사하다   **stay up** 안 자고 깨어 있다

06 소풍

놀이 공원 amusement park, 동물원 zoo, 식물원 botanical garden, 스케이트장 rink, 스키장 ski slope, 산 mountain, 미술관 art gallery, 박물관 museum 등은 소풍 가기 좋은 장소들입니다.

- 내일 소풍을 간다. — Tomorrow we are going on a school trip.
- 소풍 때 먹을 것을 샀다. — I bought food for a school trip.
- 엄마가 점심 도시락을 싸 주실 것이다. — My mom will pack a lunch.
- 소풍이 기대된다. — I am looking forward to the school trip.
- 즐거운 소풍이 되었으면 좋겠다. — I hope we will have a pleasant school trip.
- 아주 캐주얼한 옷차림을 했다. — I wore quite a casual outfit.
- 도시락과 마실 것을 배낭에 넣었다. — I packed my lunch and drink in my backpack.
- 소풍에 늦지 않게 일찍 출발했다. — I started early not to be late for the school trip.
- 내일 날씨가 화창하면 좋겠다. — I hope it will be fine tomorrow.
- 날씨가 좋아서 다행이었다. — It was fortunate that the weather was fine.
- 소풍 가기에 너무나 좋은 날씨였다. — It was ideal weather for a trip.
- 궂은 날씨 때문에 소풍을 포기해야 했다. — We had to abandon our school trip because of bad weather.
- 소풍이 연기되었다. — The school trip was put off.
- 어쩔 수 없었다. — We couldn't help it.
- 비가 내렸지만 소풍을 갔다. — Though it was rainy, we went on a school trip.
- ~산으로 소풍을 갔다. — We went to ~ mountain for a school trip.
- 나는 그곳을 여러 번 가 보았다. — I have been there several times.
- 산을 오르느라 숨이 찼다. — I was out of breath from hiking up the mountain.

Words & Expressions

outfit 의상, 용품   **have been+장소** ~에 가 본 적이 있다   **out of breath** 숨이 차는

- 산에 오르기 힘들었다.   It was hard to hike up the mountain.
- 정상에 도착하니 기분이 좋았다.   I felt good when we got to the top.
- 산에서 천천히 내려왔다.   I descended the mountain slowly.
- 소풍 가서 친구들과 사진을 찍었다.   I took pictures with my friends on the trip.
- 정말 즐거운 소풍이었다.   It was a really happy trip.
- 견학을 다녀왔다.   We had a field trip.
- 잊지 못할 추억거리가 될 것이다.   This will be one of my most unforgettable events.
- 이번 소풍은 정말 재미없었다.   I really didn't enjoy this trip.
- 점심만 먹고 집에 돌아왔다.   Just after lunch, I came back home.

07 수학여행

어떤 일을 빨리 하고 싶다는 표현은 〈can't wait to+동사원형〉, 〈can't wait for+명사〉으로 나타낼 수 있습니다. 즉, 기다릴 수 없을 정도로 빨리 그 일을 하고 싶다는 말이죠. '빨리 그곳에 가고 싶다.'는 I can't wait to go there., '빨리 휴가를 받으면 좋겠다.'고 하려면 I can't wait for my vacation.이라고 하면 됩니다.

• ~로 수학여행을 갈 것이다.	We are going on a school excursion to ~.
• 역사 유적지를 탐방할 것이다.	We will visit the historical sites.
• 오늘이 ~로 가는 3일간의 여행 첫날이다.	Today is the first day of the three-day school excursion to ~.
• 들뜬 마음으로 여행을 떠났다.	I started the excursion in high spirits.
• 8시에 출발하여 12시에 ~에 도착했다.	We departed at 8:00 and arrived at ~ at 12:00.
• 점심 식사를 하고 배에 올라탔다.	After lunch, we boarded the ship.
• 배를 타고 ~에 갔다.	We went to ~ by ship.
• 그곳에 도착했을 때 날씨가 흐렸다.	When we arrived there, the weather was cloudy.
• 배를 타고 선상 여행도 했다.	We went on a sightseeing tour by boat.
• 나는 비행기를 처음 타 봤다.	I flew for the first time.
• 비행기가 이륙할 때 흥분이 됐다.	I was excited when the plane was taking off.
• 어두워지고 나서야 도착했다.	We hadn't arrived until it was dark.
• 수학여행의 추억을 영원히 간직할 것이다.	I will keep this memory of the school excursion.
• 꿈같은 여행이었다.	The trip was like a dream.

Words & Expressions

in high spirits 기분이 좋아서, 들떠서   **not ~ until ...** …하고 나서야 ~하다

08 졸업식

미국 졸업식은 Processional(입장) → Opening Remarks(개회사) → Presentation of Awards(상장 수여) → Guest Speaker(초청 연사 강연) → Valedictorian & Salutatorian Speech(고별사 및 내빈에 대한 인사) → Presentation of Diploma(졸업장 수여) → Closing Remarks(폐회사) → Recessional(퇴장)의 순으로 진행됩니다.

• 졸업식 예행연습을 했다.	We had a graduation ceremony rehearsal.
• 오늘 졸업식이 있었다.	The graduation ceremony was held today.
• 나는 학교생활에 좋은 추억이 많다.	I have many good memories from my school days.
• 그 추억들을 언제까지나 기억할 것이다.	I will keep the memories fresh forever.
• 타임캡슐 안에 우리의 추억을 담았다.	We put our memories into the capsule.
• 땅을 파고 타임캡슐을 묻었다.	We dug a hole and buried our time capsule.
• 졸업을 하게 되어 무척 기뻤다.	I was so happy to graduate.
• 졸업장을 받았다.	I received a graduation diploma.
• 3년 개근상을 받았다.	I received a prize for 3 years of perfect attendance.
• 3년 동안 학교를 결석하지 않았다.	I have never been absent from school for 3 years.
• 3년 정근상을 받았다.	I got a prize for 3 years of good attendance.
• 우등상을 타서 자랑스러웠다.	I was proud of winning an honor prize.
• 수석으로 졸업했다.	I graduated with top honors.
• 공로상을 받았다.	I got a prize for distinguished achievement.
• 효행상을 받았다.	I got a prize for respecting my elders.
• 선행상을 받았다.	I got a prize for my good conduct.
• 모범상을 받았다.	I got a prize for my exemplary behavior.

Words & Expressions

be held 열리다, 거행되다　**dug** dig(파다)의 과거형　**distinguished** 현저한, 공훈을 세운　**conduct** 행위, 행동, 품행　**exemplary** 모범적인

- 가족들이 내 졸업을 축하해 주었다. My family celebrated my graduation.
- 친척들이 내 졸업을 축하해 주었다. My relatives congratulated me on my graduation.
- 엄마가 내게 멋진 꽃다발을 주셨다. Mom gave me a nice bouquet of flowers.
- 친구들과 헤어지기 싫어서 울었다. I cried because I didn't want to part from my friends.
- 모자를 공중에 날렸다. We threw our hats in the air.
- 학교를 졸업하니 시원섭섭했다. I was both happy and sad to graduate from school.
- 졸업 후의 계획은 아직 없다. I have no plans after graduation.
- 졸업 후에 좋은 직업을 갖고 싶다. I want to get a good job after graduation.

CHAPTER 15
친구

01	친구 사귀기	272
02	좋은 친구	273
03	사이가 나쁜 친구	275
04	친구와의 다툼	277
05	옛 친구	279

01 친구 사귀기

친구를 가리키는 말이 여럿 있는데요. 학교 친구는 schoolmate, 학급 친구는 classmate, 오랜 친구는 old friend, 좋은 친구는 good friend, 진정한 친구는 true friend, 단짝 친구는 buddy입니다.

• 나는 주위 사람들에게 쉽게 영향을 받는다.	I am easily influenced by those around me.
• 친구를 지혜롭게 선택하는 것은 중요하다.	It is important to choose our friends wisely.
• 친구는 얻기보다 잃기가 쉽다.	A friend is easier lost than found.
• 사람은 사귀는 친구를 보면 알 수 있다.	A man is known by the company he keeps.
• 어려울 때 친구가 진정한 친구다.	A friend in need is a friend indeed.
• 나는 그와 친구가 되고 싶다.	I want to be friends with him.
• 나는 그와 친하게 지내고 싶다.	I want to keep company with him.
• 그는 사귀기 어려운 사람이다.	He is hard to get along with.
• 그는 사귀기 쉬운 사람이다.	He is easy to get along with.
• 그는 재미있는 이야기를 잘한다.	He always says funny things.
• 좋은 친구를 사귀도록 해야 한다.	We have to keep good company.
• 새 친구들을 사귀고 싶다.	I want to make new friends.
• 나쁜 친구는 피하려고 한다.	I try to avoid bad company.
• 책에 대한 관심사를 공유할 수 있는 친구를 원한다.	I want a friend who can share my interest in books.
• 내 고민을 털어놓을 수 있는 친구가 필요하다.	I need someone to tell my troubles to.
• 무엇이든 이야기할 수 있는 친구가 필요하다.	I need someone whom I can talk to about everything.
• 그와 친구가 되었다.	I made friends with him.

Words & Expressions

be known by ~를 보면 안다   **keep company with** ~와 교제하다. 친해지다

02 좋은 친구

'~와 친구가 되다'는 make friends with 또는 become friends with로 표현하는데, 이때 친구가 되는 것처럼 두 사람 또는 두 개 이상이 있어야 상호적으로 작용되는 것을 나타낼 때는 복수 형태로 씁니다. 예를 들면 '~와 악수하다'는 shake hands with, '~와 자리를 바꾸다'는 exchange seats with, '기차를 갈아타다'는 change trains라고 표현합니다.

나와 수진이는 매우 좋은 친구 사이이다.	Sujin and I are very good friends.
우리는 같은 학교를 함께 다닌다.	We go to the same school together.
우리는 어릴 때부터 친구였다.	We have been friends since childhood.
그는 우리 동네에 산다.	He lives in my neighborhood.
그는 우리 집 가까이에 산다.	He lives just two doors away.
그는 우리 집 근처에 산다.	He lives near my house.
그의 집은 우리 집과 매우 가깝다.	His house is really close to mine.
그와 나는 그저 이야기를 나누는 사이이다.	I am on speaking **terms** with him.
그는 내 가장 친한 친구이다.	He is my best friend.
나는 그를 가장 친한 친구라고 생각한다.	I **regard** him **as** my best friend.
그는 친구가 없다.	He has no friends.
우리는 서로 더 가까워졌다.	We got closer to each other.
우리는 항상 붙어 다닌다.	We always **stick together**.
그 친구는 내게 무엇이든 이야기한다.	That friend tells me everything.
나는 그와 사이좋게 잘 지낸다.	I get along well with him.
그와 나는 서로 잘 지낸다.	He and I get on well with each other.
우리는 마음이 잘 맞는다.	We **hit it off**.
우리는 서로 잘 이해한다.	We understand each other well.

Words & Expressions

terms 교제 관계, 친한 사이　**regard ~ as ...** ~를 …로 여기다, 생각하다　**stick together** 붙어 다니다, 사이가 좋다　**hit it off** 마음이 잘 맞다, 사이좋게 지내다

- 나는 항상 친구를 이해하려고 노력한다. — I always try to understand my friends.
- 그가 남을 욕하는 것을 들어본 적이 없다. — I've never heard him speak ill of others.
- 그는 사교적이다. — He is sociable.
- 우리는 취미가 같다. — We have the same hobbies.
- 나는 친구와 절대 싸우지 않는다. — I never fight with my friends.
- 나는 그와 좋은 친구이다. — I am good friends with him.
- 나는 그와 좋은 관계를 유지하고 있다. — I keep a good relationship with him.
- 그는 비밀을 잘 지킨다. — He keeps secrets well.
- 그는 나를 절대 흉보지 않는다. — He never criticizes me.
- 나는 그에게 신세를 많이 졌다. — I owed him a big one.
- 그는 나에게 잘해 준다. — He is very good to me.
- 그는 참 재미있는 친구이다. — He is a very amusing guy.
- 그의 이야기는 언제나 나를 즐겁게 한다. — His stories always amuse me.
- 그는 참 행실이 바르다. — He is well-behaved.
- 그는 모두에게 사랑받는다. — He is loved by all.
- 나는 좋은 친구들이 있어서 정말 행운이다. — I am really lucky because I have wonderful friends.
- 좋은 친구들을 잃고 싶지 않다. — I don't want to lose my good friends.
- 우리의 우정이 결코 깨지지 않기를 바란다. — I hope our friendship will never break.
- 우리의 우정이 영원히 지속되길 바란다. — I hope our friendship will last forever.

Words & Expressions

criticize 비평하다, 비난하다 **last** 지속되다, 계속되다

03 사이가 나쁜 친구

비열한 사람 중에는 다른 사람 뒤에서 그 사람에 대하여 이러쿵저러쿵 이야기하는, 즉 뒷담화하는 사람도 있죠. '뒷담화하다'의 영어 표현은 talk behind one's back이라고 하는데, 욕이나 험담으로 뒷담화를 할 경우는 speak ill of ~ behind one's back이라고 표현하면 됩니다. 그렇게 뒤에서 험담하는 사람은 backbiter라고 합니다.

• 그는 진정한 친구가 아니다.	He is not a true friend.
• 그는 좋을 때만 친한 척한다.	He is a **fair-weather** friend.
• 그가 내 잘못을 선생님께 일러바쳤다.	He told the teacher about my offense.
• 그가 나를 선생님께 고자질했다.	He told on me to the teacher.
• 그는 내게 정말 못되게 군다.	He is really **mean** to me.
• 그는 영악하다.	He is **shrewd**.
• 그가 나를 바보라고 부르면서 모욕했다.	He **insulted** me by calling me a fool.
• 그는 나를 눈엣가시로 여긴다.	He thinks I am **a pain in the neck**.
• 그는 종종 약한 친구들을 괴롭힌다.	He often **bothers** the weaker students.
• 그는 남의 약점을 잘 이용한다.	He **takes advantage of** others' weaknesses.
• 그는 절대 자신의 본색을 드러내지 않는다.	He never shows his true colors.
• 그는 자신의 잘못을 남의 탓으로 돌린다.	He **blames** his own wrongdoing **on** others.
• 그가 내 험담을 하고 다닌다고 들었다.	I heard he was **backstabbing** me.
• 그가 날 놀렸다.	He teased me.
• 그가 내게 농담을 했다.	He played a joke on me.
• 그가 내 머리 모양을 놀렸다.	He **teased** me about my hairstyle.
• 그는 모든 사람의 신경을 거슬리게 한다.	He **gets on** everyone's **nerves**.
• 친구를 괴롭히지 말아야 한다.	We had better not **bully** our friends.

Words & Expressions

fair-weather 좋을 때의, 유리할 때만의　**mean** 비열한　**shrewd** 빈틈없는, 약빠른　**insult** 무례하게 대하다, 모욕하다　**a pain in the neck** 눈엣가시　**bother** 괴롭히다, 성가시게 하다　**take advantage of** ~를 이용하다　**blame ~ on ...** ~를 …탓으로 비난하다　**backstab** 뒤에서 험담하다　**tease** 괴롭히다, 놀리다　**get on one's nerves** ~의 신경을 거슬리게 하다, ~를 짜증나게 하다　**bully** (약한 친구를) 못살게 굴다

• 약한 자를 괴롭히는 일은 비열한 일이다.	It is mean to tease the weak.
• 그는 항상 시끄럽게 군다.	He always makes a lot of noise.
• 그는 장난이 심하다.	He is so playful.
• 그는 정말 장난꾸러기이다.	He is such a **naughty** boy.
• 그는 문제아다.	He is a troublemaker.
• 그는 항상 나를 괴롭힌다.	He bothers me all the time.
• 그녀는 말괄량이다.	She is a tomboy.
• 그는 사교적이지 못하다.	He is unsociable.
• 우리 반 아이들은 그를 멀리한다.	He is **shunned** by my class.
• 그는 우리 반에서 왕따이다.	He is an **outcast** in my class.
• 그는 우리 반에서 소외당한다.	He is left out of my class.
• 그는 친구들 사이에서 평판이 좋지 않다.	He is **spoken ill of** by our friends.
• 그는 사람들에게 욕을 잘한다.	He calls people names.
• 그는 다른 사람들에 대해 험담을 잘한다.	He is good at speaking ill of others.
• 나는 특별한 이유 없이 그가 싫다.	I dislike him for no specific reason.
• 나는 그와 잘 맞지 않는다.	I often disagree with him.
• 나는 그와 견해가 잘 맞지 않는다.	I don't **see eye to eye with** him.
• 나는 그와 관계가 별로 좋지 않다.	I am on bad terms with him.
• 나는 그와 사이가 나쁘다.	I am on the outs with him.

Words & Expressions

naughty 장난꾸러기의, 버릇없는   **shun** 피하다, 멀리하다   **outcast** 버림받은 사람, 왕따   **speak ill of** ~를 나쁘게 말하다   **see eye to eye with** ~와 견해가 일치하다

04 친구와의 다툼

누군가와 갈등이 시작되면서 상대방의 행동이 지나치다고 생각될 때 '너 정말 너무 오버한다.'로 싸움이 시작되는 경우가 많은데, 이를 You do too much.나 It's over. 등으로 말하면 적절한 표현이 아닙니다. '너 정말 너무 한다.'는 말은 '정도를 지나치다'라는 의미를 가진 go too far를 사용하여 You went too far.라고 하면 됩니다.

• 친구와 사소한 문제로 다투었다.	I quarrelled with my friend over a trivial matter.
• 친구 사이의 다툼은 흔히 일어나는 일이다.	Quarrels between friends are common.
• 그가 내 험담을 하는 것을 들었다.	I heard him talk about me behind my back.
• 그의 말을 듣고 매우 화가 났다.	I was very angry to hear his words.
• 그가 내 감정을 상하게 했다.	He hurt my feelings.
• 그는 나를 완전히 깔보고 있었다.	He was totally taunting me.
• 그와 말다툼을 했다.	I argued with him.
• 우리는 그것에 대해 말다툼을 했다.	We argued about it.
• 나는 그 일에서 빠지고 싶었다.	I wanted to stay out of it.
• 그의 행동이 너무 지나쳤다.	He went too far.
• 나는 완전히 무시당했다.	I was totally blown off.
• 그는 나를 정말 난처하게 만들었다.	He really made me perplexed.
• 너무 불쾌해서 참을 수가 없었다.	It was too unpleasant to endure.
• 그런 모욕은 참을 수가 없었다.	I couldn't stand such an insult.
• 나는 그를 쩨려보았다.	I gave him a nasty look.
• 그의 비열한 행동에 신물이 난다.	I am sick and tired of his mean behavior.
• 그를 외면해 버렸다.	I gave him the cold shoulder.
• 그들의 싸움에 휘말리고 싶지 않았다.	I didn't want to get involved in their fight.

Words & Expressions

taunt 비웃다, 깔보다　**be blown off** 무시당하다　**nasty** 못된, 고약한　**give ~ the cold shoulder** ~에게 냉담한 태도를 보이다　**get involved in** ~에 연루되다, ~에 말려들다

• 그는 나를 지적하는 경향이 있다.	He tends to point me out.
• 나는 그가 잘못했다고 생각했다.	I thought it was his fault.
• 이제 그는 더 이상 내 친구가 아니다.	He isn't my friend any more.
• 나는 "두고 보자!"고 하면서 나와 버렸다.	I went out, saying "Wait and see!"
• 그가 내 머리를 쳤다.	He beat me on the head.
• 그가 내 뺨을 때렸다.	He slapped me on the face.
• 그가 내 얼굴을 쳤다.	He punched me in the face.
• 눈이 퍼렇게 멍들었다.	I have a black eye.
• 나는 그를 때려눕혔다.	I knocked him down.
• 결판이 날 때까지 싸웠다.	We fought **to the finish**.
• 우리는 서로 등을 돌리고 앉았다.	We sat with our backs turned to each other.
• 그에게 아는 체도 안 할 것이다.	I won't give him the time of day.
• 그가 왜 내게 화가 났는지 궁금했다.	I wondered why he got angry with me.
• 그와 그것에 대해 이야기를 해야 했다.	I had to talk about it with him.
• 그의 감정을 상하게 할 의도는 아니었다.	I didn't mean to **offend** him.
• 사실은 그에게 호의를 품고 있었다.	In fact, I meant well to him.
• 내가 먼저 미안하다고 말했다.	First I said that I was sorry.
• 그에게 사과했다.	I apologized to him.
• 그가 내 사과를 받아들였다.	He accepted my apology.
• 우리가 싸운 것은 잊어버리기로 했다.	We will forget about our fight.
• 그와 화해했다.	I **made up with** him.

Words & Expressions

to the finish 최후까지, 끝까지   **offend** 기분[감정]을 상하게 하다   **make up with** ~와 화해하다

05 옛 친구

동창회에 가면 옛 추억을 회상하며 즐거운 시간을 갖게 됩니다. 돌이켜 보면 창피한 일, 아쉬운 일, 즐거웠던 일도 많았고 그런 기억들을 하나씩 꺼내어 보며 웃음 짓게 될 겁니다. '돌이켜보면'은 영어로 in retrospect라고 표현합니다. '돌이켜보면 즐거웠던 일이 많았다.'는 In retrospect, I had a lot of great times.라고 하면 됩니다.

그 사진을 보면 옛 친구들이 생각난다.	The picture reminds me of my old friends.
때때로 옛 친구들이 그리울 때가 있다.	Sometimes I miss my old friends.
오랫동안 그를 못 만났다.	I haven't seen him for ages.
우리는 만난 지 오래되었다.	It has been ages since we met.
우연히 옛 친구를 만났다.	I ran into an old friend of mine.
나는 어릴 적 친구를 우연히 만났다.	I encountered a childhood friend by chance.
그는 옛 모습 그대로였다.	He looked just the same.
하나도 변하지 않았다.	He hasn't changed at all.
그는 너무 많이 변했다.	He has changed so much.
첫눈에 그를 알아볼 수가 없었다.	I couldn't recognize him at a glance.
그를 단번에 알아볼 수 있었다.	I recognized him in a flash.
그동안 어떻게 지냈는지 물어봤다.	I asked him how he has been getting along.
우리의 만남은 정말로 우연이었다.	Our meeting was quite an accident.
정말 우연한 만남이었다.	It was just a casual encounter.
도서관에 가는 길에 그를 만났다.	I met him on the way to the library.
그의 이름이 생각나질 않았다.	I wasn't able to recall his name.
그의 이름이 혀끝에서 맴돌았다.	His name was on the tip of my tongue.
정말 뜻밖이었다.	It was a nice surprise.

Words & Expressions

remind ~ of ... ~에게 …를 생각나게 하다 **at a glance** 첫눈에, 얼른 봐서 **in a flash** 단번에, 매우 빨리

- 정말 세상 좁구나!   What a small world!
- 전에 어디에선가 본 사람 같았다.   He seemed to be a person I had seen somewhere before.
- 우리는 ~ 이후로 연락이 끊어졌었다.   We haven't kept in touch since ~.
- 오랫동안 그의 소식을 듣지 못했다.   I didn't hear anything from him for long.
- 오늘 동창회가 있었다.   There was an alumni meeting today.
- 우리는 1년에 한 번 모임을 갖는다.   We have a reunion once a year.
- 오랜만에 옛 친구들을 만나 매우 반가웠다.   I was very glad to see old friends after a long time.
- 우리는 ~학교 때 같은 반이었다.   We were in the same class together at the ~ school.
- 몇몇 친구들은 성공한 것 같았다.   Some of them looked very successful.
- 어찌 지내는지에 대해 이야기를 했다.   We talked about how we had been doing.
- 우리는 학창 시절의 추억에 잠겼다.   We reminisced about the memories of school days.
- 학창 시절에 대한 추억이 아직도 내 마음속에 남아 있다.   The memory of my school days dwells in my mind.
- 모임에 참석하지 않은 친구들이 보고 싶었다.   I missed those who didn't attend the reunion.
- 더 자주 만나자는 약속을 하고 헤어졌다.   We parted, promising to meet more often.

Words & Expressions

keep in touch 연락을 유지하다   **alumni** 동창생   **reunion** 재결합, 재회, 모임   **reminisce** 추억하다, 추억에 잠기다   **dwell** 살다, 거주하다, 머무르다

CHAPTER 16
사랑

01	미팅	282
02	사랑	284
03	연애	286
04	이별	287
05	결혼	289

01 미팅

미팅한 상대방이 매우 얼짱이고 몸짱이었나요? 얼짱이라는 말은 He is a good looker., 몸짱이라면 He is in good shape.라고 할 수 있어요. 누구나 파트너가 되고 싶어 하는 아주 멋진 킹카였다면 He is a hunk!라고 하면 됩니다. 이때 hunk는 아주 멋진 남자를 말합니다.

- 미팅을 했다. — I had a blind date.
- 미팅할 장소와 시간을 정했다. — I set a place and time for the blind date.
- 한 친구가 그를 나에게 소개시켜 주었다. — A friend of mine introduced him to me.
- 그가 미팅을 주선해 주었다. — He set me up on a blind date.
- 몇 년 동안 데이트 한 번을 못해 봤다. — I haven't gone out on a date in years.
- 그를 카페에서 처음 만났다. — I met him for the first time in the cafe.
- 두 명씩 하는 미팅이었다. — It was a double date.
- 가슴이 몹시 설레었다. — I was very thrilled.
- 멋진 사람을 만날 수 있기를 바랐다. — I hoped to meet a nice person.
- 그녀가 내 파트너가 되기를 바랐다. — I hoped she would be my partner.
- 내가 그녀에게 눈짓을 했다. — I made eyes at her.
- 그녀는 나에게 관심을 두지 않았다. — She wasn't interested in me.
- 그는 어디서 많이 본 사람 같았다. — He looked kind of familiar.
- 그는 내 타입이 아니었다. — He was not my cup of tea.
- 그에 대해 별 특별한 감정이 없었다. — I didn't have any special feelings about him.
- 그는 허풍쟁이였다. — He was a braggart.
- 그는 여자를 잘 다루는 것 같았다. — I thought he had a way with the ladies.
- 그는 말을 느끼하게 했다. — He said slimy things.
- 그는 바람둥이 같았다. — He seemed to be a womanizer.
- 그의 첫 인상은 험악했다. — His first impression was threatening.
- 그는 못생긴 외모였다. — He looked ugly.

• 그는 머리도 약간 벗겨졌다.	He is slightly bald.
• 그는 깔끔해 보이지 않았다.	He didn't look neat.
• 그는 말하는 매너가 좋지 않았다.	His manner of speech was not good.
• 그는 아주 무례한 사람이었다.	He was very rude.
• 그는 인상이 좋았다.	He made a good impression on me.
• 그녀가 눈에 띄었다.	She was an eyeful.
• 그녀의 머리가 찰랑거렸다.	She has bouncy hair.
• 그는 남의 이야기를 잘 들어주는 사람이었다.	He was a good listener.
• 그는 매력적이었다.	He was attractive.
• 그는 박력이 있었다.	He was powerful.
• 그는 활동적이었다.	He was a go-getter.
• 그의 외모가 아주 인상적이었다.	His appearance was very impressive.
• 기품이 있어 보였다.	He looked **distinguished**.
• 그는 유머 감각이 있었다.	He had a sense of humor.
• 그는 내심으로는 낭만적인 사람이었다.	He was a romantic at heart.
• 그는 미소가 멋진 남자였다.	He had a beautiful smile.
• 나는 이지적인 사람이 좋다.	I like a man of intellect.
• 나는 감성적인 사람이 좋다.	I like a man of emotion.
• 나는 그에게 데이트 신청을 했다.	I **asked** him **out**.
• 그와 즐거운 데이트를 했다.	I had a happy date with him.

Words & Expressions

distinguished 눈에 띄는, 유명한, 고귀한   **ask ~ out** ~에게 데이트를 신청하다

02 사랑

여자 친구 또는 남자 친구를 만들고 싶으니 누구를 소개시켜 달라고요? 여자 친구를 만나고 싶다고 해서 I want to make a girlfriend.라고 하면 복제 인간을 만들고 싶다는 말이 됩니다. 이런 경우에는 I want to find a girlfriend.라고 해야 하죠. 또한 소개팅을 주선해 달라는 말은 set up을 사용해서 Please set me up with someone.이라고 하세요.

- 사랑이란 말보다 더 로맨틱한 말은 없다. No word is more romantic than love.
- 사랑에 빠지면 행복해진다. People become happy when they are in love.
- 사랑에는 국경이 없다. Love has no frontier.
- 사랑은 나이와 상관없다. Age has nothing to do with love.
- 나는 사랑은 이해를 의미한다고 생각한다. I think love means understanding.
- 나는 변함없는 사랑을 원한다. I want constant love.
- 제 눈에 안경이다. Beauty is in the eye of the beholder.
- 뜨거운 사랑은 쉽게 식는다. Hot love is soon cold.
- 첫사랑은 실패하기 쉽다고 한다. It is said that first loves are likely to fail.
- 내 사랑은 짝사랑이었다. My love was never returned.
- 그는 모르지만 나는 그를 사랑한다. I love him secretly.
- 그를 보면 가슴이 두근거린다. He makes my heart flutter.
- 설레서 계속 가슴이 두근거린다. My heart keeps fluttering.
- 가슴이 벅차기까지 하다. I am completely overwhelmed.
- 그는 내가 그를 사랑하고 있는 줄 모른다. He doesn't know that I love him.
- 나도 그에게 사랑받고 싶다. I want to be loved by him.
- 이심전심이면 좋겠다. I wish the feeling could be mutual.
- 짝사랑은 때론 매우 고통스럽다. Unrequited love is often very painful.

Words & Expressions

flutter 펄럭이다, 두근거리다 **mutual** 서로의, 공통의 **unrequited** 보답 없는

- 절대 일방적인 짝사랑은 하지 않을 것이다.   I will never love one-sidedly.
- 누군가를 사랑할 것만 같다.   I feel like falling in love with someone.
- 마음에 두고 있는 사람이 있다.   I have someone special in mind.
- 그녀는 내가 꿈에 그리던 여자다.   She is the girl of my dreams.
- 나는 그녀에게 반했다.   I am falling for her.
- 그녀의 사랑을 얻게 되어 정말 행복하다.   I am very happy to win her heart.
- 나는 지금 사랑에 빠져 있다.   I am falling in love.
- 나는 그에게 푹 빠져 있다.   I am stuck on him.
- 나는 그에게 홀딱 빠져 있다.   I **have a crush on** him.
- 우리는 서로에게 푹 빠져 있다.   We are crazy about each other.
- 나는 변함없이 그를 사랑하고 있다.   I love him **as** much as **ever**.
- 그의 결점에도 불구하고 나는 그를 사랑한다.   I love him despite his faults.
- 그는 내가 원하는 것은 무엇이든 해 주었다.   He did whatever I wanted.
- 나는 진심으로 그를 사랑한다.   I love him with all my heart.
- 그의 모습 그대로를 사랑한다.   I love him the way he is.
- 누가 뭐라고 하던, 그와 사귈 것이다.   No matter what others say, I will see him.
- 그가 나에게 얼마나 큰 의미인지 깨달았다.   I realized how much he meant to me.
- 그는 나의 운명이다.   He is my destiny.
- 나는 그를 영원히 사랑할 것이다.   I will love him forever.
- 우리의 사랑이 영원하길 바란다.   I hope our love will be endless.
- 그는 항상 내 마음속에 있다.   He is always in my heart.

Words & Expressions

have a crush on ~에 반하다, ~에 홀리다   **as ever** 변함없이, 전과 같이

03 연애

사랑을 하는 연인들 간에 속삭이는 '사랑의 밀어'는 sweet nothings라고 합니다. They always whisper sweet nothings.라고 하면 '그들은 늘 사랑의 밀어를 속삭인다.'는 말입니다. 뭔가를 얻어내기 위해 하는 '입에 발린 달콤한 말'은 honeyed words라고 합니다.

- 나는 멋진 사람과 사귀고 있다. — I am **going out with** a nice person.
- 우리는 1년 동안 사귀었다. — We have been going out for a year.
- 매일 그와 데이트를 한다. — I have dates with him every day.
- 그는 항상 데이트 약속 시간보다 일찍 나온다. — He is always early for our dates.
- 그녀는 애교를 잘 부린다. — She acts cute.
- 그녀는 정말 사랑스럽다. — She is really adorable.
- 나는 그의 팔짱을 끼고 걸었다. — I walked taking his arm.
- 우리는 손을 잡고 걸었다. — We walked hand in hand.
- 밤이나 낮이나 그와 함께 있고 싶다. — I want to be with him day and night.
- 우리는 항상 티격태격한다. — We often don't **see eye to eye**.
- 헤어질 시간이 되었다. — It was time to say goodbye.
- 그가 집에 데려다 주었다. — He saw me home.
- 그가 차로 집에 데려다 주었다. — He took me home in his car.
- 그가 나를 택시에 태워 집에 보내 주었다. — He sent me home in a taxi.
- 그가 내 뺨에 키스해 주었다. — He kissed me on the cheek.
- 그가 날 꼭 안아 주었다. — He hugged me tight.
- 그와 자주 만나기를 바란다. — I hope to see him frequently.
- 그를 몹시 다시 만나고 싶다. — I can't wait to meet him again.
- 그와 함께 있는 것이 정말 즐거웠다. — I really enjoyed his company.
- 그가 나하고만 사귀었으면 좋겠다. — I want him to **go steady** only with me.

Words & Expressions

go out with ~와 사귀다   **see eye to eye** 의견을 같이하다   **go steady** 진지하게 사귀다

04 이별

헤어진 후 다시 만날 수 있도록 계속 연락을 취하고 싶은 경우, '~와 계속 연락을 취하다'는 표현인 keep in touch with를 사용하여 I want to keep in touch with him.이라고 합니다. '그와 연락이 끊어졌다'는 표현은 '~와 연락이 끊어지다'라는 말인 lose touch with를 사용하여 I lost touch with him.이라고 하면 됩니다.

• 나는 사소한 일로 그와 말다툼을 했다.	I quarrelled about trivial things with him.
• 우리는 서로 말이 잘 안 통한다.	We are not speaking the same language.
• 생각할 시간이 필요했다.	I needed some time to think.
• 그녀는 나를 거절했다.	She turned me down.
• 그녀의 행동이 그녀답지 않았다.	Her behavior was unlike her.
• 나는 그녀에게 차였다.	I got rejected by her.
• 그녀의 마음이 변했다.	She had a change of heart.
• 그녀의 마음을 돌려 보려고 했다.	I tried to make her change her mind.
• 그녀는 내게서 등을 돌렸다.	She turned her back on me.
• 그녀가 나를 배신했다.	She betrayed me.
• 그녀가 한 일에 대해 배신감을 느꼈다.	I felt betrayed when she did so.
• 그에게 한 달 동안 말 한마디 하지 않았다.	I haven't spoken a word to him for a month.
• 그녀는 나를 더 이상 좋아하지 않는다.	She doesn't like me any more.
• 처음에는 그가 좋았으나 곧 흥미를 잃었다.	I liked him at first, but soon lost interest.
• 다른 사람을 찾아야 한다.	I had better find somebody else.
• 그는 나를 바람맞혔다.	He stood me up.
• 그는 나를 두 시간 동안 기다리게 했다.	He made me wait for two hours.
• 그는 나를 오랫동안 계속 기다리게 했다.	He kept me waiting for a long time.
• 내 사랑이 식기 시작했다.	My love began to cool down.
• 우리는 서로 어울리지 않는 것 같다.	I think we are a mismatch.

Words & Expressions

speak the same language 생각이나 태도가 같다   **stand ~ up** 약속 시간에 오지 않다, 바람맞히다

- 우리 관계에 대해 좀 더 생각해 볼 시간이 필요하다.   I need some time to think about our relationship.
- 그와 만나는 것에 대해 다시 생각해 봐야 한다.   I have to reconsider dating him.
- 우리 관계는 끝났다.   We are finished.
- 그가 없으니 마음이 텅 빈 듯하다.   I feel empty without him.
- 그를 몹시 그리워할 것이다.   I'll miss him a lot.
- 그가 보고 싶어 죽겠다.   I am dying to see him.
- 그가 무척이나 보고 싶다.   I am anxious to see him.
- 기쁠 때나 슬플 때나 그가 보고 싶다.   I miss him in joy and in sorrow.
- 그 사진을 보면 그가 생각난다.   That picture reminds me of him.
- 그는 작별 인사도 없이 떠났다.   He left without saying goodbye.
- 그녀의 생각을 떨쳐 버릴 수가 없다.   I can't get her out of my mind.
- 나는 감정을 드러내지 않으려 노력했다.   I tried not to reveal my feelings.
- 나는 상사병이 났다.   I am lovesick.
- 그에 대한 기억을 모두 잊을 것이다.   I will erase all the memories of him.
- 사랑을 하기에 나는 너무 어리다.   I am too young to be in love.
- 외롭고 우울하다.   I feel lonely and depressed.
- 그와 다시 사귀려고 노력했다.   I tried to make it up to him.
- 눈에서 멀어지면 마음에서도 멀어진다.   Out of sight, out of mind.

05 결혼

사랑을 하게 되면 연인에게 원하는 것은 무엇이든지 해 주고 싶어 합니다. '네가 원하는 것이라면 무엇이든지 해 줄게'라고 하려면 Your wish is my command.라고 하면 됩니다.

• 삼촌이 우리를 중매했다.	My uncle set us up.
• 그가 나에게 청혼했다.	He proposed to me.
• 그가 나에게 반지를 주면서 청혼했다.	He proposed to me, giving me a ring.
• 그가 무릎을 꿇고 나에게 청혼했다.	He got down on his knees and asked for my hand.
• 그는 평생 내 곁에 있어 주겠다고 했다.	He said that he would stand by me for a lifetime.
• 나는 애매한 대답을 했다.	I answered vaguely.
• 결국 그의 청혼을 받아들였다.	Finally, I accepted his proposal.
• 그의 청혼을 거절했다.	I declined his proposal.
• 그와 결혼하기로 결심했다.	I decided to marry him.
• 그와 영원히 함께 하고 싶다.	I wish to stay with him forever.
• 그를 행복하게 해 주고 싶다.	I want to make him feel happy.
• 약혼식 발표를 했다.	We announced that we would have an engagement ceremony.
• 부모님은 우리가 약혼하는 것을 원하지 않으셨다.	My parents didn't want us to get engaged.
• 부모님께서 우리의 결혼을 승낙해 주셨다.	My parents allowed our marriage.
• 약혼식 때 분홍색 드레스를 입었다.	I wore the pink dress at the engagement ceremony.

Words & Expressions

set ~ up ~를 소개시켜 주다   ask for somebody's hand ~에게 청혼하다

• 약혼식에는 부모님과 친척들 몇 명이 참석했다.	My parents and some relatives attended our engagement ceremony.
• 우리는 서로 약혼반지를 교환했다.	We exchanged rings with each other.
• 그들이 멋진 약혼 선물을 해 주었다.	They gave me nice engagement presents.
• 나는 그와 약혼한 사이다.	I am engaged to him.
• 우리는 서로 잘 어울린다.	We are made for each other.
• 몇몇 사람들은 우리가 서로 닮았다고 한다.	Some people say that we look alike.
• 나의 하얀 드레스가 정말 아름다웠다.	My white dress was really beautiful.
• 결혼식장을 걸어 들어갈 때 매우 떨렸다.	I felt so excited when walking down the **aisle**.
• 조카가 신부의 들러리를 했다.	The niece was the flower girl.
• 신랑이 나에게 결혼반지를 껴 주었다.	The bridegroom gave me a wedding ring.
• ~께서 결혼식 주례를 해 주셨다.	~ **officiated** the wedding.
• 그는 죽음이 우리를 갈라놓을 때까지 서로 사랑하라고 하셨다.	He told us to love each other until death does us part.
• 결혼 서약을 했다.	We took **marital vows**.
• 부모님께 절을 했다.	We bowed to our parents.
• 내 결혼을 축하해 주기 위해 친한 친구들이 모두 왔다.	All my close friends came to celebrate my marriage.
• 피로연에 가서 하객들에게 감사를 표했다.	We expressed our gratitude to the guests at the wedding reception.
• 행복이 가득한 가정을 이루도록 할 것이다.	I will try to fill our home with happiness.

Words & Expressions

aisle 복도, 통로　**officiate** 식을 거행하다, 사회하다　**marital** 혼인의　**vow** 맹세, 서약

CHAPTER 17
취미 활동

01 취미   292
02 등산   293
03 독서   294
04 음악   297
05 악기   299
06 노래   300
07 춤   302
08 그림   303
09 카메라   304
10 애완동물   306
11 연예   309
12 수집   311
13 재봉 · 자수   312

01 취미

내 취미는 축구라고 해서 My hobby is soccer.라고 하지 않습니다. 나의 취미는 축구가 아니라 축구를 하는 것이지요. 그래서 '~하는 것'을 나타내는 to 부정사나 동명사(-ing)의 형태로 써서 My hobby is to play soccer. 또는 My hobby is playing soccer.라고 하는 것이 더 정확한 영어 표현이 됩니다.

• 취미는 취향에 따라 다르다.	Hobbies vary according to taste.
• 취미는 시간을 보내기 위한 것만은 아니다.	Having a hobby is not only for killing time.
• 취미는 우리의 긍정적인 사고를 키워준다.	Hobbies promote positive thinking.
• 내 취미는 음악 감상이다.	My hobby is listening to music.
• 나는 여행하기를 좋아한다.	I am fond of traveling.
• 내가 가장 좋아하는 취미는 자수이다.	My favorite hobby is embroidering.
• 내가 가장 좋아하는 취미 중 하나는 ~이다.	One of my favorite hobbies is ~.
• 내 취미는 꽃꽂이다.	My hobby is arranging flowers.
• 나는 낚시하러 가는 것을 좋아한다.	I like to go fishing.
• 나는 손재주가 많다.	I am good with my hands.
• 나는 수집에 재능이 없다.	I have no talent for collecting.
• 나는 손재주가 없다.	I am all thumbs.
• 굼벵이도 구르는 재주가 있는 법이다.	Every man to his own trade.
• 꽃꽂이를 배우고 싶다.	I want to learn floristry.
• 나는 서예와 체스를 배우고 싶다.	I want to learn calligraphy and chess.
• 나는 취미로 애완견을 기르고 싶다.	I want to raise a pet dog for my hobby.

Words & Expressions

vary 달라지다, 다양하다   **promote** 조장하다, 증진시키다   **embroider** 수를 놓다, 꾸미다   **arrange** 정리하다, 배열하다   **be all thumbs** 손재주가 없다, 무디다

02 등산

산에 오를 때 암벽 등반처럼 등산 장비를 갖추고 하는 산악 등반은 climb이고, 도보 여행이나 가볍게 걸어서 산에 오르는 것은 hike라고 합니다. Let's go climbing./ Let's go hiking.과 같이 활용할 수 있습니다.

• 나는 거의 모든 등산 장비를 가지고 있다.	I have almost all the equipment for hiking.
• 나는 친구들과 등산을 갔다.	I went mountain hiking with friends.
• 가족과 함께 산에 올라갔다.	I hiked up the mountain with my family.
• 그 산은 등산하기에 지루했다.	The mountain was boring on the way up.
• 그는 매우 빨리 산에 올랐다.	He hiked the mountain so fast.
• 그를 따라잡을 수가 없었다.	I couldn't keep up with him.
• 전망대에서 풍경을 내려다 보았다.	I looked at the scenery from the viewing deck.
• 그곳에서 멀리까지 볼 수 있었다.	I could see far from there.
• 산꼭대기에서 마을이 잘 보였다.	From the top of the mountain, I had a clear view of the village.
• 우리는 산 경치에 감탄했다.	We admired its scenery.
• 해가 산너머로 지는 것을 볼 수 있었다.	I could see the sun dipping behind the mountain.
• 정상에서 보는 일몰은 장관이었다.	The sunset from the summit was magnificent.
• 숨이 멎을 정도로 경치가 장관이었다.	The view was breathtaking.
• 경치가 말로 표현할 수 없을 정도로 아름다웠다.	The scenery was beyond expression.

Words & Expressions

keep up with ~를 따라잡다　**viewing deck** 전망대　**view** 전망, 조망, 견해, 시야　**dip** 담그다, 가라앉다, 내려가다　**summit** 꼭대기, 정상, 절정　**beyond** ~를 넘어선

03 독서

책을 읽은 후에 독서 감상문을 쓰곤 합니다. 지루한 boring, 시시한 silly, 극적인 dramatic, 웃긴 funny, 끔찍한 dreadful, 어려운 difficult 등 책에 대한 평들도 다양합니다.

• 나는 책 읽는 것을 좋아한다.	I am fond of reading books.
• 나는 책 읽기를 아주 좋아한다.	I love reading books.
• 나는 독서를 좋아하는 사람이다.	I am a book lover.
• 독서가 내 유일한 취미이다.	Reading books is my only hobby.
• 학교에서 읽으라고 하는 책들을 읽었다.	I read the books required by my school.
• 나는 한 달에 적어도 소설 한 권은 읽는다.	I read at least one novel a month.
• 나는 잠자리에서 책을 읽는 것을 좋아한다.	I like to read books in bed.
• 책을 읽다가 깜빡 졸았다.	I nodded off while reading a book.
• 책을 읽다가 잠이 들었다.	I fell asleep while I was reading.
• 나는 어떤 책도 읽지 않는다.	I don't read any books.
• 나는 독서에 흥미가 없다.	I'm not interested in reading books.
• 나는 항상 인터넷으로 책을 구입한다.	I always purchase books online.
• 나는 책벌레이다.	I am a bookworm.
• 나는 닥치는 대로 책을 읽는다.	I read books at random.
• 나는 독서에 푹 빠져 있다.	I am crazy for books.
• 나는 독서에 사로잡혀 있다.	I am caught up in reading.
• 다 읽을 때까지 책을 내려놓지 않았다.	I didn't put the book down until I finished it.
• 그 책에 푹 빠졌다.	I lost myself in the book.

Words & Expressions

purchase 구입하다, 구매하다 | **at random** 되는 대로, 닥치는 대로 | **lose oneself in** 몰두하다

보충 어휘: 동화 **fairy tale** | 소설 **novel** | 위인전 **biography** | 추리 소설 **mystery** | 탐정 소설 **detective story** | 공상 소설 **fantasy** | 모험 소설 **adventure story** | 영웅 소설 **epic** | 시 **poem** | 잡지 **magazine** | 정기간행물 **periodical** | 자서전 **autobiography** | 수필 **essay** | 만화책 **comic books** | 백과사전 **encyclopedia**

- 나는 항상 책만 읽는다. — My nose is always in a book.
- 나는 항상 책을 가지고 다닌다. — I always carry a book.
- 세 달 만에 그 책을 다 읽었다. — I finished reading that book in three months.
- 읽던 페이지의 모서리를 접어 두었다. — I dog-eared the page I was on.
- 나는 우리 학교에서 책을 가장 많이 읽는다. — I am the greatest reader at my school.
- 나는 역사 이야기에 관심이 많다. — I am quite interested in historical nonfiction.
- 재미있는 탐정 소설을 읽고 있다. — I am reading an exciting detective story.
- 나는 특히 만화책 읽기를 좋아한다. — I especially like reading comic books.
- 나는 성경책을 즐겨 읽는다. — I enjoy reading the Bible.
- 나는 보통 문학 서적을 읽는다. — I usually read literary books.
- 나는 문학 작품들을 읽는 것을 좋아한다. — I like reading literary works.
- 그 책은 한국어로 번역되어 있었다. — The book has been translated into Korean.
- 그는 가장 인기 있는 작가 중 한 사람이다. — He is one of the most popular writers.
- 나는 책을 정독한다. — I read books intensively.
- 나는 속독에 능하다. — I am good at speed reading.
- 책을 빌리기 위해 도서관에 갔다. — I went to the library to check out some books.
- 한 번에 3권씩 빌릴 수 있다. — We can check out three books at a time.
- 대출 기간은 2주일이다. — I can have books for two weeks.
- 그 책은 벌써 대출이 되어 있었다. — The book had already been checked out.
- 그 책의 반환 기한이 지났다. — The book is overdue.
- 연체료를 지불해야 했다. — I had to pay the overdue charges.

Words & Expressions

dog-ear 책의 모서리를 접다   **intensively** 집중적으로   **charge** 요금

- 대출 기간을 연장해 달라고 사서에게 부탁했다.
- 책을 다 읽고 반납했다.
- 나는 책을 읽고 난 후에 독후감을 쓴다.
- 그 책은 이해하기 어렵다.
- 그 책은 내가 읽기에는 너무 어려웠다.
- 그 책을 읽고 감상적인 기분이 들었다.
- 그 책을 통해 놀라운 사실을 알게 되었다.
- 그 책은 나에게 많은 정보를 주었다.
- 그 책은 읽을 가치가 있는 책이었다.
- 그 책이 내게 가장 많은 영향을 끼쳤다.
- 그 책은 올해의 베스트셀러이다.
- 그 책을 여동생에게 읽어보라고 추천했다.

I asked the librarian to extend the loan time.
I returned the books after reading them.
After reading, I write a book review.
The book is difficult to understand.
The book was too difficult for me to read.
I felt sentimental after reading the book.
I got to know amazing facts through the book.
The book taught me a lot of information.
The book was worth reading.
That book had the most influence on me.
The book is a best-seller this year.
I recommended my sister to read the book.

04 음악

아침에 어떤 노래를 듣고 나서 그 노래의 특정한 후렴구나 가사 부분이 계속 머리에서 맴돌다가 수시로 콧노래로 불렀던 경험이 있을 것입니다. 이렇게 계속해서 머리에 맴도는 멜로디나 노래를 영어로 earworm이라 합니다. 좋아하지도 않는 노래이고 원하지도 않는데 계속 머리속에서 맴돈다하여 brainworm이라고도 합니다.

- 나는 음악을 좋아한다.   I love music.
- 나는 음악 애호가이다.   I am a music lover.
- 나는 팝송을 좋아한다.   I like pop music.
- 나는 댄스곡을 좋아한다.   I like dance music.
- 나는 랩 음악을 좋아한다.   I like rap music.
- 나는 힙합 음악을 좋아한다.   I like hip hop music.
- 나는 헤비메탈 음악을 좋아한다.   I like heavy metal music.
- 나는 클래식 음악을 좋아한다.   I like classical music.
- 나는 시끄러운 음악을 좋아한다.   I like loud music.
- 나는 조용한 음악을 좋아한다.   I like soft music.
- 나는 특히 모차르트의 작품을 좋아한다.   I especially like the works of Mozart.
- 베토벤은 내가 제일 좋아하는 작곡가이다.   Beethoven is my favorite composer.
- ~는 내가 음악을 좋아하게 만든 사람이다.   ~ is the one who made me like music.
- 나는 음악에 취미가 있다.   I have a taste for music.
- 나는 어릴 때부터 음악에 재능이 있었다.   I've had a talent for music since childhood.
- 나는 음악을 배우고 있다.   I take music lessons.
- 나는 그 음악을 클라리넷용으로 편곡했다.   I arranged the music for the clarinet.
- 피아노를 위한 멋진 음악을 작곡했다.   I composed the nice music for the piano.
- 내 취미는 음악을 녹음하는 것이다.   My hobby is recording music.

Words & Expressions

have a taste for ~에 취미를 가지다   **arrange** 정돈하다, 각색하다, 편곡하다

• 나는 CD를 수집하고 있다.	I am collecting CDs.
• 인터넷에서 노래를 다운받는다.	I download songs on the Internet.
• 언제 어디서든 음악을 듣고 싶다.	I want to listen to music anytime, anywhere.
• 나는 특히 감미로운 음악을 즐긴다.	Especially, I enjoy melodious music.
• 나는 클래식 음악 듣기를 좋아한다.	I like listening to classical music.
• 특히 피아노와 바이올린 2중주를 좋아한다.	Especially, I enjoy piano and violin duets.
• 몇 시간씩 음악을 들으며 앉아 있곤 한다.	I sit for hours listening to music.
• 그 음악은 옛 추억을 떠오리게 한다.	The music brings back old memories.
• 그 음악을 들으면 옛날 생각이 난다.	The music reminds me of old times.
• 음악은 나에게 감동을 준다.	Music touches me.
• 그 음악은 정말 감동적이었다.	The music really got to me.
• 그 음악은 내게 깊은 감동을 주었다.	The music moved me deeply.
• 그 음악은 정말 인상적이었다.	The music was really **impressive** to me.
• 음악의 박자에 맞추어 발장단을 쳤다.	I tapped my foot to the beat of the music.
• 영혼을 맑게 해 주는 좋은 음악을 들을 기회를 가졌다.	I had an opportunity to hear some good music to refresh the spirit.
• 나는 좋은 음악을 감상하기 시작했다.	I am beginning to **appreciate** good music.
• 음악은 감정을 공유하도록 도와준다.	Music helps us share our feelings.
• 나는 좋은 음감을 가지고 있다.	I have a very good **ear** for music.
• 나는 음악엔 문외한이다.	I have no ear for music.
• 그는 음악광이다.	He is a **music buff**.
• 그는 음악과 관련된 것을 모두 다 안다.	He knows everything that has to do with music.

Words & Expressions

impressive 인상적인, 감동적인　**appreciate** 감상하다　**ear** 청각, 들어서 분간하는 힘　**music buff** 음악광

05 악기

악기를 연주한다고 할 때는 play 동사와 함께 악기 이름 앞에 정관사 the를 써야 합니다. 달과 하늘처럼 세상에 하나밖에 없는 명사 앞이나 최상급의 형용사, 서수, only(단 하나의), same(같은) 등의 앞에서도 꼭 정관사 the를 붙입니다. 하지만 계절, 식사, 운동경기 이름 앞에는 관사를 붙이지 않습니다.

• 나는 ~동안 바이올린 레슨을 받아왔다.	I have been taking violin lessons for ~.
• 나는 한 주에 두 번씩 피아노 레슨을 받는다.	I take piano lessons twice a week.
• 나는 피아노 연주를 잘한다.	I can play the piano well.
• 나는 그저 즐기기 위해 피아노를 친다.	I play the piano just for my own enjoyment.
• 바이올린은 여러 가지 소리를 낼 수 있어서 좋다.	I like the violin because it can make various sounds.
• 나는 일렉트릭 기타 치는 것을 좋아한다.	I like playing my electric guitar.
• 학교에서 단소 부는 법을 배웠다.	I learned how to play the danso at school.
• 소리를 내기가 어려웠다.	It was difficult for me to make a sound.
• 나는 우리 학교의 음악 부원이다.	I **belong to** the music club at my school.
• 나는 학교 밴드에서 클라리넷을 분다.	I play the clarinet in the school band.
• 클라리넷을 불기 전에 먼저 음을 맞추었다.	I **tuned up** my clarinet before playing.
• 나는 어떤 악기도 연주할 줄 모른다.	I can't play any musical instrument.
• 나는 색소폰을 배우고 싶다.	I want to learn how to play the saxophone.
• ○○가 연주하기에 가장 좋은 악기 같다.	I think OO is the best musical instrument to play.

Words & Expressions

belong to ~에 속해 있다, ~의 일원이다 **tune up** (악기를) 조율하다

06 노래

우리가 보통 클래식 음악, 즉 고전 음악이라고 칭하는 것은 classic music이 아니라 classical music이라고 해야 합니다. classic은 문학, 음악 등의 예술 분야에서 명곡이나 걸작과 같은 최고의 작품을 일컫는 말이므로 클래식 음악의 클래식은 '고전적인'의 뜻을 나타내는 classical로 표현합니다.

- 음악을 듣는 것보다 노래하는 것이 더 좋다. I like singing more than listening to music.
- 나는 아주 열정적으로 노래를 부른다. I am an enthusiastic singer.
- 나는 노래를 정말 잘한다. I sing really well.
- 멋진 목소리 때문에 나는 인기가 있다. I am popular because of my fantastic voice.
- 가사가 좋아서 나는 그 노래를 좋아한다. I like the song because of the good lyrics.
- 나는 좀 서글픈 노래를 좋아한다. I like kind of melancholy songs.
- 그 노래는 내 여동생을 생각나게 한다. The song reminds me of my sister.
- 나는 노래 부를 때 음을 못 맞춘다. I can't sing in tune.
- 나는 음치이다. I am tone-deaf.
- 나는 사람들 앞에서 노래하는 것이 싫다. I don't like singing in front of many people.
- 가끔 친구들과 노래방에 간다. Sometimes I go to a karaoke with my friends.
- 우선 노래를 선곡했다. First, I selected a song.
- 노래의 번호를 눌렀다. I pushed the number of the song.
- 내가 첫 번째로 마이크를 잡았다. I took the microphone first.
- 노래를 부르기 전에 목청을 가다듬었다. I cleared my throat before singing.
- 내가 멋지게 한 곡 불렀다. I turned a tune nicely.
- 노래로 기분 전환을 했다. I refreshed myself with a song.

Words & Expressions

enthusiastic 열정적인 **refresh oneself** 기분 전환을 하다

- 나는 항상 최신곡을 부른다. — I always sing the latest songs.
- 음이 너무 높았다. — The tone of the song was too high.
- 낮은 음정으로 불렀다. — I sang at a low pitch.
- 우리는 탬버린을 흔들며 함께 노래했다. — We sang together shaking the tambourines.
- 우리는 교대로 노래를 불렀다. — We sang by turns.
- 그를 위해 코러스를 넣어 주었다. — I became a backup singer for him.
- 그가 노래를 중간에서 끊었다. — He cut me off in the middle of the song.
- 그는 마이크를 잡으면 놓지 않는다. — He never lets go of the microphone once he takes it.
- 다 같이 부를 수 있는 노래를 골랐다. — I picked a song that we could sing together.
- 모두 다 함께 노래를 불렀다. — We sang a song all together.
- 우리는 즐겁게 춤추며 노래를 불렀다. — We sang a song, dancing merrily.
- 나는 음악에 맞추어 박수를 쳤다. — I clapped along with the music.
- 그 노래는 발을 구르게 할 만큼 흥겨웠다. — The song was merry enough to make my feet tap.
- 노래를 너무 크게 불러서 목이 아팠다. — I sang so loudly that I got a sore throat.
- 그들이 노래할 때 나는 박수만 쳤다. — I only clapped my hands when they sang.
- 백 점을 받았다. — I got a perfect score.
- 내가 부르고 싶은 노래가 없었다. — There was no song I wanted to sing.
- 주인이 30분을 더 주었다. — The owner gave us 30 more minutes.
- 가끔은 혼자 노래방에 가고 싶다. — Sometimes, I want to go to a karaoke alone.

07 춤

노래하는 사람 뒤에서 노래에 맞추어 춤을 추는 사람을 back dancer라고 하는데, 이는 잘못된 표현입니다. 올바른 영어 표현은 background dancer입니다. 따라서 back dancing도 background dancing, back music은 background music이라고 해야 맞는 표현이겠죠.

나는 친구들과 춤추는 것을 아주 좋아한다.	I love to dance with my friends.
나는 춤을 잘 추는 법을 배우고 싶다.	I want to learn how to dance well.
나는 춤을 잘 춘다.	I am a good dancer.
춤을 추다가 그의 발을 밟았다.	I stepped on his feet while dancing.
나에게 춤은 스트레스를 날려 버릴 정도로 재미있다.	Dancing is fun enough for me to release my stress.
나는 종종 댄스 클럽에 춤추러 간다.	I often go dancing at a dance club.
음악이 시작되자 모두 일어나 춤을 추었다.	When the music started, everyone got up to dance.
내가 춤을 이끌었다.	I led the dance.
나는 춤에 푹 빠졌다.	I am crazy about dancing.
신나는 음악에 맞추어 즐겁게 춤을 추었다.	We danced merrily to the delightful music.
그는 어깨춤을 잘 추었다.	He danced well using his shoulders.
우리는 블루스 음악에 맞추어 함께 춤을 추었다.	We danced together to the melody of blues.
우리는 각자의 파트너와 춤을 추었다.	We danced with each partner.
훌라 댄스를 배웠다.	I learned how to dance hula.
남미 춤인 룸바를 좋아한다.	I like the rumba, a Latin-American dance.
그가 탭 댄스를 추는 것을 보니 참 멋졌다.	It was really wonderful to see him tap dance.

08 그림

그림을 멀리서 보면 훨씬 더 멋져 보이죠. 이처럼 비교하는 문장을 쓸 때 비교급으로 표현합니다. 비교급은 형용사나 부사 다음에 -er을 붙이거나 그 앞에 more를 써서 나타냅니다.

나는 펜으로 그림을 그리는 취미가 있다.	I have a taste for drawing pictures with a pen.
그림 그리는 것은 내가 가장 좋아하는 취미 중 하나이다.	Painting is one of my favorite hobbies.
나는 그림에 큰 재능이 있다.	I have a great talent for drawing and painting.
나는 삽화가가 되고 싶다.	I want to be an illustrator.
나는 잘 그리지는 못하지만 그림 그리기를 좋아한다.	I like painting even though I am not a good painter.
휴식이 필요할 때에는 그림을 그린다.	When I need to relax, I draw a picture.
그림을 그리는 동안에는 마음이 편안하다.	I feel comfortable while drawing.
그림 그리기는 마음을 편하게 해 준다.	Drawing is relaxing me.
나는 방에 르누아르의 그림을 걸어 놓았다.	I hung a Renoir in my room.
그에게 내가 그린 그림을 하나 주었다.	I gave him a picture which I had drawn.
수채화로 정물화를 그렸다.	I painted a still-life picture with watercolors.
가끔은 삽화도 그린다.	I often draw illustrations.
내 그림을 따라 갈 사람이 없다고 생각한다.	I think that no one can match my drawing.
내 그림은 멀리서 보면 훨씬 더 멋지게 보인다.	My picture looks much nicer when I look at it from a distance.

보충 어휘 일반적인 그림 **picture** | 색칠된 그림 **painting** | 연필, 펜, 목탄 따위로 그린 데생 **drawing** | 사생화, 밑그림 **sketch** | 삽화 **illustration** | 특히 페이지 일부에 넣는 삽화 **cut** | 한 페이지를 차지하는 삽화 **plate** | 판화 **print** | 초상화 **portrait** | 정물화 **still-life painting** | 수채화 **watercolor** | 유화 **oil painting**

09 카메라

한번 찍으면 지울 수 없는 필름 카메라만을 고집하는 마니아도 많죠. '36장짜리 칼라 필름을 한 통 샀다'는 I bought a roll of color film with 36 exposures., '나는 카메라에 필름을 넣었다'는 I loaded my camera.라고 합니다.

• 나는 외출할 때마다 카메라를 가지고 간다.	I take my camera with me whenever I go out.
• 내 카메라는 자동이라 초점을 맞출 필요가 없다.	My camera is automatic, so I don't have to focus.
• 디지털카메라로 찍은 사진은 수정할 수 있다.	The digitalized pictures can be corrected.
• 렌즈를 돌리면서 카메라 초점을 맞췄다.	I focused the camera by turning the lens.
• 카메라 렌즈를 조절했다.	I set the camera lens.
• 내 디지털카메라는 1,000만 화소이다.	My digital camera has 10 million pixels.
• 내 카메라 렌즈는 광학 줌이 20배이다.	My camera has a 20 times optical zoom lens.
• 내 카메라는 아주 작고 얇다.	My camera is very compact and slim.
• 액정 화면도 매우 크고 넓다.	The display of my camera has a big and wide screen.
• 연속 촬영 기능이 있다.	My camera has a continuous shooting function.
• 손 떨림 방지 기능이 있다.	It has an image stabilizing function.
• 동영상 녹화 기능이 있다.	It has a video recording function.
• 나는 풍경 사진 찍는 것을 좋아한다.	I like to take pictures of scenery.
• 디지털카메라로 꽃 사진을 찍었다.	I took a picture of flowers with my digital camera.
• 아기들을 스냅 사진으로 찍었다.	I took snapshots of babies.

보충 어휘 | 렌즈 뚜껑 **lens cap** | 조리개 **aperture ring** | 사진 **picture, photograph** | 흑백 사진 **black and white photograph** | 즉석 사진 **Polaroid** | 연속 사진 **picture sequence** | 스냅 사진 **snapshot** | 반신 사진 **head shot** | 전신사진 **full-length photograph** | 확대 사진 **enlarged picture** | 필름 한 통 **a roll of film** | 필름 현상 **film development** | 인화 **print**

• 얼굴을 줌인해서 찍었다.	I zoomed in on the face.
• 나는 사진을 부탁해서 찍었다.	I had my photograph taken.
• 사진을 찍기 위해 포즈를 잡을 때 어색했다.	I felt awkward when I posed for the picture.
• 찍은 사진을 빨리 보고 싶었다.	I couldn't wait to see the picture that I had taken.
• 나는 사진 찍는 것을 좋아하지 않는다.	I am camera-shy.
• 나는 사진 콘테스트에서 대상을 탔다.	I won first prize in the photo contest.
• 카메라의 배터리가 떨어져 가고 있었다.	My camera was running low on its battery.
• 사진이 몇 장은 흐리고 어둡게 나왔다.	Some pictures turned out blurry and dark.
• 플래시를 사용하지 않아서 그렇다.	That's because I didn't use a flash.
• 그 사진을 확대하고 싶었다.	I wanted to enlarge the picture.
• 나는 사진이 잘 나온다.	I am photogenic.
• 사진들이 잘 나왔다.	The pictures turned out well.
• 사진이 실물보다 잘 나왔다.	The picture flatters me.
• 사진이 흔들렸다.	The picture is shaky.
• 사진이 너무 과다 노출되어 밝게 나왔다.	The picture is over-exposed.
• 사진이 너무 과소 노출되어 어둡게 나왔다.	The picture is under-exposed.
• 사진 속 모습이 실제 인물보다 더 낫다.	The photo looks better than the real appearance.
• 실물이 더 낫다.	I look better in person.
• 나는 사진이 잘 안 받는다.	I don't photograph well.
	I don't look good in pictures.
• 사진이 실물보다 못 나왔다.	The pictures didn't do me justice.
• 내가 그 사진을 액자에 넣어두었다.	I framed the picture.

Words & Expressions

camera-shy 사진 찍기를 싫어하는 **enlarge** 크게 하다, 확대하다 **flatter** 아첨하다, 실물 이상으로 좋게 나타내다 **in person** 실물로, 몸소 **do ~ justice** 실물대로 나타내다 **frame** 뼈대를 만들다, 틀에 끼우다, 액자에 넣다

10 애완동물

반려동물을 키우는 사람들이 많습니다. 쉽게 볼 수 있는 강아지는 puppy, 고양이는 cat, 앵무새는 parakeet, 햄스터는 hamster, 토끼는 rabbit, 이구아나는 iguana, 뱀은 snake라고 합니다.

- 애완동물을 기르고 싶었다. — I wanted to raise a pet.
- 드디어 애완동물을 갖게 되었다. — I finally got to have a pet.
- 내 취미는 애완동물을 돌보는 것이다. — My hobby is taking care of my pet.
- 내 애완동물은 나를 잘 따른다. — My pet always obeys me.
- 내 애완동물은 무엇이든 물어뜯는다. — My pet bites everything.
- 내 애완동물은 큰 소리가 나면 무서워한다. — My pet is frightened by big sounds.
- 내 애완동물은 나만 보면 꼬리를 흔든다. — My pet wags his tail **whenever** it sees me.
- 나는 그렇게 사랑스런 애완동물을 본 적이 없다. — I have never seen such a lovely pet.
- 나는 애완동물을 아기처럼 보살핀다. — I take care of the pet like a baby.
- 내 애완동물은 내 팔 위에서 자는 것을 좋아한다. — My pet likes to sleep on my arm.
- 그곳은 애완동물이 허용되지 않는다. — No pets are allowed there.
- 내 애완동물은 순종이다. — My pet is a pure-**breed**.
- 내 애완동물은 잡종이다. — My pet is a cross-breed.
- 나는 애완동물을 끈으로 묶지 않는다. — I don't keep my pet on a leash.
- 내 애완동물은 사람들과 함께 있는 것을 좋아한다. — My pet likes to be with people.
- 나는 개를 데리고 산책을 나갔다. — I went out for a walk with my pet.
- 끈으로 묶고 개를 산책시켰다. — I walked my dog on a **leash**.
- 개는 날마다 운동을 시켜야 한다. — Dogs need to have exercise every day.

Words & Expressions

whenever ~할 때마다   **breed** 종족, 혈통, 종류   **leash** (개 등을 매어두는) 가죽끈, 줄, 속박

• 나는 애완견의 털에 매일 빗어 준다.	I brush and comb my dog's fur every day.
• 털을 자주 빗어 주면 털에 광택이 난다.	When I brush its fur often, it glistens.
• 그 개는 졸리면 바닥에 몸을 쭉 편다.	When the dog is sleepy, it stretches out on the floor.
• 내 애완견은 내 손에 발을 올려놓을 수 있다.	My dog can put his paws on my hands.
• 내가 물건을 던지면, 내 애완견은 달려가 물어온다.	When I throw something, my dog runs and brings it back to me.
• 내가 이름을 부르면 곧장 나에게 달려와 내 무릎 위에 눕는다.	When I call his name, he runs to me immediately and lies on my knees.
• 개를 길들이는 데 오랜 시간이 걸렸다.	It took a long time to tame my dog.
• 내 개는 낯선 사람을 보면 항상 크게 짖는다.	My dog always barks loudly when it sees a stranger.
• 집에 들어가자마자 개가 나에게 달려 왔다.	As soon as I got home, my dog ran to me.
• 개가 으르렁거렸다.	The dog growled.
• 개가 내 팔을 할퀴었다.	The dog scratched my arm.
• 개에게 밥을 줄 시간이다.	It is time to feed the dog.
• 나의 개는 용변 훈련이 필요하다.	My dog needs to be house-trained.
• 내 애완동물은 대소변을 가리는 훈련을 받았다.	My pet is house-trained.
• 고양이가 한 마리 있었으면 좋겠다.	I wish I had a cat.
• 나는 애완동물로 고양이를 기른다.	I have a cat as a pet.
• 나는 강아지보다는 고양이가 더 좋다.=	I prefer cats to dogs.
• 고양이가 아픈 것 같았다.	My cat seemed to be sick.
• 고양이를 데리고 동물 병원에 갔다.	I went to the veterinary hospital with the cat.

Words & Expressions

paw 발톱이 있는 동물의 발   **growl** 으르렁거리다   **veterinary** 동물을 치료하는

- 수의사가 아무런 문제가 없다고 했다. The veterinarian said that it had no problem.
- 나는 고양이를 무서워한다. I am scared of cats.
- 나는 고양이 알레르기가 있다. I am allergic to cats.

Words & Expressions

veterinarian 수의사

11 연예

'~하면 좋겠다', '~하면 좋을 텐데'처럼 현실적으로 그렇지 않거나 이루기 어려운 소원을 나타내고 싶을 때는 〈I wish (that) 주어+동사의 과거형〉의 순서로 문장을 만듭니다. '내가 연예인이면 좋겠다.'고 하려면 I wish I were an entertainer.라고 하면 되겠죠.

• 내가 좋아하는 가수는 ~이다.	My favorite singer is ~.
• 그 가수는 다재다능하다.	The singer is multi-talented.
• 그는 타고난 연예인이다.	He is a born entertainer.
• 그는 히트곡 ~로 유명하다.	He is well known for his popular song, ~.
• 그의 음악은 항상 재미있고 신난다.	His music is always entertaining and exciting.
• 그 가수의 노래가 지금 방송되고 있다.	That singer's song is now on the air.
• 내가 좋아하는 가수가 텔레비전에 나왔다.	My favorite singer appeared on TV.
• 그의 노래를 듣자마자 그에게 푹 빠졌다.	On hearing his songs, I got a crush on him.
• 그 가수는 녹음된 노래에 맞추어 입만 움직였다.	The singer lip-synced.
• 그 가수가 라디오에 나와 이야기를 했다.	The singer talked on the radio.
• 그는 요즈음 가장 인기가 좋은 가수이다.	He is the most popular singer these days.
• 그는 참 유명한 가수이다.	He is a big-time singer.
• 그 가수는 갑작스럽게 인기를 얻었다.	He grew popular quickly.
• 그의 폭발적인 인기가 놀랍다.	I was so surprised at his tremendous popularity.
• 그의 신곡들이 유행이다.	His new songs are in vogue.
• 그의 신곡들이 그의 팬들에게 큰 호응을 얻었다.	His new songs went over big with his fans.

Words & Expressions

get a crush on ~에 홀딱 반하다　**in vogue** 유행하여, 인기를 얻어　**go over** (노래·연극 등이) 성공하다

- 그의 노래가 몇 주 동안 인기 순위에 들었다.   His song has been on the charts for weeks.
- 그가 입은 옷 스타일이 유행이 되었다.   The style of his clothes became popular.
- 그는 올해 인기를 많이 얻었다.   He gained popularity this year.
- 그는 연예계에 있는 사람을 잘 안다.   He knows someone in the entertainment world.
- 한 기자가 그의 스캔들을 폭로하는 기사를 썼다.   A reporter wrote the article to expose his scandal.
- 그것 때문에 그의 인기가 떨어지고 있다.   He is losing popularity because of it.
- 그는 근거 없는 루머로 고전하고 있다.   He is suffering from a groundless rumor.
- 그녀는 아직도 연예 활동을 한다.   She is still active in showbiz.

12 수집

취미활동의 일환으로 다양한 수집 활동들을 하는 사람들이 많습니다. 수집할 수 있는 것들로 무엇이 있을까요? 우표 stamp, 동전 coin, 기념품 souvenir, 미니카 miniature car, 만화책 comic book, 골동품 antique, 음반 record, 신발 shoes 등이 있겠네요.

- 나는 희귀한 것을 수집한다.
  I have a collection of rare things.
- 나는 전 세계의 우표를 모은다.
  I collect stamps from all over the world.
- 나는 우표 수집가이다.
  I am a stamp collector.
- 새로운 우표가 나올 때마다 나는 그것들을 수집하기 위해 우체국에 간다.
  Whenever new stamps come out, I go to the post office to collect them.
- 내 취미는 외국 동전을 모으는 것이다.
  My hobby is collecting foreign coins.
- 외국을 여행할 때 각 나라의 동전을 수집한다.
  When I travel abroad, I collect coins of each country.
- 다양한 동전을 수집함으로써 나는 다른 나라의 문화에 대해 알 수 있다.
  By collecting various coins, I can know about other countries' cultures.
- 나는 여러 곳에서 기념품을 수집한다.
  I collect souvenirs from various places.
- 나는 영화 포스터를 모으고 있다.
  I am collecting movie posters.
- 작은 영화 포스터들은 영화관에서 무료로 얻을 수 있다.
  I can get small posters of the movies for free in the theater.
- 그것들을 보고 그 영화를 다시 기억할 수 있어서 좋다.
  It is good for me to look at them and remember the movies again.
- 나는 취미로 미니카를 수집한다.
  I collect miniature cars as a hobby.
- 어떤 사람들은 수집품의 가치가 높아져서 생기는 이익을 기대하며 모으기도 한다.
  Some people collect items expecting the benefit of its value increasing.

13 재봉 · 자수

'고치다, 수선하다'라는 뜻의 단어인 fix, mend, repair를 더 알아볼까요? mend와 fix는 간단한 것을 고칠 때, repair는 전문적으로 자동차나 기계 따위를 수리할 때 사용하는 단어입니다.

• 재봉틀로 드레스를 만들었다.	I made a dress using a sewing machine.
• 바느질을 할 때 항상 골무를 낀다.	When I sew, I always wear my **thimble**.
• 천 위에 옷본을 그렸다.	I drew a pattern on the clothing.
• 옷본에 있는 선을 따라 잘랐다.	I cut the lines of the pattern.
• 핀으로 천을 고정시켰다.	I used pins to fix the clothing.
• 재봉하기 전 정확한 사이즈에 맞추기 위해 입어 보았다.	I tried on the clothes to fit them to my correct size before sewing it.
• 털실로 장갑을 짜 봤다.	I tried knitting gloves out of wool.
• 그를 위한 스웨터를 짰다.	I knitted a sweater for him.
• 코바늘로 조끼를 짰다.	I **crocheted** a vest.
• 졸다가 한 코를 빠뜨렸다.	I dropped a stitch while **dozing off**.
• 오늘은 열 줄 밖에 못 짰다.	I knitted only ten rows today.
• 하루 종일 뜨개질을 했더니 손이 뻐근하다.	My hands are so stiff from knitting all day.
• 스웨터를 풀어서 다시 뜨개질했다.	I **unsewed** and knitted the sweater again.
• 내가 짠 스웨터가 그에게 꼭 맞았다.	The sweater that I had knitted fit him.
• 여러 종류의 수놓는 방법을 배웠다.	I learned different types of stitches.
• 식탁보 가장자리에 수를 놓았다.	I embroidered the sides of the table cloths.
• 다채로운 색실로 식탁보를 수놓았다.	I embroidered the table cloths with colorful threads.
• 베개에 꽃무늬의 수를 놓았다.	I embroidered flower patterns on the pillows.

Words & Expressions

thimble 골무, 고리 **crochet** 코바늘로 뜨개질하다 **doze off** 깜빡 졸다 **unsew** ~의 실밥을 풀다

• 퀼트 쿠션을 만들었다.	I made a quilted cushion.
• 휴식을 취할 때 나는 십자수를 한다.	When relaxing, I cross-stitch.
• 십자수를 하는 동안은 마음이 편안하다.	I feel comfortable while cross-stitching.
• 식탁보를 만들기 위해 십자수를 했다.	I cross-stitched to make a table cloth.
• 도안에 따라 십자수를 했다.	I cross-stitched according to the pattern.
• 십자수를 할 바늘과 실, 도안 그리고 천을 샀다.	I bought needles, thread, patterns, and fabric to cross-stitch with.
• 하나를 완성하는 데 오랜 시간이 걸렸다.	It took a long time to complete one.
• 한 작품을 끝내는 데 많은 인내심이 필요했다.	It took a lot of patience to finish a piece.
• 난 십자수를 제대로 완성해 본 적이 없다.	I have never completed a cross-stitch.
• 모든 땀은 같은 방향으로 교차돼야 한다.	All the stitches should be crossed in the same direction.
• 그에게 선물로 줄 열쇠고리를 만들었다.	I made key chains as a gift for him.
• 사진을 십자수로 수놓을 도안으로 만들었다.	I had a picture made into a pattern for me to cross-stitch.
• 십자수로 시계를 만들었다.	I had my cross-stitch made into a clock.
• 완성된 십자수 작품을 액자에 넣었다.	I had the completed cross-stitch piece framed.
• 그 액자를 내 방의 벽에 걸었다.	I hung the frame on the wall of my room.

CHAPTER 18
운동

01 운동 315
02 축구 317
03 야구 319
04 수영 322
05 탁구 323
06 테니스 324
07 겨울 스포츠 325
08 스키 326
09 승패 327

01 운동

보통 어떤 운동을 한다고 할 경우 동사 play를 사용하여 관사 없이 play soccer, play tennis라고 하지만, 요가나 에어로빅 그리고 태권도, 유도를 한다고 할 때는 do를 사용하여 do yoga, do aerobics, do taekwondo, do judo로 표현합니다.

나는 운동을 해야 한다.	I need some exercise.
나는 운동을 하면 식욕이 좋아진다.	Exercise gives me a good appetite.
운동은 적당히 해야 한다.	We should exercise moderately.
적절한 운동은 건강을 증진시킨다.	Proper exercise promotes good health.
과도한 운동은 해가 될 수 있다.	Excessive exercise can be harmful.
나는 어떤 운동이든 다 좋아한다.	I like any kind of sport.
나는 반사 신경이 빠르다.	I have quick **reflexes**.
나는 운동 신경이 좋다.	I have good motor skills.
나는 운동을 좋아한다.	I like to exercise.
나는 운동에 빠져 있다.	I **am into** sports.
나는 스포츠를 꽤 잘한다.	I play sports quite well.
나는 스포츠를 잘 못한다.	I am not much of an athlete.
나는 스포츠를 잘하지는 못하지만 경기 보는 것은 좋아한다.	I am not good at sports, but I like to watch games.
나는 스포츠에 별 관심이 없다.	I have little interest in sports.
내 특기는 달리기다.	My strong point is running.
나는 승마를 잘한다.	I am good at horse riding.
나는 매일 조깅으로 운동을 한다.	I work out every day by jogging.
나는 물구나무를 서서 걸을 수 있다.	I can walk on my hands.
나는 매일 운동하러 체육관에 다닌다.	I go to the gym for my daily workout.

Words & Expressions

reflexes 반사 신경, 반사 능력　**be into** ~에 빠져 있다, 몰두하다

- 나는 실내 운동보다 실외 스포츠가 더 좋다. I prefer outdoor sports to indoor exercises.
- 헬스클럽에 등록했다. I signed up for the fitness center.
- 몸을 좀 단단히 해야겠다. I need to build myself up.
- 배에 왕(王) 자 복근을 만들기 위해 하루에 윗몸 일으키기를 300번씩 한다. I do 300 sit-ups a day to get six-pack abs.
- 헬스클럽에서 1주일에 두 번 운동을 한다. I work out at the fitness center twice a week.
- 턱걸이를 10번 했다. I did 10 pull-ups.
- 헬스 자전거를 매일 30분씩 탄다. I ride the stationary bike for half an hour every day.
- 스트레스를 받는다고 생각되면 운동을 한다. When I am under stress, I exercise.
- 운동 부족으로 피로를 자주 느낀다. I often feel tired because of a lack of exercise.
- 나는 운동으로 스트레스를 해소한다. I work off stress.
- 나는 스트레스를 해소하려고 운동을 한다. I work out to get rid of my stress.
- 기분 전환을 위해 운동을 했다. I worked out to get my spirits up.
- 운동을 하면 힘이 솟는다. I feel energized after working out.
- 운동으로 몸을 좀 다듬을 것이다. I'm going to put myself through a workout.
- 정신적 긴장을 풀기 위해 요가를 배운다. I learn yoga in order to relax myself.
- 요가는 많은 집중력을 필요로 한다. Yoga requires a lot of concentration.

Words & Expressions

sign up for ~에 수강 신청하다, 등록하다 **abs** 복근(abdominal muscles의 줄임말) **stationary** 움직이지 않는, 고정시킨 **work off** 육체적인 노력으로 풀다, 해소하다 **energized** 활기가 북돋아진

02 축구

백넘버(back number)는 uniform number, 터닝 슛(turning shoot)은 turned and shot, 오버헤드킥(overhead kick)은 bicycle kick, 헤딩(heading)은 header, 센터링(centering)은 cross, 백 패스(back pass)는 backward pass, 헤드트릭(head trick)은 hat trick, 킬 패스(kill pass)는 killer pass, 골 세레모니(goal ceremony)는 goal celebration이 올바른 표현입니다.

- 나는 축구에 빠져 있다. I am into soccer.
- 나는 축구에 미쳐 있다. I am crazy about soccer.
- 나는 축구에 푹 빠져 있다. I am absorbed in soccer.
- 나는 축구에 열광한다. I am enthusiastic about soccer.
- 나는 축구부에 속해 있다. I am in the soccer club.
- 나는 축구부의 일원이다. I am a member of the soccer club.
- 축구 선수로 선발되었다. I was singled out as a soccer player.
- 내 백넘버는 11번이다. My uniform number is 11.
- 경기 규칙에 대해 자세히 배웠다. I learned the rules of the game in detail.
- 지금은 후보 선수이다. I am a benchwarmer now.
- 축구하기 전에 다리를 풀었다. I stretched my legs before playing soccer.
- 해가 질 때까지 축구 연습을 했다. I practiced soccer till sunset.
- 하루에 공차기를 2시간씩 연습했다. I practiced kicking balls for two hours a day.
- 나는 할 수 있는 만큼 세게 공을 찼다. I kicked the ball as hard as I could.
- 비 때문에 그 경기가 취소되었다. The game was called off because of the rain.
- 매년 열리는 학교 간 대항 경기가 있었다. There was an annual interscholastic match.
- 다른 학교 축구팀과 축구 경기를 했다. We played soccer with another school's team.

• 우리 팀은 결결승전에 올랐다.	My team went on to the semifinals.
• 오늘은 준결승전이 있었다.	Today we had a semifinal match.
• 우리 팀이 결승전까지 올라갔다.	My team has advanced to the finals.
• 우리 팀이 결승전을 했다.	My team played in the finals.
• 나는 결승전에서 최고 득점을 올렸다.	I scored the most goals in the final round.
• 내가 자살골을 넣었다.	I kicked the ball in the wrong goal.
• 그는 우리의 열렬한 응원에 힘을 얻었다.	He was encouraged by our loud cheers.
• 나는 그 팀의 열렬한 팬이다.	I am an enthusiastic fan of the team.
• TV 중계를 보러 집에 일찍 왔다.	I went home early to watch the game on TV.
• 그 경기는 생중계로 방송되었다.	The game was broadcast **live**.
• 내가 좋아하는 축구 선수는 ~이다.	My favorite soccer player is ~.
• 그는 한국 팀의 베테랑 스트라이커이다.	He is a **veteran** striker of the Korean team.
• 그는 공격에 뛰어난 감각을 가지고 있다.	He has a **superior** sense in attacking.
• 그가 득점할 좋은 기회를 가졌다.	He had a good chance at scoring a goal.
• 그가 멋지게 두 골을 넣는 것을 보았다.	I saw him score two nice goals.
• 그는 수비수를 뚫고 슛을 했다.	He got the shot through the defenders.
• 골키퍼가 슛을 잘 막았다.	The goalkeeper blocked the shot well.
• 우리 축구팀을 응원했다.	We cheered our soccer team on.
• 마음을 졸이는 경기였다.	It was the game which kept me **on edge**.
• 그가 올해의 가장 훌륭한 선수로 뽑혔다.	He was voted the **MVP** this year.

Words & Expressions

live 생방송으로, 실황으로   **veteran** 노련한 사람, 경험이 많은 사람   **superior** 우수한, 뛰어난, 보다 나은   **on edge** 안절부절못하여, 불안하여   **MVP** Most Valuable Player의 약자

03 야구

야구 경기를 보면 역할에 따라 선수들이 정해져 있는데요. 투수는 pitcher, 포수는 catcher, 타자는 batter, 주자는 runner, 유격수는 shortstop라고 합니다. 외국 야구 경기 볼 때 잘 들어보세요.

나는 야구를 가장 좋아한다.	I like baseball the best.
금요일마다 친구들과 야구를 한다.	I play baseball with my friends every Friday.
어떤 팀이 먼저 할지 결정하기 위해 동전을 던졌다.	I flipped a coin to see which team would start.
나는 우리 학교 팀에서 1루수를 보았다.	I played first base for my school team.
나는 우리 팀의 4번 타자였다.	I was the fourth batter of my team.
나는 오늘 최고 득점을 올렸다.	Today I scored the most points.
TV로 프로 야구 경기를 보았다.	I watched the professional baseball game on TV.
우천 교환권을 받았다.	I took a rain check.
나는 LG 트윈스의 열렬한 팬이다.	I am a great fan of the LG Twins.
나는 친구들과 야구장에 갔다.	I went to the baseball park with my friends.
정면 특별관람석 티켓을 샀다.	I bought tickets for the grandstand.
정말 흥미진진한 게임이었다.	The game was really exciting to watch.
그는 급경사가 있는 변화구를 던졌다.	He pitched sharply breaking curve balls.
그가 파울 볼을 쳤다.	He hit the foul balls.
그가 삼진아웃 되었다.	He was struck out.
1루에서 터치아웃 당했다.	He was tagged at first base.
그는 2루 측 땅볼로 아웃되었다.	He grounded out to second base.

Words & Expressions

grandstand 야외 경기장의 지붕이 씌워져 있는 관람석　**tag** 터치아웃 시키다

[보충 어휘!] 좌익수 **left fielder** | 우익수 **right fielder** | 내야 **infield** | 외야 **outfield** | 심판 **umpire** | 누심 **base umpire** | 코치 **coach** | 감독 **manager** | 스트라이크 **strike** | 볼 **ball** | 파울 볼 **foul ball** | 사구 **hit by pitch** | 안타 **hit** | 2루타 **two-base hit** | 직구 **liner** | 변화구 **curve ball** | 땅볼 **grounder**

- 그는 5타수 3안타를 쳤다.　　He made three hits in five at bats.
- 그는 타자를 사구로 내보냈다.　　He walked the batter to load the bases.
- 그의 타율은 3할 4푼 5리였다.　　His batting average was 0.345.
- 그 공이 타자의 팔에 맞았다.　　The ball hit the batter on the arm.
- 그는 외야에서 공을 잘 잡았다.　　He caught the ball well in the outfield.
- 그는 내야와 외야에서 모두 능하다.　　He can play outfield as well as infield.
- 그가 1루를 맡았다.　　He played first base.
- 그 팀은 내야 수비가 강하다.　　The team has a sure-handed infield.
- 그 팀의 1루수가 큰 실책을 했다.　　The team's first baseman **committed** a big error.
- 그가 2루로 도루를 했다.　　He stole second base.
- 그는 2루 도루에 완벽하게 성공했다.　　He made a clean steal to second base.
- 그는 이번 게임에서 세 번째 도루를 했다.　　He stole his third base of this game.
- 홈으로 슬라이딩 했으나 터치 아웃되었다.　　He slid into home plate, but he was tagged.
- 그는 2루에 머리부터 슬라이딩을 해서 세이프되었다.　　He slid head-first into second base safely.
- 그가 홈런을 쳤다.　　He hit a homer.
- 그가 만루 홈런을 쳤다.　　He hit a grand slam homer.
- 그는 9회 초에 장외 홈런을 쳤다.　　He hit an out-of-the-park homer in the top of the ninth inning.
- 그는 9회 말에 3점 홈런을 쳤다.　　He hit a three-run homer in the bottom of the ninth inning.
- 그는 그 홈런으로 자신의 기록을 갱신했다.　　He broke his record again by hitting the home run.
- 그 팀은 만루 상태였다.　　The bases were **loaded** for the team.

Words & Expressions

commit 범하다, 저지르다, 위임하다　　**loaded** 가득 찬, 짐을 가득 실은

- 9회 말 투 아웃 상황이었다.

  It was the bottom of the ninth inning with two down.

- 그 팀이 3점을 지고 있었다.

  The team was losing by three runs.

- 그 팀이 3점을 이기고 있었다.

  The team was leading by three runs.

- 그가 홈으로 들어왔다.

  He scored a run.

- 안타 한 개로 역전을 했다.

  A hit turned the tide in the game.

- 그의 2루타로 2점을 얻었다.

  He drove in two runs with a double.

- 우리 팀이 9회 말에 역전을 했다.

  My team reversed the score at the bottom of the last inning.

- 그 경기는 연장전까지 갔다.

  The game went into extra innings.

Words & Expressions

turn the tide 형세를 바꾸다, 역전하다   **reverse** 뒤바꾸다, 역전시키다

04 수영

여럿이 함께 하는 운동경기나 구기 종목을 할 때는 play soccer, play tennis처럼 play와 함께 쓰지만, 수영이나 스케이트처럼 혼자 하는 스포츠나 그저 오락이나 활동을 위한 것은 go -ing의 형태로 나타냅니다. 이렇게 표현하는 것은 go swimming(수영하다), go bowling(볼링 치다), go skating(스케이트를 타다), go jogging(조깅하다), go hiking(등산하다), go fishing(낚시하다) 등이 있습니다.

- 수영은 모두에게 좋은 운동이다.   Swimming is a good sport for everyone.
- 수영은 근육 강화에 도움이 된다.   Swimming helps develop strong muscles.
- 수영을 할 때 안전 규칙을 잘 지켜야 한다.   We have to keep safety rules in swimming.
- 집 근처 수영장으로 수영하러 갔다.   I went swimming in a pool near my house.
- 우리 동네에 수영장이 있다.   There is a swimming pool in my neighborhood.
- 실내 수영장에 수영하러 갔다.   I went swimming at an indoor swimming pool.
- 수영복, 수영 모자, 물안경을 가지고 갔다.   I brought a bathing suit, a swimming cap, and goggles with me.
- 수영을 배우고 싶었다.   I wanted to learn how to swim.
- 그래서 매일 수영을 연습한다.   That's why I practice swimming every day.
- 일주일에 두 번 수영을 배운다.   I take swimming lessons twice a week.
- 나는 평영으로 약 10미터를 수영할 수 있다.   I can swim about 10 meters of breast stroke.
- 배영은 어렵지만 재미있다.   Backstroke is hard but interesting.
- 나는 주로 접영으로 수영을 한다.   I usually swim the butterfly stroke.
- 물속으로 다이빙했다.   I dived into the water.
- 스노클링과 스쿠버 다이빙을 경험했다.   I experienced snorkeling and scuba diving.
- 스노클링을 위해서는 산소통과 잠수복, 물안경이 필요했다.   I needed air tanks, wet suits and goggles for snorkeling.
- 지난여름에 스노클링을 많이 했다.   I did a lot of snorkeling last summer.

05 탁구

피구, 족구는 뭐라고 할까요? 일정한 구역 안에서 공으로 상대편을 맞히는 공놀이인 피구는 공을 피해야 하므로, 몸을 살짝 피한다는 dodge를 사용하여 dodge ball이라고 합니다. 그리고 발로 공을 차서 네트를 넘기는 족구는 kick ball이라고 합니다.

• 탁구를 치러 체육관에 갔다.	I went to a gym to play table tennis.
• 시합을 하기 위해 두 팀으로 나누었다.	We made two teams to **compete with** each other.
• 내가 먼저 서브를 넣었다.	I was the first to serve the ball.
• 공을 너무 세게 쳤다.	I hit the ball too hard.
• 공이 밖으로 나갔다.	The ball hit outside.
• 나는 공을 되받아치지 못했다.	I **missed returning** the ball.
• 나는 공을 앞으로 잘 돌려 친다.	I have a strong forehand spin.
• 뒤로는 공을 잘 돌려 치지 못한다.	I have a weak backhand spin.
• 점수가 듀스가 되었다.	The score became deuce.
• 다른 팀을 이기기가 매우 어려웠다.	It was hard to defeat the other team.
• 상대팀이 우리를 이겼다.	The other team won against my team.
• 게임에서 져서 기분이 좋지 않았다.	I felt bad for losing the game.
• 탁구를 치고 나면 기분이 좋아진다.	After playing table tennis, I feel great.

Words & Expressions

compete with ~와 시합하다   **miss -ing** ~할 것을 하지 못하다

06 테니스

테니스 경기 중에 공이 코트 안에 들어왔는지 코트 밖으로 나갔는지 판단해주는 심판은 line judge, 네트 옆의 높은 의자에 앉아 심판을 보는 사람은 umpire, 경기의 총체적인 것을 결정하는 심판은 referee라고 합니다.

• 1년 동안 테니스 레슨을 받고 있다.	I have taken tennis lessons for a year.
• 나는 테니스 클럽 회원이다.	I am a member of a tennis club.
• 테니스를 치기 위해 코트를 예약했다.	I reserved a court to play tennis.
• 그와 1대 1로 쳤다.	I played singles with him.
• 친구들과 2대 2로 쳤다.	I played double with my friends.
• 혼합 복식으로 쳤다.	I played mixed doubles.
• 오늘 우리는 테니스를 세 게임 쳤다.	We played three games of tennis.
• 나는 서비스 에이스를 받았다.	I served an ace.
• 내 포핸드 스트로크가 아주 좋았다.	My forehand stroke was excellent.
• 나는 백핸드 치는 것에 익숙하지 않았다.	I was not used to hitting backhands.
• 그의 서브가 너무 빨라서 받지 못했다.	His serve was too fast for me to receive the ball.
• 내가 서브할 차례였다.	It was my turn to serve.
• 내가 가장 좋아하는 테니스 선수는 ~다.	My favorite tennis player is ~.
• 그는 ~ 토너먼트에서 우승했다.	He won the ~ Tournament.
• 그는 뛰어난 선수이다.	He is an extraordinary player.
• 그는 포핸드에서 최고이다.	He has the best forehand.

Words & Expressions

be used to -ing ~하는 것에 익숙하다　**extraordinary** 비범한, 대단한

07 겨울 스포츠

아이들이 타는 작은 썰매로 아래에 날이 있는 것은 sled라고 하고, 말이나 개 등의 동물이 끄는 썰매는 sleigh라고 합니다. 썰매 아래에 날이 없이 만들어진 썰매는 toboggan이라고 하는데, 이는 눈썰매장에서 타는 그런 모양의 썰매입니다. 그리고 스포츠로 하는 썰매는 bobsleigh라고 하죠.

• 나는 다양한 겨울 스포츠를 즐겨한다.	I enjoy various winter sports.
• 특히 스키를 타고 싶다.	I especially want to get on the slopes.
• 이번 겨울에 스노우보드 타는 것을 배웠다.	I learned how to snowboard this winter.
• 썰매를 타러 갔다.	I went sledding.
• 강물이 얼어서 썰매를 탈 수 있었다.	I could sled because the river was frozen over.
• 겨울에는 놀이 공원에 눈썰매장이 개장된다.	The amusement park opens a snow sledding area in winter.
• 놀이 공원에서 눈썰매를 탔다.	I sledded over the snow in the amusement park.
• 썰매를 끌고 올라가는 것이 힘들었다.	It was hard for me to drag my sled to the top.
• 썰매를 타고 눈 위를 미끄러져 내려 올 때는 정말 신났다.	I was really excited when sliding down over the snow in my sled.
• 다른 썰매와 부딪치기도 했다.	My sled happened to bump into another.
• 친구와 손을 잡고 스케이트를 탔다.	I skated hand in hand with a friend of mine.
• 얼음 위로 여러 번 넘어졌다.	I fell down on the ice several times.

Words & Expressions

get on the slopes 스키를 타다 **freeze over** 동결하다, 얼어붙다 **bump into** ~에 부딪히다

08 스키

스키를 타며 휴양하는 곳은 ski resort, 스키를 타고 내려가는 경사진 곳은 ski slope, 스키장에서 스키 타는 길인 활강로는 ski run, 스키복은 ski outfit, 스키용 보안경은 ski goggles라고 하며 스키도 신발처럼 짝을 이루는 것이므로 스키 한 벌은 a pair of skis라고 표현합니다.

- 나는 스키가 정말 재미있다. — I really enjoy skiing.
- 눈이 오면 스키를 타러 가고 싶다. — When it snows, I feel like skiing.
- 스키가 몹시 타고 싶다. — I can't wait to hit the slopes.
- 매년 겨울이면 우리는 스키를 타러 간다. — We go skiing every winter.
- 우리는 스키를 타러 스키 리조트에 갔다. — We went skiing at the ski resort.
- 스키 장비를 빌렸다. — We rented the ski equipment.
- 리프트를 타고 더 높이 올라갔다. — I went up higher by ski lift.
- 전문가 코스를 타 보았다. — I tried skiing down the expert slopes.
- 좀 더 어려운 코스에 도전하는 것은 흥미로운 일이다. — The more difficult slopes are an exciting challenge.
- 진로에서 벗어나지 않으려고 조심했다. — I was careful not to veer off course.
- 스키 코스를 몇 번 내려온 후 간식을 먹었다. — After several runs down the slopes, we had some snacks.
- 내가 넘어지자 스키 안전요원 중 한 명이 내가 일어나도록 도와주었다. — When I fell down, a member of the ski patrol helped me get up.
- 시간 가는 줄도 모르고 재미있게 스키를 탔다. — I enjoyed my skiing so much that I lost track of time.

Words & Expressions

can't wait to+동사원형 ~를 몹시 하고 싶다 **try -ing** ~를 시도해 보다 **veer off** 진로에서 벗어나다 **lose track of time** 시간의 흐름을 놓치다, 시간 가는 줄 모르다

09 승패

자신이 좋아하는 선수나 팀을 응원할 때 흔히 사용되는 Fighting은 '치고받는 싸움' 또는 '싸우고 있는 중'이란 뜻입니다. Play! Play! Korea!라고 응원하기도 하는데, 이는 한국식 영어 표현이고, 이에 대한 적절한 영어 표현으로는 Come on!, Way to go!, Go!가 있습니다. 한국 팀을 응원한다면 Come on, Korea!, Let's go!, Go!와 같이 표현하면 되겠죠.

• 이길 승산이 있는 경기였다.	It was a winning game.
• 우리 팀은 기권승을 얻었다.	My team won a game by default.
• 우리 팀이 이겼다.	We won the game.
• 우리 팀이 상대팀을 이겼다.	My team defeated the other team.
• 우리 팀이 다른 모든 팀을 이기기를 바란다.	I hope my team beats all the other teams.
• 우리가 5연승을 거두었다.	We won 5 straight games.
• 우리는 세 경기를 연속해서 이겼다.	We won three games in a row.
• 우리 팀이 6대 4로 이겼다.	My team won the game with a score of 6 to 4.
• 3대 0으로 이겼다.	We won the game 3 to nothing.
• 3대 2의 점수로 이겼다.	We won with a score of 3 to 2.
• 우리 팀이 2점차로 이겼다.	My team won by two points.
• 우리가 압도적인 차로 이겼다.	We won overwhelmingly.
• 우리는 경쟁팀을 쉽게 이겼다.	We won an easy victory over our rival.
• 모든 역경을 극복하고 경기에서 이겼다.	Against all odds, we won the game.
• 패배 직전에서 이겼다.	We snatched victory from the jaws of defeat.
• 근소한 차로 이겼다.	We won by a narrow majority.
• 역전승을 했다.	We came from behind to win.
• 정정당당히 싸워 이겼다.	We won fairly.

Words & Expressions

in a row 연속적으로 **odds** 핸디캡, 차이 **snatch** 쟁취하다 **jaw** 위기, 턱 **majority** 득표의 차

- 우리는 정당하지 못하게 이겼다. — We won by foul play.
- 나는 아직 경기에서 져 본 적이 없다. — I have never lost a game yet.
- 나는 어느 누구에게도 승리를 양보하고 싶지 않다. — I don't want to concede the defeat to anyone.
- 승리를 축하하기 위해 파티를 열었다. — We had a party in celebration of the victory.
- 막상막하의 경기였다. — It was a close game.
- 그 경기는 비겼다. — We were even.
- 동점으로 끝났다. — The game ended in a tie.
- 그 경기는 동점이었다. — The game was a tie.
- 2대 2로 비겼다. — The score was tied, two to two.
- 이길 가망이 없는 경기였다. — It was a losing game.
- 우리는 시합에서 졌다. — We lost the game.
- 우리 팀이 졌다. — My team was defeated.
- 우리는 참패했다. — We were crushed.
- 우리 팀이 2대 3으로 졌다. — We lost the game 2 to 3.
- 우리는 5대 0으로 완패했다. — We were totally blown away, 5 to 0.
- 우리 팀은 10대 6으로 경쟁 팀에게 졌다. — My team lost to the rival team by a score of 10 to 6.
- 우리는 패배를 받아들였다. — We accepted our loss.
- 우리는 패배를 인정했다. — We admitted our defeat.
- 콜드 게임으로 끝났다. — The game ended as a called game.

Words & Expressions

even 대등한, 비긴, 평평한 **tie** 동점, 무승부 **defeat** 패배시키다

CHAPTER 19
쇼핑

01 쇼핑	330
02 세일	331
03 물건 고르기	332
04 홈 쇼핑 · 인터넷 쇼핑	334
05 장보기	335
06 가격	337

01 쇼핑

백화점은 department store, 대형 할인마트는 large discount store, 제조업체의 직판점은 outlet, 큰 건물에 식당, 영화관, 상점이 다 있는 복합 상가는 mall이라고 하는데, 쇼핑 장소로 어디가 좋을까요? 벼룩시장이 좋겠다고요? 벼룩시장은 flea market이라고 하죠. 그리고 '~로 쇼핑하러 가다'라고 할 때, 〈go shopping to+장소〉가 아니라 〈go shopping at/in+장소〉로 써야 한다는 것을 주의하세요.

- 그에게 함께 쇼핑을 가자고 했다.   I asked him to go shopping with me.
- 그는 쇼핑은 피곤한 일이라고 생각한다.   He thinks that shopping is tiring.
- 우리는 토요일마다 쇼핑을 한다.   We do the shopping every Saturday.
- 나는 충동구매를 잘한다.   I am an **impulsive** shopper.
- 나는 쇼핑중독자는 아니다.   I am not a shopping **addict**.
- 그녀는 쇼핑중독자이다.   She is a shopaholic.
- 그녀는 싼 것을 잘 찾아다닌다.   She is a bargain-hunter.
- 그저 구경만 했다.   I just looked around.
- 나는 그저 구경만 해도 좋다.   I feel happy just browsing.
- 기분 전환을 위해 아이 쇼핑을 했다.   I went window-shopping for a change.
- 사고 싶은 물건들이 많았다.   There were so many items that I wanted to buy.
- 마음에 드는 것이 하나도 없었다.   Nothing **appealed to** me.
- 좀 더 둘러보았다.   I looked around some more.
- 덜 사고 더 저축하려고 노력하고 있다.   I am trying to buy less and save more.
- 나는 사치품은 거의 사지 않는다.   I purchase **few** luxuries.
- 주차권 받아 오는 것도 잊지 않았다.   I didn't forget to get my parking validation.

Words & Expressions

impulsive 충동적인, 감정에 끌린   **addict** 중독자, 열광적인 애호가   **appeal to** ~의 마음에 들다   **few** 거의 ~없는

02 세일

어떤 물건이 세일 중일 때는 on sale로 나타냅니다. for sale은 '세일 중'이라는 말이 아니라 '판매하려고 내 놓은', 즉 '판매 중'이라는 의미입니다. The bag is on sale.은 '그 가방이 세일 중이다.'라는 의미이고 The bag is for sale.이라고 하면 '그 가방이 판매 중이다.'라는 말입니다. 그리고 세일 품목에 All sales are final.이라고 되어 있으면 '구입 후 환불이나 교환이 안 된다.'는 말이므로 신중하게 구매해야 합니다.

- 백화점이 세일 중이었다.   The department store was having a sale.
- ~가 세일 중이었다.   They were having a sale on ~.
- 그 가게가 재고 정리 세일 중이었다.   The store was having a clearance sale.
- 그 가게는 점포 정리 세일 중이었다.   The store was having a going-out-of-business sale.
- 그 가게는 폭탄 세일 중이었다.   The store was having a blow out sale.
- 그것은 이번 주말에만 세일하는 상품이다.   It is on sale for only this weekend.
- 세일 마지막 날이어서 남아 있는 물건이 많지 않았다.   There was not too much remaining, since it was the last day of the sale.
- 우리는 세일 북새통이 되기 전에 도착했다.   We arrived before the **shopping frenzy** started.
- 그 상품은 다 팔리고 없었다.   The item **was sold out**.
- 유사품에 속았다.   I was **deceived** by similar products.
- ~를 사는 데 1시간 가량 걸렸다.   It took about an hour to pick out ~.
- 그것을 사느라 돈을 다 써 버렸다.   I spent all my money buying it.
- 무분별한 구매를 하지 않아야 한다.   I need to stop mindless buying.
- 차고 세일에서 의자를 ~원에 샀다.   I bought a chair at a garage sale for ~ won.

Words & Expressions

shopping frenzy 세일 중 일어나는 북새통   **be sold out** 다 팔리다. 매진되다   **deceive** 속이다. 사기 치다

03 물건 고르기

물건을 살 때 coupon을 잘 이용하면 저렴하게 살 수 있죠. 쿠폰은 영어로 발음할 때 쿠폰이라고 하지 않고 '큐판'이라고 해요. 또한 누군가로부터 받은 상품권을 사용하여 물건을 사기도 하는데, 상품권은 영어로 gift certificate이라고 합니다.

- 여성복 코너에는 여러 종류의 바지가 있었다. — There were various types of pants in the ladies' apparel section.
- 친구의 것과 똑같은 것이 있었다. — It was the same as my friend's.
- 무엇을 사야 할지 결정할 수가 없었다. — I couldn't decide which one to buy.
- 다른 스타일을 보고 싶었다. — I wanted to see another one in a different style.
- 나는 옷에 대한 안목이 없는 모양이다. — It seems that I have no fashion sense.
- 점원에게 다른 것을 보여 달라고 했다. — I asked the salesperson to show me another.
- 먼저 가격이 얼마인지 물어 보았다. — First of all, I asked how much it cost.
- 더 좋은 가격을 찾아 다녔다. — I **shopped around for** better prices.
- 마음에 드는 것을 발견하고는 입어 보았다. — I found something that I liked and tried it on.
- 여러 종류의 ~를 입어 보았다. — I tried on several types of ~.
- 진짜 가죽으로 된 ~를 사고 싶었다. — I wanted to buy an **authentic** leather ~.
- 흠이 있는지 살펴보았다. — I checked it out to see whether it had some flaws.
- 내가 기대했던 것만큼 좋지 않았다. — It was not as good as I had expected.
- 내가 사고 싶은 것을 찾아냈다. — I found exactly what I wanted to buy.
- 첫눈에 마음에 쏙 들었다. — At first **glance**, it appealed to me.
- 그것은 최신 브랜드였다. — It was the latest brand.
- 최근에 나온 신상품이었다. — It was brand-new and came out recently.

Words & Expressions

shop around for ~를 보러 여기저기 다니다 **authentic** 진짜의, 믿을 만한 **glance** 흘긋 봄, 한 번 봄

- 중국에서 만들어진 옷이었다. The clothes were made in China.
- 그것은 프랑스에서 수입된 것이었다. It was imported from France.
- 품질이 가장 좋은 물건을 사고 싶었다. I wanted to purchase the best quality product.
- 그것은 내가 마음에 두고 있었던 스타일이 아니었다. It wasn't the style I had had in mind.
- 내가 찾는 스타일은 없었다. There wasn't the style that I was looking for.
- 내게는 색깔이 좀 화려했다. The color was a little bit flashy for me.
- 면으로 된 ~를 원했다. I wanted ~ made of cotton.
- 내 사이즈의 ~가 다 팔렸다. All the ~ in my size were sold out.
- 내게 맞는 사이즈의 ~가 없었다. There was no ~ in my size.
- 나는 작은 사이즈를 입는다. I wear a small size.
- 내 사이즈의 옷을 찾기가 어려웠다. My size was difficult to find.
- 그 코트는 허리 부분이 너무 컸다. The coat was too loose around my waist.
- 그 ~는 좀 조였다. The ~ was a little tight.
- 그 ~는 좀 헐렁했다. The ~ was baggy.
- 그 ~가 나에게 꼭 맞았다. The ~ fit me very well.
- 나는 주저 없이 그것을 샀다. I didn't hesitate to buy it.
- 그것에 어울릴 만한 ~를 사야겠다. I will buy a new ~ to go with it.
- 세탁기로 세탁할 수 있는 옷을 샀다. I bought machine-washable clothes.
- 선택을 잘못했다. I made a bad choice.
- 아무리 비싸도 그것을 사고 싶었다. I wanted to get it at any cost.
- 드디어 내가 원하던 것을 손에 넣었다. Finally I obtained what I had wanted.
- 그것을 포장해 달라고 했다. I asked her to gift-wrap it.

Words & Expressions

flashy 야한, 번지르르한, 번쩍이는   **hesitate** 주저하다, 머뭇거리다

04 홈 쇼핑 · 인터넷 쇼핑

다른 사람들보다 돋보이거나 남들에게 뽐내고 싶어서 가격이 비쌀수록 더 사려고 하는 인간의 심리를 베블렌 효과(Veblen effect)라고 합니다. 이런 베블렌 효과는 주위 사람들에게 자신의 부를 과시하고 으스대기 위하여 값비싼 물건들을 선뜻 구입하는 사람들의 소비 심리를 표현하는 말입니다.

• 가끔은 TV 홈 쇼핑을 한다.	Sometimes I do television shopping.
• ~를 구입하기로 결정했다.	I decided to purchase ~.
• 주문하려고 전화를 했다.	I called to **place an order**.
• 카드 번호와 카드 만기일을 알려 주었다.	I told my credit card number and its expiration date.
• 할부 구입이 가능했다.	I can pay **in installments**.
• 주문을 하면서 하는 선금 결제 방법을 택했다.	I chose cash on order.
• 후불 결제를 원했다.	I wanted cash on delivery.
• 신용카드로 결제했다.	I charged it to my credit card.
• 주문한 물건을 받기까지 며칠을 기다렸다.	I waited for a few days to receive the products that I ordered.
• 배송 추적을 해 보았다.	I tracked my shipment.
• 물건에 흠이 있었다.	There was a flaw on the item.
• 그 물건을 되돌려 보냈다.	I sent the item back.
• 교환할 새 물건을 보내 주었다.	They sent me a replacement.
• 나는 교환을 원하지 않았다.	I didn't want to exchange it.
• 전액환불을 요구했다.	I asked for a full refund.
• 인터넷 사기를 조심할 필요가 있다.	We need to be careful about Internet **scams**.

Words & Expressions

place an order 주문하다   **in installments** 할부로, 분납으로   **scam** 신용 사기

05 장보기

대형 마트에 가면 '1+1 무료 증정'이라고 쓰여 있는 물건들이 있는데, 이는 하나를 사면 하나를 더 준다는 말이죠. 영어로는 Buy one, get one free.라고 합니다. 또한 두 개를 사면 하나를 덤으로 주는 행사는 Buy two, get one free.라고 합니다.

• 엄마가 내게 장을 봐 오라고 하셨다.	My mom made me do the shopping.
• 식료품점에 갔다.	I went to the grocery store.
• 필요한 물건들의 목록을 만들었다.	I made a list of necessary items.
• 필요하지 않은 물건들은 사지 않으려고 한다.	I try not to buy unnecessary things.
• 쇼핑용 비닐 봉지를 가지고 갔다.	I brought a plastic bag for shopping.
• 카트 대신에 바구니를 사용한다.	I use a basket instead of a cart.
• 주스가 필요할 때는 무가당으로 산다.	When I need juice, I buy sugar-free juice.
• 수박이 제철이라 아주 맛있다.	The watermelon is sweet because it is in season.
• 유기농 재배 채소를 샀다.	I bought **organically**-grown vegetables.
• 그 채소에는 벌레의 흔적이 있었다.	The vegetables had traces of worms.
• 과일들이 모두 싱싱해 보였다.	All the fruits looked fresh.
• 과일들이 잘 익었다.	The fruits were very ripe.
• 몇 개는 무른 것 같았다.	Some of them seemed to be **mushy**.
• 일부는 이미 상해 있었다.	Some of them were already spoiled.
• 유통 기한을 확인했다.	I checked out the **expiration** date.
• 유통 기한이 지났다.	The expiration date had passed.
• 농산물 직거래장에 갔다.	I went to the farmers' market.
• 그는 나에게 덤을 주셨다.	He gave me more **for free**.

Words & Expressions

organically 유기적으로 **mushy** 죽 같은, 흐늘흐늘한 **expiration** 기간의 만료 **for free** 무료로

335

• 덤이 있었다.	There was a **freebie**.
• 덤으로 ~를 주었다.	He threw in ~ for free.
• 하나를 사면 덤으로 하나를 더 주었다.	When I bought one item, I got one free.
• 사은품 가방을 하나 받았다.	I got a **promotional** bag.
• 그는 넘치게 많이 주었다.	He gave me more than enough.
• 가격이 표시되어 있지 않았다.	The prices were not marked.
• 가격표를 그 물건 위에 붙여 주었다.	They attached a price tag to the item.
• 떨이 물건이었다.	They were **giveaway** items.
• 떨이로 팔고 있었다.	They were selling **at a** great **loss**.
• 무료 샘플을 가져 왔다.	I took a free sample.
• 슈퍼마켓에서 특별 할인 제품을 샀다.	I bought **special offers** at the supermarket.
• 그 가게의 쿠폰을 가지고 갔다.	I brought the store coupons.
• 쿠폰을 사용해서 돈을 좀 절약했다.	I saved some money by using the coupons.
• 전체 금액에서 10%를 할인 받았다.	I saved ten percent off of our bill.
• 몇 장의 쿠폰은 사용할 수 없었다.	Some of the coupons were not **valid** anymore.
• 그 마트는 배달 서비스를 해 준다.	The mart has a delivery service.
• 그 마트의 배달은 매우 빠르다.	The delivery of the mart is so quick.
• 배달 비용은 없었다.	They don't charge for delivery.
• 배달 서비스를 이용했다.	I used the delivery service.
• 나는 그 물건들을 배달 받기를 원했다.	I wanted to get the items delivered.
• 물건들을 배달해 달라고 했다.	I asked for the items to be delivered.
• 내가 산 물건을 집에서 배달 받았다.	I had my purchase delivered at home.

Words & Expressions

freebie 덤, 공짜로 받는 것, 경품　**promotional** 홍보용의, 촉진용의　**giveaway** 헐값으로 주는　**at a loss** 밑지고, 손해 보면서
special offer 특별 할인 제품　**valid** 유효한, 정당한

06 가격

물건값에 대해서 말할 때는 물건이 주어로 오면 '비싼'의 의미인 expensive, costly, '싼'의 의미를 나타내는 inexpensive, cheap 등으로 표현합니다. 가격이 어떠하다는 문장으로 쓰기 위해 the price를 주어로 쓸 때에는 비싸면 high, 싸면 low라고 해야 합니다. 즉, The price is expensive.는 잘못된 문장으로 The price is high.라고 해야 합니다.

- 정찰제였다. — The prices were fixed.
- 그 물건에는 정찰 가격이 붙어 있었다. — It had a **marked** price.
- 그들은 정찰 가격으로만 판매했다. — They sold only at a fixed price.
- 원가는 ~원이었다. — The original price was ~ won.
- 세일가는 ~원이었다. — It was on sale for ~ won.
- 그 물건은 딱 ~원이었다. — The item cost exactly ~ won
- 가격을 깎았다. — I **haggled over** it.
- 가격을 깎아 달라고 했다. — I asked him to lower the prices.
- 가격을 깎아 주었다. — He gave me a discount.
- 그는 좋은 가격으로 주었다. — He gave me a better price.
- 가격을 10% 깎아 주었다. — He gave me a ten percent discount.
- 가격이 적절했다. — The price was reasonable.
- 가격에 비해서 물건이 좋았다. — It was good for the price.
- 좋은 값에 샀다. — I bought it at a good price.
- 그것을 ~원에 샀다. — I bought it for ~ won.
- 높은 가격 때문에 망설였다. — I hesitated because of the high price.
- 큰 맘 먹고 샀다. — It was a big purchase.
- 그것은 비쌌다. — It was costly.
- 꽤 비쌌다. — It was quite expensive.

Words & Expressions

marked 표시된 **haggle over** ~의 값을 깎으려고 옥신각신하다

- 높은 가격이었다. — It was high-priced.
- 값이 터무니없이 비쌌다. — The price was ridiculous.
- 바가지를 썼다. — I got ripped off.
- 아주 비싼 가격에 그것을 샀다. — I paid an extreme amount of money for it.
- 나는 그것을 살 여유가 없었다. — I could not afford it.
- 돈이 부족해 살 수 없었다. — I ran short and was not able to buy it.
- 그것을 살 만큼 돈이 충분하지 않았다. — I didn't have enough money to buy it.
- 좀 더 싼 것을 원했다. — I wanted something cheaper.
- 그것을 특별 할인가로 샀다. — I got it **for a bargain**.
- 정말 좋은 가격으로 샀다. — I bought it at a good bargain.
- 그것은 저렴했다. — It was cheap.
- 50% 할인된 가격으로 샀다. — I bought it for 50 percent off.
- 그것은 반값으로 아주 싼 것이었다. — It was half-price, a real bargain.
- 나는 그것을 거저 산 것이나 다름없다. — I bought it for a **steal**.
- 나는 그것을 다른 것으로 바꾸고 싶었다. — I wanted to exchange it for a different one.
- 마음에 안 들 경우 환불받을 수 있다. — If someone doesn't like it, it is refundable.
- 그 물건 값을 환불받고 싶었다. — I wanted to get a refund on the item.
- 그들은 영수증을 확인하고 돈을 환불해 주었다. — They gave me a refund after checking the receipt.
- 나는 카드 거래 취소를 원했다. — I wanted to reverse the **transaction** from my credit card.

Words & Expressions

for a bargain 세일 가격으로, 특가로   **steal** 도둑질, 횡재   **transaction** 거래, 매매, 처리

CHAPTER 20
여가 활동

01 전시회	340
02 음악회	341
03 연극	343
04 영화	345
05 놀이공원	348
06 동물원	350
07 식물원	352
08 바다	353
09 여행	354
10 자전거 하이킹	355
11 해외여행	356

01 전시회

콘서트나 전시회에서 좋아하는 가수, 작가를 만나면 사인을 받는 경우가 종종 있죠. 이렇게 연예인이나 작가 등 유명인사로부터 받는 사인은 autograph라고 하고, 계약서나 합의서에 하는 사인은 signature라고 합니다. sign은 이런 동작을 하는 것을 나타내는 동사이고, 명사로 쓰이면 '표지판, 신호, 징조'의 의미를 나타냅니다.

• 나는 미술 전시회에 자주 간다.	I often go to art **exhibitions**.
• 전시 중인 그림을 보러 화랑에 갔다.	I visited a gallery to see pictures on exhibition.
• 그 미술관은 가 볼 만한 곳이다.	The gallery is worth visiting.
• 그 미술관은 연중 개방되어 있다.	The gallery is open all year round.
• 그 전시관은 무료이다.	The gallery is free of charge.
• 그에게 전시회에 같이 가자고 했다.	I asked ~ to go to an exhibition with me.
• 그 전시회는 그의 취향이 아니어서 혼자 갔다.	I went to the exhibition alone, because it was not **his cup of tea**.
• 그 그림들은 예술적 창의력을 나타냈다.	The pictures showed artistic creativity.
• 나는 그림을 보는 안목이 있다.	I have an eye for painting.
• 그 그림은 원본이었다.	The painting was an original.
• 문화 수준을 올리고 싶다.	I want to become more cultured.
• 여러 문화를 경험하면서 사람들을 더 잘 이해할 수 있게 된다.	Experiencing different cultures makes me understand people better.
• 경험이 최고의 스승이다.	Experience is the best teacher.
• 경험은 바보도 지혜롭게 만든다.	Experience makes even fools wise.

Words & Expressions

exhibition 전람회, 전시회　**one's cup of tea** ~의 취향, ~가 좋아하는 것

02 음악회

콘서트에 가서 좋아하는 가수를 만났거나, 작가 사인회에 가면 사인을 받는 경우가 종종 있죠. 이렇게 연예인이나 작가 등 유명인사로부터 받는 사인은 autograph라고 하고, 계약서나 합의서에 하는 사인은 signature라고 합니다.

나는 음악회에 잘 가지 않는다.	I am not a concert-goer.
나는 음악회에 직접 가서 하는 음악 감상이 좋다.	I like to appreciate music directly attending concerts.
나는 가족들과 함께 음악회에 자주 간다.	I often go to concerts with my family.
음악회 티켓을 예매했다.	I bought the concert ticket in advance.
초대권이 두 장 있었다.	I had two invitation tickets.
바이올리니스트가 매우 열정적으로 연주했다.	A violinist played very energetically.
그는 교향악단과 협연했다.	He was accompanied by the symphonic orchestra.
나는 미완성 교향곡이 제일 좋았다.	I liked the Unfinished Symphony most.
지휘자의 지휘가 매우 훌륭했다.	The conductor did very well.
그는 열정적으로 오케스트라를 지휘했다.	He conducted the orchestra with great vigor.
그는 음악적 재능을 타고난 것 같다.	He seems to be endowed with musical talents.
그의 열정적인 연주가 매우 인상적이었다.	His passionate performance was so impressive.
한 곡이 끝날 때마다 우리는 박수갈채를 보냈다.	We clapped and applauded whenever each piece was finished.

Words & Expressions

in advance 미리　**accompany** ~를 동반하다　**conduct** 지휘하다, 안내하다　**vigor** 열정, 활기, 활력　**be endowed with** ~를 타고나다　**clap** 박수치다　**applaud** 성원하다, 박수갈채하다

보충 어휘 ｜ 음악회 **concert** ｜ 독창회 **recital** ｜ 서곡 **overture** ｜ 야상곡 **nocturne** ｜ 광상곡 **rhapsody** ｜ 교향곡 **symphony** ｜ 협주곡 **concerto** ｜ 소야곡 **serenade** ｜ 소나타 **sonata** ｜ 합창 **chorus** ｜ 독창 **vocal solo** ｜ 독주 **solo** ｜ 이중주 **duet** ｜ 삼중주 **trio** ｜ 4중주 **quartet** ｜ 5중주 **quintet** ｜ 악보 **musical note** ｜ 합주 **ensemble** ｜ 지휘자 **conductor** ｜ 지휘대 **podium** ｜ 교향악단 **symphonic orchestra**

- 내가 가장 좋아하는 가수의 콘서트가 열렸다.　My favorite singer gave a concert.
- 그의 콘서트 티켓이 인터넷에서 한 시간 만에 매진되었다.　The tickets for his concert were sold out in one hour on the Internet.
- 많은 팬들이 야광봉을 들고 있었다.　Many fans were carrying glow sticks.
- 그 가수를 환호와 큰 박수로 맞이했다.　We **greeted** the singer with cheers and loud **applause**.
- 그 콘서트는 라이브 공연이었다.　The concert was a live performance.
- 그가 내 우상이라고 말할 수 있다.　I can say he is my **idol**.
- 그는 그 그룹의 리드 싱어이다.　He is the lead singer in the group.
- 그의 목소리는 아주 우렁찼다.　His voice was very powerful.
- 그의 노래가 젊은이들에게 인기가 좋았다.　His song caught on with the young.
- 많은 열성 팬들이 있었다.　There was a great number of his enthusiastic fans.
- 객석에서 몇 소년들은 야유했다.　Some boys **catcalled** in the audience.
- 우리는 손을 흔들며 소리를 질렀다.　We yelled, waving our hands.
- 춤 공연이 있었다.　There was a dance performance.
- 그의 공연 전체가 정말 멋졌다.　His entire performance was really fantastic.
- 우리는 기립 박수를 보냈다.　We gave a standing **ovation**.
- 콘서트는 두 시간 정도 계속되었다.　The concert **lasted** two hours or so.
- 마지막 노래 후에 그가 무대를 떠날 때는 무척 섭섭했다.　I felt sad when he was going off the stage after his last song.
- 콘서트가 끝난 후 그의 콘서트 CD를 샀다.　After the concert, I bought his concert CD.

Words & Expressions

greet 인사하다, 맞이하다　**applause** 박수갈채　**idol** 숭배 받는 사람, 우상　**catcall** 야유하는 소리를 내다　**ovation** 열렬한 박수갈채　**last** 지속되다, 계속되다

03 연극

terrible과 terrific은 둘 다 '끔찍한', '무시무시한'의 뜻이지만, 서로 반대의 의미인 terrible은 '아주 형편없는', terrific은 '아주 좋은'으로 쓰입니다. 또한 awful과 awesome도 둘 다 '두려운, 무서운'의 뜻을 가지고 있지만, awful은 terrible과 같은 의미를, awesome은 terrific과 같은 의미를 나타냅니다.

나는 연극을 보러 가는 것을 좋아한다.	I like to go to plays.
곧 새 연극이 상연될 예정이다.	A new play will be presented soon.
대학에서 연극을 전공하고 싶다.	I want to major in drama at university.
그 연극의 입장료는 ~원이었다.	The admission fee for the play was ~ won.
특별관람석 티켓을 샀다.	I bought a ticket for the grandstand.
그 연극의 팸플릿을 샀다.	I bought a brochure for the play.
연극을 보러 갔다.	I went to see a play.
유명한 브로드웨이 뮤지컬을 보았다.	I watched a famous Broadway musical.
이 연극은 하루에 3회 공연된다.	This play is presented three times a day.
그 연극은 장기 공연이다.	It is a long-running play.
공연이 취소되어 환불을 받았다.	The performance was cancelled and we got a refund.
그 연극은 순회공연 중이다.	They are taking the play on the road.
연극 첫날 사람들이 매우 많았다.	There were lots of people at the opening of the play.
그것은 1막짜리 연극이었다.	It was a one-act play.
그 연극은 꾸며낸 이야기였다.	The play was fiction.
그 연극은 실제 이야기를 연극으로 꾸민 것이다.	The play was based on a true story.
무대 장치가 정말 실제처럼 꾸며졌다.	The sets were very realistic.

Words & Expressions

on the road 여행 중, 순회공연 중 **be based on** ~에 기초를 두다, ~에 바탕을 두다

- 배우들의 의상들이 멋졌다. The actors' costumes were wonderful.
- 그 연극의 분위기가 마음에 들었다. I liked the atmosphere of the play.
- 배우들에게서 강한 열정을 느꼈다. I felt such strong passion from the actors.
- 내가 예상했던 것보다 더 훌륭했다. It was more marvelous than I had expected.
- 연기자들의 연기가 자연스러웠다. The actors acted naturally.
- 그 연극은 평판이 아주 좋다. The play is getting fantastic **reviews**.
- 연극이 끝난 후에도 자리를 뜨지 못했다. I couldn't leave my seat after the play ended.
- 그 연극은 6개월 동안 계속 공연되었다. The drama has run for six months.
- 그 연극은 그저 그랬다. The play was just so-so.
- 그 연극은 별로였다. The play was not so good.
- 나는 별로 재미없었다. I was not amused.
- 그 연극은 이해하기가 어려웠다. The play was too hard to understand.
- 연기자들의 연기가 좀 과장되었다. The actors overacted.
- 그 연극은 싱거웠다. The play was **insipid**.
- 그 연극은 호소력이 없었다. The play was **unappealing**.
- 그 연극은 단조로웠다. The play was monotonous.
- 그 연극은 정말 재미없었다. The play was awful.
- 그 연극은 형편없었다. The play was terrible.
- 그 연극은 매우 지루했다. The play was very boring.
- 지루해서 견딜 수가 없었다. I couldn't **put up with** the boredom.

Words & Expressions

review 비평, 논평, 복습   **insipid** 싱거운, 활기 없는, 무미건조한   **unappealing** 매력이 없는, 호소력이 없는   **put up with** ~를 참다, 견디다

04 영화

무서운 영화를 horror movie 또는 horror film이라고 합니다. horror는 소름 끼치고 혐오스러운 것으로부터 느끼는 공포, fear는 무대에 섰을 때나 어두워지면 느끼는 공포와 같은 두려움, thrill은 두근두근, 오싹오싹 떨리는 공포, suspense는 어쩔 줄 모르게 긴장된 상태입니다.

• 나는 영화 보는 것을 좋아한다.	I love watching movies.
• 나는 영화 감상하는 것을 좋아한다.	I like to appreciate movies.
• 나는 영화 애호가이다.	I am a great movie fan.
• 나는 코미디 만화 영화를 좋아한다.	I am fond of comic animations.
• 나는 서부 영화를 좋아한다.	I like Westerns.
• 내가 가장 좋아하는 영화 장르는 ~이다.	My favorite movie genre is ~.
• 영화는 재미와 오락을 제공한다.	Movies are fun and entertaining.
• 정말 영화 보러 가고 싶었다.	I was eager to go to the movies.
• 흥행하는 공포 영화를 보고 싶었다.	I wanted to see the box-office horror movie.
• 보통 한 달에 한 번 영화를 보러 간다.	I go to the movies once a month.
• 보통 2주에 한 번 영화를 보러 간다.	I go to the movies once every other week.
• 나는 영화에 별 관심이 없다.	I am not interested in movies.
• 무료 초대권이 있었다.	I had a complimentary ticket.
• 매표소에서 두 장의 표를 샀다.	I bought two tickets at the box office.
• 티켓이 매진되었다.	The tickets were sold out.
• 그 영화가 언제 어디서 상영되는지 찾아보았다.	I looked for when and where the movie was showing.
• 영화 시사회에 갔다.	I went to a movie preview.
• 자동차극장에서 영화를 봤다.	I watched a drive-in movie.
• 그 영화는 지금 ~에서 상영중이다.	The film is now showing at the ~.

Words & Expressions

appreciate 감사하다, 감상하다, 이해하다   **Westerns** 서부 영화   **box-office** 크게 인기를 끈   **drive-in** 차를 탄 채로 볼 수 있는

• 그가 나에게 그 영화를 추천해 주었다.	He recommended the movie to me.
• 나는 최근에 개봉된 영화를 보러 갔다.	I went to see a recently **released** film.
• 간이매점에서 팝콘을 조금 샀다.	I bought some popcorn at the snack counter.
• 그 영화는 2관에서 했다.	The movie was shown in the second auditorium.
• 앞자리에 앉았다.	I sat in the front row.
• 중간 자리에 앉았다.	I sat in the middle of the theater.
• 뒷자리에 앉았다.	I sat at the back.
• 앞사람이 내 시야를 가렸다.	The person in front of me was blocking my view.
• 그에게 옆으로 좀 비켜달라고 부탁했다.	I asked him to get out of the way.
• 영화 시작 전에 휴대폰을 껐다.	I turned off my cell phone before the movie started.
• 휴대폰을 꺼 놓았다.	I kept our cell phone off in the theater.
• 영화의 예고편을 봤다.	I watched the **trailer** of the movie.
• 〈스타워즈〉의 속편을 보았다.	I watched the **sequel** to "Star Wars".
• 거액을 들여 만든 영화라고 했다.	It was said to be a big budget film.
• 그것은 여성 취향의 영화가 아니었다.	It wasn't a **chick flick**.
• 그 영화의 상영 시간은 2시간이었다.	The running time of the movie was 2 hours.
• 그 영화는 상업적으로 성공했다.	The movie was a big hit commercially.
• 그 영화는 우리말로 더빙되어 있다.	The movie is dubbed in Korean.
• 스타들이 총출동한 영화였다.	The movie had an all-star **cast**.
• 그가 그 영화에서 주연을 맡았다.	He starred in the movie.
• 그는 조연으로 출연했다.	He played a supporting role.

Words & Expressions

release 개봉하다, 공개하다, 풀어 주다 **trailer** 예고편 **sequel** 속편 **chick flick** 여성 취향의 영화 **cast** 영화의 출연 배우들

• ~가 카메오 출연을 했다.	~ made a cameo appearance.
• 그 감독은 정말 재능 있는 사람 같았다.	The director seemed to be talented.
• 그 영화의 주제곡은 감미로웠다.	The theme song of the movie was sweet.
• 영화를 보는 내내 흐느꼈다.	I kept sobbing throughout the whole movie.
• 영화가 끝나갈 무렵에 잠이 들었다.	I fell asleep when the movie was almost over.
• 자막이 오르면서 영화가 끝났다.	The movie ended with the credits rolling.
• 그 영화는 눈물나게 하는 영화였다.	The movie was a tearjerker.
• 그 영화는 마지막까지 손에 땀을 쥐게 했다.	The movie was a real **cliffhanger**.
• 그 영화는 굉장히 스릴이 있었다.	The movie was very thrilling.
• 끝에 대단한 반전이 있었다.	There was a big **plot twister** at the end.
• 정말로 무서운 영화였다.	It was a really scary movie.
• 그 장면이 아직도 생생하다.	The scene is still vivid in my mind.
• 그 영화는 의외로 재미있었다.	The movie was unexpectedly interesting.
• 말로 형용할 수 없을 정도로 훌륭했다.	It was great beyond description.
• 비평가들은 그 영화를 높이 평가했다.	The critics rated the movie highly.
• 정말 추천할 만한 영화였다.	That was a highly recommendable movie.
• 그 영화는 정말 실패작인 것 같다.	The movie seems to be a real **bomb**.
• 그 영화는 너무 어려워서 이해할 수가 없었다.	The movie was hard for me to understand.
• 미성년자는 그 영화를 볼 수 없었다.	Minors are not allowed to see the movie.
• 그 영화는 성인용이었다.	The movie was rated for adults.
• 그 영화는 상영이 금지되었다.	The film was banned.

Words & Expressions

cliffhanger 스릴이 넘치는 영화 **plot twister** 반전 **bomb** 흥행의 실패

05 놀이공원

놀이공원에 가면 다양한 놀이 기구들을 탈 수 있죠. 바이킹은 pirate ship viking ship, 대관람차는 ferris wheel, 청룡열차는 roller coaster, 회전그네는 giant stride, 회전목마는 merry-go-round라고 합니다.

• 우리는 가까운 공원에 자주 간다.	We go to a nearby park.
• 가족들과 공원으로 나들이를 갔다.	I went to the park for a picnic with my family.
• 우리 가족은 공원에서 음식을 해 먹었다.	My family had a **cookout** in the park.
• 공원에서 우리는 둥근 원반을 가지고 놀았다.	We played frisbee in the park.
• 우리는 잔디밭에 들어갈 수 없었다.	We had to **keep off** the grass.
• 분수가 물을 뿜어내고 있었다.	The water was flowing from the fountain.
• 우리는 지난 일요일에 놀이공원에 갔다.	We went to an amusement park last Sunday.
• 매표소에서 입장권을 샀다.	I bought an admission ticket at the ticket window.
• 자유 이용권을 샀다.	I bought a pass for all the rides.
• 놀이 공원에는 사람들이 많았다.	There were a number of people in the amusement park.
• 사람들이 많아 제대로 즐길 수 없었다.	I couldn't enjoy it much because of the crowd.
• 다양한 놀이 기구와 행사가 있었다.	It had various amusement rides and many events.
• 아이들을 위한 인형극이 있었다.	There was a puppet show for kids.
• 우리는 동화의 집을 구경했다.	We looked around the fairies' house.
• 그곳은 신비롭고 환상적이었다.	It was magical and fantastic.
• 우리는 유령의 집에 들어갔다.	We entered the **haunted** house.
• 안에는 온통 깜깜했다.	It was all dark inside.

Words & Expressions

cookout 야외 요리,파티 **keep off** ~을 멀리하다, ~에 들어가지 않다 **haunted** 유령이 나오는

• 유령들 때문에 정말 무서웠다.	I was so scared of the ghosts.
• 밤에는 화려한 불꽃놀이를 볼 수 있었다.	I could catch the splendid fireworks display.
• 놀이공원의 장미 축제 마당에 들렀다.	I dropped by the Rose Festival.
• 우리는 꽃을 짓밟지 않게 조심했다.	We were careful not to trample flowers down.
• 롤러코스터를 탈까 말까 망설였다.	I hesitated to ride the roller coaster.
• 롤러코스터 표를 샀다.	I bought a ticket for the roller coaster.
• 그는 그 놀이 기구를 타기에는 키가 작았다.	He was not tall enough to go on the ride.
• 한 시간 동안 줄 서 있었다.	I stood in line for an hour.
• 어떤 사람이 새치기를 했다.	Someone cut in line.
• 한참을 기다린 후에 그것을 타게 되었다.	I got to ride it after a long wait.
• 드디어 롤러코스터를 타게 되었다.	Finally, I got to ride the roller coaster.
• 세 번이나 도는 롤러코스터였다.	It was a triple loop roller coaster.
• 스릴이 넘쳤다.	It was thrilling.
• 롤러코스터에서 내리니 어지러웠다.	After getting off the roller coaster, I felt dizzy.
• 드롭다운은 내가 타기에는 너무 높았다.	A drop-down was too high for me to ride.
• 드롭다운을 타고 올라갈 때 떨렸다.	When going up in the drop-down, I was nervous.
• 그것이 높이 올라갈수록 더 겁이 났다.	The higher it went up, the more scared I was.
• 대관람차를 타는 것이 재미있었다.	I enjoyed riding the ferris wheel.
• 무서운 놀이 기구는 타지 않았다.	I didn't go on the scary rides.

Words & Expressions

trample 짓밟다, 짓밟아 뭉개다   **triple** 3배의, 3겹의   **the+비교급, the+비교급** ~할수록 더 ~하다

06 동물원

옛날 태국에서는 왕이 못마땅한 사람에게 흰 코끼리를 하사하곤 하였습니다. 신성한 존재답게 최상의 먹이로 길렀기 때문에 막대한 비용이 들어갔기 때문이죠. 그래서 이 코끼리를 받은 사람들은 하사품을 거절하여 왕을 모욕할 것인가, 아니면 자신이 사육비로 인해 파산할 것인가를 고민하다가 결국 도망을 가는 경우가 많았다고 합니다. 그래서 이 white elephant는 '귀찮은 것', '처치 곤란한 것'이라는 의미로 쓰이고 있습니다.

• 어린이날에 우리는 동물원에 갔다.	We went to a zoo on Children's Day.
• 동물들이 불쌍해 보였다.	The animals looked poor.
• 동물들에게 먹이를 주고 싶었다.	I felt like feeding the animals.
• 그들의 이름을 암기하느라 바빴다.	I was busy understanding their names.
• 백조는 상상했던 것만큼 우아해 보이지 않았다.	The swans didn't look as graceful as I imagined.
• 독수리의 눈빛은 매우 매서웠다.	The light in the eagle's eyes was very fierce.
• 일부 동물들은 만질 수도 있었다.	We could touch some of the animals.
• 동물들과 가까이에서 사진을 찍을 수 있었다.	We could take pictures closely with them.
• 나는 물고기에게 먹이를 주었다.	I fed fish.
• 앵무새를 내 어깨에 앉히기도 했다.	I let the parrot sit on my shoulder.
• 거미가 거미집을 짓는 것을 볼 수 있었다.	I could see a spider spinning a web.
• 낙타를 탈 기회가 있었다.	I had an opportunity to ride a camel.
• 마차를 타고 공원을 다녔다.	I rode a horse-drawn carriage and went all over the park.
• 버스를 타고 야생 동물들을 가까이서 볼 수 있었다.	I could closely watch wild animals by bus.
• 동물들이 버스 창문을 만지려고 했다.	They tried touching the bus window.
• 그것들은 버스 창문에 달려 있는 고기를 가져갔다.	They brought the meat hanging out of the bus.

- 그것들이 버스 창문을 깨지 않을까 두려웠다.
  I was afraid that they would break the bus window.
- 야생 동물들은 매우 잘 길들여져 있는 듯했다.
  The wild animals looked very tame.
- 동물들이 우리에서 풀려나기를 원하는 것 같았다.
  The animals seemed to want to be set free from their cages.
- 박제된 동물들이 몇몇 있었다.
  There were a few stuffed specimens of animals.
- 박제된 동물들이 살아 있는 것 같았다.
  It looked like the stuffed animals were alive.
- 동물원에는 공룡 전시회도 있었다.
  There was a dinosaur exhibit at the zoo.

◯ 동물의 종류

기린	giraffe	얼룩말	zebra	말	horse
하마	hippopotamus	코끼리	elephant	사슴	deer
오리	duck	소	cow	스컹크	skunk
염소	goat	양	sheep	다람쥐	squirrel
낙타	camel	뱀	snake	호랑이	tiger
사자	lion	표범	leopard	치타	cheetah
악어	crocodile	고슴도치	hedgehog	원숭이	monkey
박쥐	bat	도마뱀	lizard	곰	bear
두더지	mole	너구리	raccoon	여우	fox
늑대	wolf	돼지	pig	타조	ostrich
까치	magpie	까마귀	crow	참새	sparrow
앵무새	parrot	올빼미	owl	독수리	eagle
매	hawk	공작	peacock	거위	goose

Words & Expressions

tame 길들인, 온순한 **stuffed** 박제된, 속을 채운 **specimen** 표본, 견본

07 식물원

식물원에서 볼 수 있는 식물들을 알아볼까요. 진달래는 azalea, 민들레는 dandelion, 무궁화는 rose of Sharon, 안개꽃은 babies' breath, 라일락은 lilac, 나팔꽃은 morning glory, 붓꽃은 blue flag라고 합니다.

- 식물원에 갔다. | I went to a **botanical** garden.
- 식물에 관한 리포트를 쓰기 위해 그곳에 갔다. | I went there to write a paper about plants.
- 거기에는 1,000종의 식물들이 있었다. | It contained 1,000 different kinds of plants.
- 그 식물원에는 나비 전시장이 있었다. | It had a **pavilion** with a butterfly exhibit.
- 그 전시장에 여러 나비가 전시되어 있었다. | Various butterflies were displayed in the pavilion.
- 멸종 위기에 처한 식물들의 표본도 볼 수 있었다. | I could see the botanical specimens of **endangered** plants.
- 온실 안에는 열대 식물들이 있었다. | There were tropical plants in the greenhouse.
- 꽃이 핀 선인장들이 매우 멋졌다. | The blossomed **cacti** were very beautiful.
- 손에 가시가 찔렸다. | I got my finger pricked by a thorn.
- 가시를 뺐다. | I pulled out the thorn.
- 식충 식물이 곤충을 잡아먹는 것을 보았다. | I watched the **insectivorous** plants catch insects.
- 생소한 식물들이 매우 많았다. | There were so many unfamiliar plants.
- 허브 정원이 제일 좋았다. | My favorite part was the herb garden.
- 집에서 허브를 키워 보고 싶었다. | I wanted to raise herbs at home.
- 식물원의 공기가 너무 신선했다. | The air of the botanical garden was so fresh.

Words & Expressions

botanical 식물성의, 식물의   **pavilion** 전시장, 전시관   **endangered** 멸종 위기에 처한   **cacti** 선인장(단수형 cactus)
insectivorous 식충의, 벌레를 먹는

08 바다

바다에서 물놀이를 하려면 선크림은 필수죠. 선크림은 sun cream이라고 하지 않고 sunscreen이라고 합니다. 로션이나 크림을 얼굴에 바른다는 말은 apply를 사용하여 나타내는데, 연고 같은 약을 피부를 바르는 경우도 apply로 표현합니다. 문질러서 바르는 경우는 rub을 쓰기도 하고, 립스틱이나 화장품을 바르는 동작은 put on, 바르고 있는 상태는 wear로 나타냅니다.

• 바다 내음이 그립다.	I miss the smell of the sea.
• 해변을 따라 걷는 것은 아주 멋진 일이다.	It is nice to walk along the beach.
• 우리 가족은 해변에 가기로 했다.	My family decided to go to the beach.
• 해변의 바람이 우리의 더위를 식혀 주었다.	The wind on the beach cooled us.
• 비치 파라솔에 앉아서 바다를 바라보았다.	I watched the sea, sitting under the beach umbrella.
• 수영 튜브를 타고 파도를 즐겼다.	I enjoyed the waves in a swimming tube.
• 밤에 그와 해변을 거닐었다.	I took a walk along the beach with him at night.
• 물에 빠져 허우적거리기도 했다.	I fell in the sea, and struggled to get up.
• 짠 바닷물을 많이 마셨다.	I drank so much salty sea water.
• 바다가 나를 삼킬 것 같은 기분이 들었다.	I felt as if the sea could swallow me up.
• 물에 빠져 죽을 뻔했다.	I almost drowned.
• 해변에서 일광욕을 했다.	I sunbathed on the beach.
• 선탠을 잘 해보고 싶었다.	I wanted to get a good suntan.
• 새까맣게 탔다.	I got really tan.
• 햇볕에 노출을 너무 많이 한 것 같다.	I thought I was so exposed to the sun.
• 피부가 벗어진다.	My skin is peeling.
• 햇볕에 가벼운 화상을 입었다.	I got a light sunburn.
• 햇볕에 의한 화상 때문에 피부가 따끔거린다.	My skin hurts from the sunburn.

09 여행

여행 가는 것을 기대하고 있다면 '~을 학수고대하다'라는 〈look forward to+명사/동명사〉를 써서 I look forward to this trip.이라고 쓰면 됩니다. 여행을 가서 그를 만나기로 했나요? 그렇다면 I look forward to meeting him.이라고 하면 되겠죠. 주의할 것은 이 구문의 to는 전치사이기 때문에 그 뒤에 명사나 동명사가 와야 하므로 to meet him이 아닌 to meeting him이 되어야 한다는 것입니다.

- 그저 집에서 벗어나고 싶다. | I just want to get out of the house.
- 일상생활에서 탈출하고 싶다. | I want to escape from my ordinary life.
- 우울할 때면 여행을 가고 싶다. | When I am depressed, I want to take a trip.
- 도보 여행을 하고 싶다. | I want to go on a hike.
- 여행 계획을 세우기 위해 모였다. | We got together to plan the trip.
- 나는 ~ 지리에 밝다. | I know my way around ~.
- 여행을 위한 것들을 준비했다. | I prepared several things for my journey.
- 섬으로 여행을 갈 계획을 세우고 있다. | I am planning to go to an island.
- 여행 갈 날짜를 잡았다. | I set a date for a trip.
- 모든 것이 예정대로 잘 진행되고 있었다. | Everything was going well on schedule.
- 여행을 위한 모든 것이 다 준비되었다. | Everything was ready for our trip.
- 떠나기 전에 자동차를 점검했다. | I checked the car before setting out on the journey.
- 이번 여행을 고대하고 있다. | I am looking forward to this trip.
- 즐거운 여행이 되었으면 좋겠다. | I hope we have a pleasant trip.
- 우리는 여행을 가서 사진을 많이 찍었다. | We took lots of pictures on our trip.
- 우리는 많은 유적지를 방문했다. | We visited many historical sites.
- 우리는 시골길을 따라 드라이브를 했다. | We drove along a country road.
- 우리는 휴가 때 온천을 갔다. | We went to a hot spring during vacation.
- 여행 중에 날씨가 매우 좋았다. | We had wonderful weather on our tour.
- 우리는 일주일간의 여행에서 돌아왔다. | We returned from a week's tour.

10 자전거 하이킹

자전거 안전수칙을 알아봅시다. '항상 자전거 헬멧을 쓰세요.'는 Wear a bike helmet at all times.. '항상 자동차와 사람들을 먼저 가게 하시오.'는 Always let cars and people go first.. '2인 승차하지 마시오.'는 Don't ride double.. '밤에는 라이트 없이 자전거를 타지 마시오.'는 Don't ride at night without a light.이라고 합니다.

• 나는 주말에 자전거를 즐겨 탄다.	I enjoy riding my bicycle on weekends.
• 나는 접이식 자전거가 있다.	I have a collapsible bicycle.
• 우리는 자전거를 타고 여행을 할 것이다.	We will go on a cycling tour.
• 우리는 모여 자전거 여행을 준비했다.	We got together and arranged our cycling tour.
• 자전거 여행을 하기에 아주 좋은 날씨였다.	It was perfect weather for cycling.
• 자전거 도로를 잘 이용하였다.	We made good use of bicycle lanes.
• 열심히 자전거 페달을 밟았다.	I pedaled on my bicycle continuously.
• 한 번 넘어지긴 했지만 그리 심각하진 않았다.	I fell off my bicycle, but it was not so serious.
• 그것과 부딪혔더라면 다쳤을 것이다.	If I had hit it, I could have been injured.
• 멋진 주변 경관을 즐기며 달렸다.	I pedaled my way enjoying the nice surroundings.
• 경치가 너무 좋아 잠시 자전거를 나무에 기대어 놓고 쉬었다.	The scenery was so good that I leaned the bicycle against a tree and took a break.
• 자전거 바퀴에 바람이 빠졌다.	The tire of my bicycle got flat.
• 자전거 바퀴에 바람을 넣었다.	I pumped the tire up.
• 자전거로 오르막길을 오르기가 힘들었다.	It was difficult to ride up a hill by bicycle.
• 자전거의 바퀴살 하나가 부러졌다.	One of the spokes of my bicycle was broken.

Words & Expressions

collapsible 접을 수 있는 **make use of** ~을 이용하다 **spoke** 자전거 바퀴의 살

11 해외여행

해외여행을 하게 되면 비행기를 타게 됩니다. 예전에는 비행기 남자 승무원을 steward, 여자 승무원은 stewardess라고 했지만, 요즘은 남녀 구별 없이 flight attendant라고 합니다. 하나 더! 출국 수속을 마치고 짐을 찾는 곳인 baggage claim area로 갑니다. 빙빙 돌며 가방을 운반하는 회전대를 carrousel이라고 하는데, 이는 놀이공원의 회전목마를 칭하기도 합니다.

• 여행은 견문을 넓혀 준다.	Traveling broadens our perspective.
• 나는 여러 문화를 경험하고 싶다.	I want to experience different cultures.
• 다른 나라의 다양한 민족들을 만나 보고 싶다.	I want to meet various people from other countries.
• 우리는 해외여행 준비를 하고 있다.	We are preparing for a trip abroad.
• 우리는 ~ 관광 여행을 계획하고 있다.	We are planning a sightseeing trip to ~.
• 유럽으로 여행을 갈 계획을 세우고 있다.	I am planning to go to Europe.
• 우선 여권과 비자를 신청했다.	First of all, I applied for a passport and a visa.
• 비자 받는 시간이 오래 걸렸다.	It took a long time to get a visa.
• 5월 5일 ~행 비행기의 좌석을 두 개 예약했다.	I booked two seats to ~ on May 5.
• ~까지의 비행기 요금이 꽤 비쌌다.	The plane **fare** to ~ was very high.
• 호텔을 트윈 룸으로 예약했다.	I made a hotel reservation for a twin room.
• 더블 룸은 빈방이 없었다.	There were no vacancies for double rooms.
• 짐을 꾸렸다.	I packed my luggage.
• 가족들이 배웅을 해 주었다.	My family **saw** me **off**.
• 나는 비행기를 타기 위해 서둘러야 했다.	I had to hurry to catch the plane.
• 비행기가 한 시간 연착되었다.	The flight **landed** an hour late.
• 비행기가 한 시간 늦었다.	The flight was an hour behind time.

Words & Expressions

fare 교통 요금   **see ~ off** 전송하다   **land** 착륙하다(⇔ take off)

• 공항에서 출국 수속을 밟았다.	I went through the departure procedures in the airport.
• 탑승 수속 카운터에서 탑승 수속을 했다.	I checked in at the check-in counter.
• 나는 비행기의 창가 쪽 자리를 원했다.	I wanted the window seat in the airplane.
• 통로 쪽 좌석만 있었다.	There were only aisle seats.
• 공항 이용료를 지불했다.	I paid the airport usage tax.
• 각각의 짐에 꼬리표를 붙였다.	I attached a label to each piece of luggage.
• 보안검색을 받았다.	I went through the security check.
• 면세점에서 물건 몇 개를 샀다.	I bought some things in a duty-free shop.
• 탑승 예고 방송이 있었다.	There was a pre-boarding announcement.
• 35번 탑승구에서 비행기를 탔다.	I got on the airplane at boarding gate 35.
• 승무원에게 탑승권을 보여 주었다.	I showed my boarding pass to a flight attendant.
• 승무원이 내 자리를 안내해 주었다.	The flight attendant showed me to my seat.
• 나는 처음으로 비행기를 타고 여행을 했다.	I flew on a plane for the first time.
• 가방들을 선반 위에 올려놓았다.	I put my bags in the overhead bin.
• 안전벨트를 착용했다.	I fastened my seat belt.
• 비행기 멀미를 했다.	I suffered from nausea.
• 토할 것 같았다.	I felt like throwing up.
• 구토용 봉투가 필요했다.	I needed a barf bag.
• 멀미약을 먹었어야 했다.	I should have taken anti-nausea medicine.
• 비행기를 타니 귀가 멍멍했다.	I felt pressure in my ears when I was flying.
• 귀가 뚫리도록 침을 삼켰다.	I swallowed saliva to pop my ears.
• 의자를 뒤로 젖혔다.	I put my seat back.
• 기내 영화를 보았다.	I watched the in-flight movie.
• 예정대로 도착했다.	We arrived on schedule.

• 예정보다 1시간 늦게 도착했다.	We arrived an hour behind schedule.
• 입국 심사를 받았다.	I went through immigration.
• 도착해서 입국 신고서를 작성했다.	After arriving, I filled out a landing card.
• 세관 신고서를 작성했다.	I filled out a customs declaration form.
• 그가 마중 나왔다.	He came out to greet me.
• 그곳에 도착해서 가족에게 전화를 했다.	As soon as I arrived there, I called my family.
• 시차 적응을 잘 못해서 내내 졸렸다.	I felt sleepy all the time because I didn't get over my **jet lag**.
• 길들이 매우 헷갈렸다.	The streets were very confusing.
• 그는 내게 약도를 그려 주었다.	He drew a map for me.
• 지도에서 그곳을 찾아보았다.	I looked it up on the map.
• 유명한 관광 명소를 방문했다.	I visited well-known tourist attractions.
• 구경할 만한 것들이 많았다.	There were many things **worth seeing**.
• 관광객들이 꼭 봐야 할 것들은 다 봤다.	I didn't miss the must-sees for tourists.
• 섬을 일주하는 선상 여행을 했다.	We joined the boat trip around the island.
• 그 풍경은 그림처럼 아름다웠다.	The scene was as beautiful as a picture.
• 가족들에게 줄 기념품을 샀다.	I bought some souvenirs for my family.
• 기념할 만한 것을 사고 싶었다.	I wanted to buy some memorable things.
• 수공예 기념품을 몇 개 샀다.	I bought a few handcrafted souvenirs.
• 문화적 차이를 느낄 수 있었다.	I could feel the cultural differences.
• 그가 우리를 태워 가기 위해 공항에 왔다.	He came to pick us up at the airport.
• 언젠가 세계 일주 여행을 하고 싶다.	I want to travel around the world someday.

Words & Expressions

jet lag 시차 적응을 못해서 일어나는 증세   **worth -ing** ~할 가치가 있는

CHAPTER 21
직장 생활

01 직업 360
02 취업 361
03 직장 생활 362
04 사업 366

01 직업

취업은 안 되고 막막하면 빽이라도 있어서 어느 회사로든 입사하면 좋겠다는 생각을 하는 사람도 있겠죠. 여기서 '빽'이라 함은 '연줄'에 해당하는 말로 영어로는 connections라고 합니다. '그는 빽이 좋다.'는 표현은 He is a person of good connections.라고 합니다.

• 좋은 직업을 갖는 것은 쉬운 일이 아니다.	It is not easy to get a good job.
• 안정된 직업을 갖고 싶다.	I want to have a regular job.
• 내가 가장 잘할 수 있는 일이 무엇인지 생각해 보았다.	I thought about what I did best.
• 보수가 좋은 직업을 갖고 싶다.	I want to have a job with good pay.
• 나는 그저 알뜰한 가정주부가 되고 싶다.	I just want to be a thrifty homemaker.
• 유망한 기업에 들어가고 싶다.	I want to get into a leading company.
• 내가 그 일에 적임자라고 생각한다.	I think I am the right person for the job.
• 내가 그 일에 아주 적임자다.	I **am cut out for** the work.
• 내가 그 일에 적당한 사람이다.	I am suitable for the work.
• 나는 그 업무에 필요한 모든 자질을 다 갖추고 있다.	I have every quality needed for the job.
• 내가 그 자리에 적합하다고 생각된다.	I think I am qualified for the position.
• 내 적성에 잘 맞는 직업이다.	It is my type of work.
• 그 직업은 내 성격에 맞는다.	The job fits my personality.
• 그 일은 내게 잘 맞지 않는다.	It is not my type of work.
• 나는 그 일을 하기에 기술이 부족하다.	I have **insufficient** skills for the position.
• 직업을 선택하는 것이 이렇게 어려운 줄 몰랐다.	I didn't know how difficult it would be to choose my **profession**.

Words & Expressions

be cut out for ~에 적임이다, 꼭 맞다   **insufficient** 불충분한   **profession** 직업

02 취업

직장을 찾는다고 해서 I want to get my job.이라고 하면 듣는 외국인이 어리둥절할 것입니다. 뭐가 이상해서 그럴까 하며 말한 사람도 당황하겠죠. my job이라고 하면 어딘가에 내 직업으로 미리 정해 놓은 것이 있는데 그것을 잃어버려서 찾고 있다는 표현이 되므로 I want to get a job.이라고 해야 합니다.

• 요즘 일자리를 찾고 있다.	I am looking for a job these days.
• 일자리 구하기가 매우 어렵다.	It is very difficult to find employment.
• 요즘은 취업하기가 매우 어렵다.	These days the job market is very tight.
• 나는 1년간 취업 교육을 받았다.	I took a career preparation course for a year.
• 컴퓨터에 관련된 직업에 응시했다.	I applied for the job related to computers.
• 입사 시험이 어려웠지만 합격을 했다.	The entrance exam was hard, but I passed it.
• 오늘 면접이 있었다.	Today I had a job interview.
• 면접을 위해 정장을 입었다.	I dressed up for the job interview.
• 많은 지원자들이 면접에 왔다.	There were many applicants for the job interview.
• 인사 담당 직원들이 내게 몇 가지 질문을 했다.	The personnel officers asked me several questions.
• 나는 자신감 있고 정중하게 대답했다.	I answered confidently and politely.
• 그들에게 나의 기술과 경험을 설명했다.	I described my skills and experience to them.
• 그 직업에 대한 내 관심을 강조했다.	I emphasized my interest in the job.
• 면접에 합격했다.	I passed the job interview.
• 드디어 직장을 구했다.	I've got a job finally.
• 대기업에 입사하게 되었다.	I got to join a big company.
• 일을 시작하게 되어 매우 기뻤다.	I was glad to begin working.

03 직장 생활

회사원이라고 해서 I am a company man.이라고 하지 않습니다. company man은 회사 일만 생각하는 일벌레를 나타내는 말입니다. 회사원이라고 하려면 I work for a company.라고 해야 합니다.

• 나는 신입 사원이다.	I am a new recruit.
• 나는 사무직 근로자이다.	I am an office worker.
• 지금 나는 컴퓨터 회사에서 근무한다.	Now I work for a computer company.
• 나는 해외 무역에 종사하고 있다.	I am engaged in foreign trade.
• 나는 관리 업무를 맡고 있다.	I am in charge of managing.
• 나는 내 직업에 만족한다.	I am satisfied with my job.
• 나는 내 직업에 자부심을 가지고 있다.	I take pride in my job.
• 직장에 충실하려고 항상 노력한다.	I always try to be loyal to the company.
• 우리 회사에는 여러 가지 복지 제도가 있다.	My company has several benefits.
• 나는 부장으로 승진했다.	I was promoted to the chief of my department.
• 나는 다른 자리로 좌천되었다.	I was demoted to another position.
• 나는 1주일에 5일 근무한다.	I work five days a week.
• 근무 시간은 오전 9시부터 오후6시까지이다.	I work nine-to-six.
• 8시까지 출근한다.	I get to work by 8 o'clock.
• 8시에 일이 시작된다.	My work starts at 8 o'clock.
• 오늘은 오전 근무조로 일했다.	I worked the morning shift today.
• 6시에 퇴근한다.	I leave the office at 6 o'clock.
• 우리는 3교대제로 근무한다.	We work on a three-shift system.
• 나는 주간조 근무를 한다.	I work the day shift.

Words & Expressions

demote 지위를 떨어뜨리다, 좌천시키다   **shift** 교대, 교대조, 교체

• 오늘은 야간 근무조이다.	I am on the night shift today.
• 오늘은 야근을 해야 했다.	Today I had to take night duty.
• 일주일에 한두 번은 야근을 한다.	I work overtime once or twice a week.
• 그 프로젝트를 끝마치기 위해 야근을 했다.	I worked the night shift to finish the project.
• 요즘은 거의 매일 야근을 한다.	These days I work overtime almost every day.
• 우리 사무실은 보통 늦게까지 일한다.	My office usually keeps late hours.
• 오늘은 쉬는 날이다.	I took off today.
• 내일은 출장을 갈 것이다.	I will take a business trip tomorrow.
• 힘들게 하루 일을 마치고 나면 지친다.	I am worn out after a hard day's work.
• 이제 오늘의 일을 끝마쳤다.	I have just finished today's work.
• 내일은 쉴 것이다.	I am going to be off tomorrow.
• 나는 1주일에 이틀을 쉰다.	I have two days off each week.
• 며칠간 쉬었으면 좋겠다.	I want to have a few days off.
• 당분간 휴가를 가고 싶다.	I want to go on vacation for the time being.
• 아침 일찍 출근 준비를 했다.	I got ready for work early in the morning.
• 나는 ~에서 …로 지하철로 통근한다.	I commute from ~ to … by subway.
• 나는 통근 버스를 이용한다.	I use commuter buses.
• 나는 항상 같은 시간에 버스를 탄다.	I take a bus at the same time.
• 나는 동료 한 명과 카풀을 한다.	I formed a car pool with a fellow worker.
• 아파서 회사에 지각했다.	Since I was sick, I reached the office late.
• 길이 너무 막혀 지각했다.	The road was so congested that I was late.
• 아파서 출근을 못한다고 전화했다.	I called in sick.
• 일에 익숙해지고 있다.	I am getting used to the work.
• 할 일이 많아 꼼짝 못하고 있었다.	I was tied up with a lot of work.
• 쉬지 않고 일했다.	I worked without any break.

- 나는 밤낮으로 열심히 일했다. I worked hard all the time, day and night.
- 헌신적으로 일을 했다. I devoted myself to the work.
- 나는 일벌레가 된 것 같다. I seem to have become a workaholic.
- 나는 소매를 걷어붙이고 열심히 일했다. I worked hard, rolling up my sleeves.
- 나는 다른 사람보다 두 배나 빨리 일한다. I work twice as fast as others.
- 그 일은 나한테는 버거운 일이었다. The work is beyond my ability.
- 항상 근면하게 일을 하려고 노력한다. I always try to be an industrious worker.
- 남들보다 앞서기 위해 열심히 일한다. I work hard to get ahead of others.
- 오늘은 월급날이다. Today is payday.
- 첫 월급을 탔다. I got paid for the first time.
- 초봉은 그리 많지 않았다. The starting pay was not that much.
- 후한 월급을 받고 있다. I get a good salary.
- 내 보수는 많은 편이다. My salary is somewhat generous.
- 한 달에 적어도 ~는 받는다. I get paid at least ~ a month.
- 월급이 인상되어 기쁘다. I am happy to get a raise.
- 이번 달에는 성과급을 받았다. I got an incentive bonus this month.
- 내 월급에 만족한다. I am satisfied with my salary.
- 월급이 삭감됐다. I was given a cut in salary.
- 많은 일을 하지만 월급은 적다. I am overworked and underpaid.
- 월급이 너무 적다. My salary is so low.
- 내 월급으로는 살아갈 수가 없다. I can't get along on my pay.
- 월급이 올랐으면 좋겠다. I want a raise.
- 사장님에게 월급 인상을 요구했다. I asked my boss for a raise.
- 그는 내 월급을 올려 주었다. He raised my pay.
- 사장에게 불만이 많았다. I had a lot of complaints about my boss.
- 내 일에 열의가 없어졌다. I became uncommitted to my work.

- 직업을 바꾸기로 결심했다. — I decided to change jobs.
- 다음 주에 서울로 전근을 갈 것이다. — I am going to be transferred to Seoul next week.
- 거래를 하다가 큰 실수를 했다. — I made a big mistake in a company transaction.
- 회사가 파업 중이다. — My company is on strike.
- 회사를 그만둘 것이다. — I am leaving the company.
- 직장을 그만둘까 생각 중이다. — I am thinking about quitting my job.
- 마침내 나는 퇴직했다. — I finally retired.
- 사장에게 사직서를 냈다. — I submitted my letter of resignation.
- 정리해고 당했다. — I got laid off.
- 해고당했다. — I got fired.
- 게으름 때문에 직장을 잃었다. — I lost my job because of my idleness.
- 유학을 가려고 일을 포기했다. — I gave up work in order to study abroad.
- 아파서 일을 쉬고 있다. — I am out because of my sickness.
- 나는 지금 실업자이다. — I have no job.
- 나는 일이 없다. — I am out of work.
- 나는 지금 실업 상태다. — I am unemployed now.
- 이 직장 저 직장을 전전했다. — I jumped from one job to another.
- 안정된 직업을 갖고 일하고 싶다. — I want to have stable work.
- 직장을 잃었을 때 무력감을 느꼈다. — When I lost my job, I felt incompetent.
- 백수로 지내는 것도 이젠 지긋지긋하다. — I am fed up with being unemployed.

04 사업

어떤 기관이나 회사의 사장을 president, principal 또는 boss라고 하죠. 또한 최고 경영자를 나타내는 말인 CEO라고 하기도 하는데, 이는 Chief Executive Officer의 약자입니다. 부장은 director, 차장은 deputy general manager, 실장은 general manager, 과장은 manager, 과장 대리는 deputy manager, 대리는 assistant manager, 회사의 평사원은 rank-and-file worker라고 합니다.

- 나만의 사업을 시작할 계획이다. — I am planning to start my own business.
- 나는 자영업을 하고 싶다. — I want to be self-employed.
- 나는 작은 가게를 운영하고 싶다. — I want to run a small store.
- 나는 가업을 이어받을 것이다. — I will be handling my family business.
- 아버지의 식당을 인계 받았다. — I took over my father's restaurant.
- 사업에 착수하려면 자금이 필요하다. — I need funds to set up the business.
- 가진 돈을 모두 사업에 투자했다. — I invested all the money I had in my business.
- 은행에서 돈을 조금 대출받아야 했다. — I had to borrow some money from the bank.
- 사무실을 임대했다. — I leased an office.
- 사업 중심지에 있는 사무실을 찾았다. — I found an office in a business center.
- 사업을 곧 시작한다는 광고를 냈다. — I advertised that my business would open soon.
- 그 사업을 위한 사전조사가 필요했다. — I needed a **feasibility study** for my business.
- 근처에 경쟁 상대를 알아야 했다. — I had to know the competitors nearby.
- 그 서비스를 몇 명이나 필요로 하는지 조사했다. — I investigated how many people needed the service.
- 물건을 시장에 내놓기 전에 사전작업을 했다. — I did some preliminary work before putting the item on the market.

Words & Expressions

feasibility study 타당성 조사, 예비 조사

• 직원을 몇 명 고용했다.	I hired some clerks.
• 모두에게 친절하라고 직원들을 교육시켰다.	I taught the clerks to be kind to everyone.
• 직원들이 열심히 일하지 않으면 즉시 해고할 것이다.	If the clerks don't work hard, I will fire them at once.
• 개업식에 친구들을 초대했다.	I invited my friends to the opening ceremony.
• 이번 달은 흑자이다.	I am in the black this month.
• 매출을 올렸다.	I increased the sales.
• 사업이 잘 돼서 확장했다.	I developed my business because it went well.
• 사업이 계속 번창하고 있다.	The business keeps flourishing.
• 예상했던 것보다 훨씬 많은 돈을 벌었다.	I made much more money than I had expected.
• 경기 불황으로 고전하고 있다.	My business is suffering from the recession.
• 이 불경기가 빨리 끝나기를 바란다.	I hope this recession will be over soon.
• 무슨 조치를 취해야겠다.	I need to take some measures.
• 경기가 곧 회복되기를 바란다.	I want business to rally soon.
• 경기가 다시 좋아지고 있다.	Business is improving again.
• 회사가 오래 못 갈 것 같다.	The company won't be in business for long.
• 회사가 파산 직전이다.	The company is on the verge of bankruptcy.
• 회사가 파산했다.	The company has gone bankrupt.
• 회사가 폐업했다.	The company was out of business.

Words & Expressions

fire 해고하다   **rally** 다시 모으다, 회복하다   **on the verge of** ~하기 직전에   **bankruptcy** 파산, 도산